KB210702

말씀 그대로 예배하라

말씀
그대로
예배하라

지용훈 지음

규장

주님이 원하시는 그 예배

말씀에 익숙한 예배

우리의 삶은 영적전쟁의 연속이다. 하루하루 악한 영의 공격이 만만치 않다. 이때 우리에게 필요한 것은 전신 갑주를 입은 예배의 영성이다. 최근에 거리로 나와 악기를 연주하며 예배하는 사람들이 늘어나고 있다. 평소에 '건물 안 예배자들이 거리로도 나와서 전도하는 야성이 갖추어지면 얼마나 좋을까?'라는 생각을 하고 있었던 내게 매우 기쁜 소식이었다.

나는 그들에게 "과감히 음악도 내려놓고 순수하게 복음만을 외쳐보라!"고 권면하고 싶다. 음악을 의지하지 않고도 세상을 향해 담대히 복음을 외칠 수 있다면 세례 요한의 영성이 그들에게 부어질 것이 분명하다. 거리에서 야성적으로 훈련된 예배자는 어떤 예배의 현장에서도 모든 상황을 뚫어내고 돌파할 수 있는 강력한 예배를 드릴 수 있다.

당신이 음악으로 예배를 인도하는 자든 일반 회중이든 환경에 좌우되지 않는 강력한 광야의 영성을 키우라. 그러기 위해서는 기도의 골방부터 광야가 되게 하는 것이 효과적이다. 그곳에서 음악에 의해 감정이 어루만져지는 것에 익숙해지기보다 '하나님의 말씀'이라는 소리에 영과 혼과 육이 어루만져지는 데 익숙해지라.

성령님은 죄의 수렁에서 빠져나올 수 없었던 마른 막대기와 같던 나를 그렇게 인도하셨다. 그런데 그것은 나에게만 독특하게 원하시는 바가 아니고, 원래 하나님이 모든 자녀들에게 원하시는 바였음을 오랜 세월이 지나 알게 되었다.

다윗의 수금

유대인 쇼샤나는 이스라엘의 고대악기 전문가이다. 그는 모세오경을 해설한 유대 문헌 가운데 하나인 '게마라'(Gemara)에 나오는 수금(하프)에 대한 중요한 이야기를 한다. 조상 때부터 보존되어온 여러 종류의 수금들 가운데 현의 수가 가장 많은 수금이 히브리어 알파벳 숫자와 같은 22개라는 것이다.

나는 22줄짜리 수금에 대한 이야기를 들었을 때 다윗이 쓴 찬양 시들이 떠올랐다(시 25, 34편 등). 다윗은 그 찬양 시들을 쓸 때 각 연의 첫 글자를 히브리어 알파벳 22개 순서대로 일치시켰다. 말씀에 대한 애착이 남달랐기에 자신의 노래에 성경언어 알파벳을 절묘하게 조합해냈을 것이다.

그는 하나님의 마음에 합한 예배자로서 늘 말씀을 묵상하며 성령을 붙들었다(시 19:7,14, 51:11). 또한 수금을 탁월하게 연주하고(삼상 16:14-23), 노래를 잘했으며(삼하 23:1), 손수 악기를 만들어 레위인들에게 나눠주어 찬송하도록 했다(대상 23:5, 대하 7:6). 그가 쓴 시편에는 전문적인 음악용어 사용이 많다. 특히 현악기와 관악기에 맞춰 부른 시편들도 있다(시 4, 6, 54, 55, 61편).

이런 점을 통해, 다윗이 22줄짜리 수금을 제작했을 거라고 조심스럽게 추측해본다. 다윗이 직접 제작하지 않았더라도, 전 이스라엘의 역사를 통해 그가 말씀으로 드리는 예배의 도구인 음악을 가장 융성하게 꽃피웠으므로 22줄짜리 수금이 다윗 시대에 존재했을 가능성이 크다.

중요한 것은 구약의 어느 시대부터 누군가에 의해 22줄짜리 수금이 만들어진 후부터는, 하나님의 말씀을 사랑하는 사람들이 히브리어 성경을 소리 내어 수금으로 연주할 때 그 알파벳에 해당하는 현들을 팅기며 연주하는 일이 자주 있었을 것이다. 그때의 수금소리는 단순한 음정들이 아니라 말씀 소리들이었으며 성경 자체가 악보였던 셈이다.

말씀 사랑 예배자

악보가 소리로 표현되지 않으면 종이와 글씨일 뿐이다. 그렇듯이 성경은 입김으로 입술과 혀로 직접 소리 내어 선포해야 의미가 있다. 하나님은 성경 기록자들에게 하나님의 입김(테오프뉴스토스)을 불어 넣어 쓰도록 하셨다(딤후 3:16). 원래 성경은 하나님의 행하심과 음성(소리)을 기록한 것이기 때문이다. 그러므로 영의 찬양의 본질은 혼적

7

감정에 영향을 주는 음악이 아니다. 성경을 우리의 입김으로 선포하며 성령님을 찬양하는 것이다.

다윗은 신명기 6장 4-9절과 여호수아서 1장 8절에 따라 모세오경을 소리 내어 묵상하며(시 19:14), 성령을 붙드는 자였다(시 51:11). 음악을 연주하기 전에 영의 악보인 성경을 하루 종일(주야) 붙들고 하나님의 얼굴을 구했다.

마지막 때 지구촌 최대의 부흥을 위한 다윗의 장막 회복의 핵심은 다윗의 성경 사랑을 통한 성령 집중 예배에 있다. 그의 신앙의 본질은 음악이라는 도구보다 예배의 핵심인 말씀 사랑에 있다(시 1:2, 19:14). 다윗 장막의 회복이라는 주제를 중요하게 생각하고, 다윗 예배의 영성을 추구한다면, 머리가 아닌 입에서 말씀을 떠나지 않게 하며 성령을 구했던 다윗 신앙의 본질을 간과하지 말아야 한다(시 1:2, 수 1:8).

이 세대는 그 어느 때보다 예술적 재능이 풍부하다. 주님은 예술을 극대화하여 예배하기를 원하신다. 그러나 그 예술이 하나님을 온전히 예배하는 도구가 되기 위해 모든 예배자들이 먼저 전심을 다해야 할 영역이 있다. 바로 다윗처럼 말씀 사랑을 통해 성령님을 간절히 붙드는 예배자가 되어야 한다(시 51:11). 그렇지 않으면 예술이라는 도구로 인해 감정에 치우친 예배를 드리는 우를 범할 수 있다.

성경적 예배의 핵심

나는 1992년에 음대를 졸업하고 유학 자금을 벌기 위해 들어간 교회음악연구소에서 예기치 않게 주님을 만난 후 10년간 예배와 음악의 관계에 대해 연구하며 칼럼을 썼다. 그러던 중 성령님이 십자가의 중심 진리인 생명연합의 진리를 깨닫게 하시며, 거리 전도자와 성경 암송자로, 급기야 주의 종으로 불러주셨다. 1990년대 당시 연구원 시절에 젊은 치기로 예배에 대한 책을 냈다면 주님이 성경에서 가르치신 '바로 그 예배'를 못 담아냈을 것이다.

그런데 1997년 1월에 복음의 핵심인 십자가의 도(주와 함께 죽음, 부활, 보좌, 성령으로 연합됨)를 깨닫고, 물리적 현상인 음악에 의존된 나의 예배는 음악을 초월한 만물 위 보좌에서의 예배로 인도되었다. 하나님이 모세를 통해 "네 하나님 여호와를 사랑하라 오늘 내가 네게 명하는 이 말씀을 너는 마음에 새기고"(신 6:5,6)라고 말씀하신 바가 자연스럽게 이루어지도록 성령께서 이끄셨다.

온전한 복음의 핵심구절부터 시작하여 야고보서 전장을 암송하게 하셨다. 그 뒤로 성령 관련 성구 200여 구절, 에베소서, 빌립보서, 골로새서, 갈라디아서, 마가복음, 베드로전서 등을 권별로 암송하게 하셨다. 특히 이를 통해 유대인들의 모세오경 암송이 어떤 신앙의 모습이었는지를 알게 하셨다. 두 분의 히브리어 전문가로부터 성경암송 예배가 시편 1편 2절의 하가(암송 소리)임을 알게 되었다. 그러던 중 2015년 7월에, 아론의 147대 후손 게리 코헨이 살아 있고 3,500년 동안 아론 제사장(코헨) 집안에서 대대로 이어져온 암송의 전통적인 모습이 내 20년의 암송신앙과 일치한다는 것을 알게 되었다.

성경을 읽고 암송하는 단순한 모습이 초대교회 예배의 본질임을 들었을 때, 나는 전율하지 않을 수 없었다. 내 입에서 저절로 찬양과 감사의 고백이 터져 나왔다. 온전한 복음을 깨달은 뒤 오직 성령님 한 분만 바라보기 위해 성경을 암송하며 예배한 삶이 결코 나만의 독특한 방식의 예배가 아니었음을 확인하게 되었기 때문이다.

이 책의 원고를 출판사에 넘기기 전에 수십 차례 읽고 또 읽으며 내용 교정을 보았다. 내가 쓴 내용을 여러 번 읽다 보니 눈으로 건성으로 읽으며 지나가려는 때가 많았다. 그런데 마지막으로 읽을 때 한 글자도 빠짐없이 소리 내어 읽자 다시 여러 개의 수정사항이 발견되었다. 이것은 우리가 주님이 원하시는 예배를 드리는 자세와 밀접한 연관이 있다는 생각이 들었다.

믿음도 문학적 소양도 부족한 내가 단지 말씀을 붙들고 성령님을 사랑하고자 몸부림쳐온 발자취만으로 다섯 번째 책을 출간하게 되어 참 감사하다. 아직도 여전히 부족하지만 이 모습 이대로, 지금 이 때에 '바로 그 예배'에 대해 집필하게 하신 하나님께 영광을 올려드리며, 이 책에 기록된 내용에 영향을 준 모든 분들을 주님 손에 올려드린다.

지용훈

차례

프롤로그

PART 1 ────────────────────────────────

쉐마 그리고 하가와 하브루타 15

쉐마에 의한 하가, 하브루타의 예배 ｜ '율법'은 잘못된 번역이다
새 언약이 필요한 이유 ｜ 성령께 시선 고정하기 ｜ 말씀의 숲에 걸린 양
포정해우 ｜ 읽고 암송하도록 주신 성경 ｜ 초대교회 예배의 핵심

PART 2 ────────────────────────────────

회복해야 할 예배의 실체 57

사라진 성만찬의 본질 ｜ 초대교회 예배를 회복해야 하는 이유
유대적 초대교회 ｜ 초대교회 예배의 주요소 ｜
잘려진 뿌리와 덧붙여진 이교도 의식 ｜ 유대적 뿌리가 살아나다
에스라가 6시간 낭독한 토라 예배 ｜ 부흥의 본질, 언약 백성으로 사는 것

PART 3 ────────────────────────────────

음악보다 중요한 핵심, 말씀 87

말씀은 밥, 예술은 그릇 ｜ 음악에 의존된 예배
찬양과 예배에 대한 오해 ｜ 사탄의 타락과 유발의 수금
주님께만 집중한 음악의 천재 다윗 ｜ 음악 속 율법적 성질
음악을 초월하는 말씀 ｜ 어울리지 않는 음들의 조화
예배의 네 단계 ｜ 기도의 골방이 광야가 되게 하라

PART 4

예수께서 가르치신 바로 그 예배   137

먼저 그의 나라와 의를 찾으라 │ 바로 그 예배의 핵심, 온전한 복음
영과 진리 안에서 예배하라 │ 시공을 초월하는 바로 그 예배
주께서 거니신 곳, 모두 예배의 현장 │ 조용한 것이 거룩한 예배인가
유아실과 교회학교로 분리된 예배 │ NG 없는 큐시트 예배?
예배자 교육 현장, 풍랑 │ 예배자와 예배를 방해하는 자
회개와 성령 그리고 아버지의 음성

PART 5

성경장면 체험 예배   191

하나님의 준비하심을 바라보는 예배 │ 무대감독이신 성령님
공연은 둘, 예배는 하나 │ 성경장면 만들기 예배
야이로의 딸, 보혜의 달리다굼 예배
장막절에 장막체험 예배를 이스라엘에서 드리다
성경암송 예배를 드리는 대구 엠마오교회 │ '수로보니게 여인 사건' 체험 예배
원천교회 장막의 '성경장면 체험 예배' │ '혈루병 여인의 치유' 장면 체험 예배
'바디매오 치유' 장면 체험 예배 │ 누구에게나 쉬운 '성경장면 체험 예배'
숨은 시나리오와 캐스팅을 만나는 예배 │ 구조주의를 벗어야 할 우리의 예배

에필로그

PART 1

쉐마 그리고
하가와 하브루타

בְרָא אֱלֹהִים אֵת הַשָּׁמַיִם וְאֵת הָאָרֶץ

חֹשֶׁךְ עַל־פְּנֵי תְהוֹם וְרוּחַ אֱלֹהִים מְרַחֶפֶת עַל־פְּנֵי

אֱלֹהִים יְהִי אוֹר וַיְהִי־אוֹר: 4 וַיַּרְא אֱלֹהִים אֶת

בְדַּל אֱלֹהִים בֵּין הָאוֹר וּבֵין הַחֹשֶׁךְ: וַיִּקְרָ֫

וְלַחֹשֶׁךְ קָרָא לָיְלָה וַיְהִי־עֶרֶב וַיְהִי־בֹקֶר יוֹם

אמֶר אֱלֹהִים יְהִי רָקִיעַ בְּתוֹךְ הַמָּיִם וִידֵי מַבְדִּי

וַיַּעַשׂ אֱלֹהִים אֶת־הָרָקִיעַ וַיַּבְדֵּל בֵּין הַמַּיִם אֲשֶׁר

ם הַמַּיִם אֲשֶׁר מֵעַל לָרָקִיעַ וַיְהִי־כֵן: וַיִּקְרָ֫

שָׁמָיִם וַיְהִי־עֶרֶב וַיְהִי־בֹקֶר יוֹם שֵׁנִי: פ

קוֹת הַמַּיִם מִתַּחַת הַשָּׁמַיִם אֶל־מָקוֹם אֶחָד וְתֵרָאֶ

וַיִּקְרָא אֱלֹהִים לַיַּבָּשָׁה אֶרֶץ וּלְמִקְוֵה הַמַּ

אֱלֹהִים כִּי־טוֹב: 11 וַיֹּאמֶר אֱלֹהִים תַּדְשֵׁא הָאָרֶ֫

עַ זֶרַע עֵץ פְּרִי עֹשֶׂה פְּרִי לְמִינוֹ אֲשֶׁר זַרְעוֹ־בֹ

וַתּוֹצֵא הָאָרֶץ דֶּשֶׁא עֵשֶׂב מַזְרִיעַ זֶרַע לְמִינֵ

רְיֹ־עֹשֶׂה־פְּרִי אֲשֶׁר זַרְעוֹ־בוֹ לְמִינֵהוּ וַיַּרְא אֱלֹהִים כִּי־טוֹב: פ

וֹם שְׁלִישִׁי: פ 14 וַיֹּאמֶר אֱלֹהִים יְהִי מְאֹרֹ

בְדִּיל בֵּין הַיּוֹם וּבֵין הַלָּיְלָה וְהָיוּ לְאֹתֹת וּלְמוֹעֲדִ

וְהָיוּ לִמְאוֹרֹת בִּרְקִיעַ הַשָּׁמַיִם לְהָאִיר עַל־הָאָ

אֱלֹהִים אֶת־שְׁנֵי הַמְּאֹרֹת הַגְּדֹלִים אֶת־הַמָּ

서기관 중 한 사람이 예수님께 "모든 계명 중에 첫째가 무엇이니이까"라는 질문을 했다. 예수님은 "첫째는 이것이니 이스라엘아 들으라 주 곧 우리 하나님은 유일한 주시라 네 마음을 다하고 목숨을 다하고 뜻을 다하고 힘을 다하여 주 너의 하나님을 사랑하라 하신 것이요"라고 대답하셨다(막 12:28-30). 첫째 계명은 하나님을 사랑하는 것이라고 하시면서 신명기 6장 4-9절 말씀을 언급하셨다.

그 구절의 원문은 "쉐마"(들으라)로 시작한다. 그래서 그 구절 전체의 별명이 쉐마다. 쉐마의 주제는 "하나님을 사랑하라"이다. 예수님은 그것이 첫 계명이라고 하셨다. 하나님은 그분을 사랑하는 가장 우선적인 방법을 쉐마를 통해 구체적으로 친절하게 제시해주셨다.

사실상, 이 쉐마는 예배에 대한 가르침이다. 한 마디로 언제 어디서나 무엇을 하든지 말씀으로 예배하는 것이 하나님을 사랑하는 첫 번째 태도라고 말씀하신다. 그러면 구체적으로 어떻게 말씀으로 예배를 드리며 하나님을 사랑하는 것인지 하나님이 쉐마 속에 넣어두신 음성에 귀를 기울여보자.

쉐마에서 배울 수 있는 예배에 대한 우선적인 가르침은 "들으라"이다(신 6:4). 즉, 예배는 하나님으로부터 시작된다. 하나님의 음성을 듣는 것이 예배의 시작이다. 그리고 그 음성의 주제는 '유일한 주 하나님을 전심으로 사랑하라'이다(신 6:4,5).

하나님을 사랑하는 예배의 첫 번째 방법은 하나님의 말씀을 새기는 것이다(신 6:6). '새기고'의 어원인 '하야'는 '말씀이 존재가 되게 하라'는 의미다. 말씀을 생각에 새겨 넣어 그 말씀이 존재가 되게 하라는 것이다. 이는 먼저 부모들에게 한 말씀이며, 자녀들에게도 해당되는 말씀이다. 이스라엘 백성은 각자가 하나님의 말씀을 소리 내어 새기며 예배함으로써 하나님을 사랑했다.

하나님을 사랑하는 두 번째 예배의 모습은 자녀들에게 가르치고 강론하는 모습이다(신 6:7). '가르치다'(샤난)와 '강론하다'(다바르)는 부모가 자녀에게 하나님의 말씀을 계속 소리 내어 들려주는 것이다. 여기에 서로 질문과 답을 주고받으며 말씀을 나누는 모습도 포함된다.

온 가족이 함께 말씀을 가지고 하나님께 나아가는 가정 예배의 모습을 상상해보라. 가족 구성원이 각자 하나님의 말씀을 새기며 하나님께 나아가는 것과 서로 말씀을 나누는 두 모습이 하나님을 사랑하는 예배의 모습이다. 신명기 6장 7절이 바로 유대인들의 교육

방법인 '하브루타'의 성경적 근거다. 이것은 서로에게 하나님의 말씀을 소리 내어 질문하고 답하는 것이다.

더 나아가서 하나님은 말씀을 어떻게 새기고 가르치며 그분을 예배하며 사랑하는지 구체적으로 말씀하셨다. "집에 앉았을 때에든지 길을 갈 때에든지 누워 있을 때에든지 일어날 때에든지" 항상 하나님의 말씀을 새기고 가르치라고 하셨다(신 6:7).

하나님은 모세를 통해 말씀하신 이 쉐마를 여호수아에게 다시 강조하여 요약해주셨다.

"이 율법책을 네 입에서 떠나지 말게 하며 주야로 그것을 묵상하여 그 안에 기록된 대로 다 지켜 행하라 그리하면 네 길이 평탄하게 될 것이며 네가 형통하리라"(수 1:8).

시편 기자는 1편에서 쉐마 요약과 동일한 고백을 했다. 이는 시편 전체의 주제말씀으로서 하나님께 나아가는 찬양과 예배의 핵심이 바로 말씀을 소리 내어 선포하는 것임을 말해준다.

"복 있는 사람은… 오직 여호와의 율법을 즐거워하여 그의 율법을 주야로 묵상하는도다"(시 1:1,2).

위의 두 구절에서 잠잠히 생각한다는 뜻의 '묵상'은 잘못된 번역이다. 정확한 단어는 히브리어로 '하가'인데 그 뜻은 '소리를 내다'이다. 주야로 율법책을 읽고 소리를 내며 입에서 떠나지 않게 새기면서 하나님을 사랑하라고 하신 것이다. 하가는 쉐마의 '새기라'(하야)의 의미와 일맥상통한다.

쉐마는 이스라엘 백성 각 개인과 가정과 공동체에 주신 말씀으로서, 말씀으로 드리는 예배를 통한 하나님 사랑에 대한 공통 가르침이었다. 부모와 자녀들 각자가 하나님께 말씀을 '하가'하는 모습과 부모와 자녀들 및 성도들 사이에서 '하브루타'를 하는 것이 하나님을 사랑하는 예배의 모습이다.

이스라엘은 쉐마에 의해 매 안식일과 절기마다 토라(모세오경)를 읽으며 예배했다. 이런 하가와 하브루타 전통은 가나안 입성 전인 주전 약 1,400년경부터 시작되어 대대로 이어져서 결국 1세기 오순절 성령의 세례를 통해 탄생된 초대교회 예배의 원동력이 되었다. 쉐마를 지켜오며 하가와 하브루타의 예배를 드려왔던 유대인들에 의한 기독교가 초대교회의 기본적인 모습이었음을 놓쳐서는 안 된다.

그런데 이 예배의 모습이 주후 4세기경부터 변질되었다. 반유대적인 교부들과 미트라 종교라는 태양신 숭배자인 콘스탄티누스 황제가 로마식 헬라식 미트라 종교 예식 차원의 예배로 변질시켰다. 그 결과 교회의 예배 속에 변질된 이교도적인 잔재가 남게 되어 현대까지 이어지고 있다.

초대교회 예배 시, 성도들은 하나님 앞에서 다 같이 말씀을 선포하고 서로에게 말씀을 나누었다. 그런데 어느 순간부터 멀리 높은 강대상에서 소수의 사람들이 예배 순서를 진행하고, 회중들은 그것을 바라보며 수동적으로 따르는 형태로 바뀌었다. 한 사람의 설교를 조용히 듣는 시간이 가장 중요한 시간으로 여겨지고, 음악 없이 예배 드리는 걸 어색하게 느낄 정도로 음악에 의존하는 예배가 되었다.

쉐마의 말씀 그대로 하가와 하브루타로 예배하지 않고도 영적인 생활과 사역에 성공하는 사람들이 있다. 그들은 굳이 쉐마를 그대로 따를 필요는 없다고 생각할 수도 있다. 나는 그런 이들에게 강력하게 호소하고 싶다.

예수님은 쉐마가 첫째 되는 계명이라고 말씀하셨다. 쉐마에 온 마음과 성품과 힘을 다하여 사랑하라고 하셨다. 말씀 그대로 순종하라. 다른 목적이 아니라, 우리의 삶을 하나님의 뜻대로 인도하시는 성령님을 사랑하기 위한 목적으로 말씀을 암송하여 새기고 가르치며 서로 강론하는 차원의 예배에 뛰어들라. 하나님을 사랑하는 마음이 더 깊어질 것이다.

사도행전 2장의 초대교회의 부흥을 '이른 비의 역사'라고 한다. 그것은 2천 년 교회사 전체에서 전무후무한 부흥이었다. 양적이고 질적인 부흥이기 이전에 하나님의 언약의 성취였다. 하나님은 남은 언약의 성취들 중 최대의 사건인 재림 직전의 가장 큰 부흥, 즉 만민에게 성령을 부어주실 것이다. 그것은 영원한 심판을 한 사람이라도 더 피하게 하시려는 아버지의 긍휼이다.

우리는 이제 '늦은 비의 역사'를 준비해야 한다. 그래서 이른 비 역사의 핵심인 1세기 초대교회 예배의 본질로 돌아가야 한다. 그 본질이 바로 예수님이 강조하신 쉐마에 의한 하가와 하브루타의 예배인 것이다.

'율법'은 잘못된 번역이다

안타깝게도 많은 사람들이 예수께서 첫째 계명이라고 표현하신 '쉐마'를, 하나님이 제시하신 방법 그대로 받아들이지 않는다. 각자의 소견대로 해석할 뿐이지, 굳이 문자적으로 따르지 않는다. 쉐마 차원에서 말씀으로, 암송으로 새기는 것을 강조할 때 마음을 열지 않는 사람들이 있다. 그들은 "그것은 율법적 가르침이지 않나요?"라고 질문하곤 한다. 이것은 율법과 구약에 대한 오해에서 비롯된 질문이다.

또한 어떤 이들은 단지 말씀을 사랑하라는 의미이지 꼭 그렇게 하지 않아도 된다고 주장한다. 성경을 자신의 삶에 맞게 적용하려고만 하는 모습이다. 적그리스도는 그리스도와 반대되는 모습으로 오지 않고 그리스도와 흡사한 모습으로 온다. 하나님은 '성경적으로' 보다 '성경대로' 그리고 성경을 '적용하는 것'보다 성경을 '그대로 반영'하는 삶을 원하신다.

많은 사람들이 하나님이 이스라엘 백성들에게 시내산에서 주신 계명, 모세오경 및 구약 전체를 '율법'으로 오해하고 있다. 구약에서 율법으로 번역된 히브리어는 '토라'다. 히브리어를 모국어로 쓰는 정통 유대인들이 토라는 율법의 의미가 아니고 '가르침 또는 지시사항'이라고 말한다. 율법은 잘못된 번역이라는 것이다. 대한성서공회에서 발행한 목회자와 신학생을 위한 해설·관주 《성경전서》에서도 시편 1편 2절에 대해 다음과 같이 해설한다.

"율법은 '율법의 준엄함'을 떠올리게 하는 좁은 뜻으로 쓰인 것이 아니다. 성경에서 말하는 율법은 본디 하나님이 자기 백성의 삶에 도움이 되도록 **친절하게 베푸신 가르침**을 가리킨다."

'가르침'과 '법'이라는 말은 완전히 다른 단어다. 법을 주시는 하나님이 아니라, 가르침을 주시는 하나님이라고 생각하면 그분과 우리의 관계가 완전히 다르게 느껴진다. 말과 감정은 일치한다. 자녀들을 바라보며 "아빠의 가르침대로 살아라!"라고 할 때는 절로 자애로운 표정을 짓게 된다. 창조주 하나님은 우리의 아빠시다. 그러나 "법대로 살아라!"라고 할 때에는 '아빠'라는 단어가 어울리지 않으며 딱딱하게 굳은 얼굴이 떠오른다. 아빠라기보다는 법관으로 인식되기 쉽다.

성경에서 '복 있는 사람은 여호와의 율법을 즐거워하여 그 율법을 주야로 하가(소리를 내다)하는 자'라고 했다(시 1:1,2). 이것은 우리가 알고 있는 기존의 번역이다. 그러나 법은 즐거운 것이 아니기에 사람들에게 즐거움을 주지 않는다. 우리는 그동안 어울리지 않는 표현을 당연하게 받아들이며 하나님을 오해해왔다. 이 구절을 다시 번역해보자.

"여호와의 가르침을 즐거워하여 그 가르침을 주야로 소리를 내는 자가 복이 있는 자다."

시편 기자는 하나님의 사랑의 가르침에 즐겁게 반응하고 있다. 여호수아서 1장 8절도 기존의 번역은 '율법책을 입에서 떠나지 말게 하라'인데, 부담스러운 법전을 입에서 떠나지 않게 하는 것은 곤혹스러운 일이다. 그러나 '여호와의 가르침의 책을 입에서 떠나지 말게 하라'는 표현은 자애로운 표현이다. 신명기 6장 4-9절의 쉐마는 우리를 얽어매는 법이 아니라 하나님의 사랑의 가르침이다.

예수님이 바리새인들에게 "너희가 성경에서 영생을 얻는 줄 생각하고 성경을 연구하거니와 이 성경이 곧 내게 대하여 증언하는 것이니라"(요 5:39)라고 말씀하셨다. 예수님이 이 구절에서 말씀하신 성경은 모세오경인데, 더 넓게 보면 구약 전체다. 구약 39권 전체가 예수님에 대해 증언하는 것이라면 구약은 법전이 아니라 복음서이며 사랑의 가르침을 모아놓은 책이다.

사도 바울도 "또 하나님이 이방을 믿음으로 말미암아 의로 정하실 것을 성경이 미리 알고 먼저 아브라함에게 복음을 전하되 모든 이방인이 너로 말미암아 복을 받으리라 하였느니라"(갈 3:8)라고 했다. 그는 아브라함이 이미 복음을 들었고, 그 복음이 성경에 있었다고 표현했다. 아브라함은 창세기 11장 끝부분부터 등장하므로 연대기적 차원에서 보면 아브라함이 들은 복음은 창세기 1-11장이다. 바울은 창세기 1-11장을 '성경' 또는 '복음'이라고 표현했다.

하나님이 말씀하신 창세기 3장 15절이 원복음이다. 하나님은 이것을 아담과 하와에게 입히신 가죽옷을 통해 더욱 구체적으로 보여주셨다. 아담과 하와의 죄의 수치를 덮은 가죽옷은 살이 뜯기고 피를 흘리시며 죽임 당하실 예수 그리스도 십자가의 복음이다. 창세기 3장부터 하나님의 사랑의 가르침인 그리스도에 대한 복음이 있다.

심지어 정통적 유대인들에 의하면 성경의 첫 단어인 '태초에'라는 히브리어 '베레쉬트'의 '레쉬트'도 메시아를 상징하는 단어라고 한다. 이렇게 모세오경(토라)을 비롯한 구약 전체가 율법이 아니라 하나님의 사랑의 가르침이며 그리스도를 말하는 책임을 안다면, "구약(쉐마)을 강조하는 것은 율법적이지 않나요?"라고 하는 것은 조심해야 할 표현이다.

'율법'이라는 단어 대신 '토라'라는 원어를 그대로 사용해보라. 토라는 모세오경을 뜻하는 고유명사이지만, 그것을 율법이 아닌 '사랑의 가르침의 말씀'으로 인식한다면 구약에 대한 인식과 하나님에 대한 인식에 큰 변화가 있을 것이다.

새 언약이 필요한 이유

토라(모세오경)를 비롯한 구약 전체가 하나님의 사랑의 가르침이고 복음이라면 이 자체로 충분할 텐데, 새 언약이 필요한 이유는 무엇이었을까? 그것은 아담에게 말로 들려주신 가르침이나 이스라엘 백성들에게 주신 돌에 새긴 가르침으로는 하나님의 진정한 백성이 될 수 없기 때문이다.

물론 하나님의 가르침에 문제가 있는 것은 아니다. 그것은 말로 주어졌든 돌에 새겨졌든 완전한 사랑이다. 하지만 말로 들려지고 돌에 새겨진 차원에서는 인간의 능력의 한계로 인해 가르침대로 따를 수 없다. 하나님은 그것을 이미 다 아셨다(신 31:16). 만약 우리의 힘으로 따를 수 있는 것이었다면 그리스도를 보내실 필요가 없었다. 그래서 태초부터 아담에게 가죽옷을 통해 새 언약인 그리스도의 십자가를 계시하셨다. 그리고 여러 선지자들을 통해 새 언약의 절정이신 성령님을 말씀하셨다.

새 언약을 주신다는 것은 단순히 신약책을 주신다는 의미가 아니다. 돌에 새긴 말씀과는 다른 차원으로 마음에 새기는 말씀으로서 성령을 부어주시겠다는 것이다(렘 31:31-33). 그래서 그 약속대로 이루신 십자가, 부활, 승천 그리고 성령의 부어짐에 대한 기록을 모아 놓은 것이 신약책이 되었다.

하나님이 주실 새 언약에 대한 기존의 번역은 '법을 마음속에 두시겠다는 것'이다. 법이 밖에 있는 것도 부담스러운데 우리 마음속에까지 박아 넣으시겠다는 표현은 우리를 완전히 얽어매려는 하나님으로 느껴진다. 그러나 토라를 법이 아닌 가르침의 말씀으로 풀어 보자.

"내 가르침의 말씀을 돌에 새기는 것이 아니라 너희 마음에 새기리라. 그것이 너희와 맺을 새 언약이다. 이로써 너희는 진정 나의 백성이 되리라."

이것은 사랑의 표현의 극치이다. 우리를 온전히 인도하시기 위해 가르침의 말씀을 마음에 새겨주시려고 성령을 부어주시겠다는 하나님 사랑의 절정이다.

"소망이 우리를 부끄럽게 하지 아니함은 우리에게 주신 성령으로 말미암아 하나님의 사랑이 우리 마음에 부은 바 됨이니"(롬 5:5).

에스겔도 "또 새 영을 너희 속에 두고 새 마음을 너희에게 주되 너희 육신에서 굳은 마음을 제거하고 부드러운 마음을 줄 것이며 또 내 영을 너희 속에 두어 너희로 내 율례를 행하게 하리니 너희가 내 규례를 지켜 행할지라"(겔 36:26,27)라고 하나님의 말씀을 대언했다. 시편 19편 7절도 '율법' 즉 '여호와의 가르침의 말씀'이 완전하여 우리 영 안에 들어오면 우리의 영혼을 소성케 한다고 말했다.

가르침의 말씀이 밖으로 보이고 들리는 차원에 머무는 것이 아니라 마음에 새겨져야 진정한 하나님의 백성이 되어 주의 가르침을 따를 수 있다. 그래서 그 가르침의 말씀(토라)이 우리 마음에 새겨지도록 돕기 위해 성령이 오시는 것이다. 성령이 우리 안에 오시려면 우리가 예수님의 죽으심과 부활 앞에서, 반드시 회개하고 예수님을 주인으로 모셔야 한다.

그러면 우리의 옛 생명이 예수님과 함께 죽고 새 생명으로 살아나서 그 새 생명이 만물 위에 앉혀져서(갈 2:20, 엡 2:5,6) 새 생명 안에 성령님이 계시게 된다. 그것은 우리가 만물 위 보좌에 흐르는 생명의 강이신 성령님 안에 들어간 결과이다. 우리가 보좌에 계신 하나님 안에 들어갔기에 성령께서 우리 안에 임하신다. 우리에게 이루어진 새 언약은 우리 안에 연합하신 성령님이시다.

성령께 시선 고정하기

토라는 '야라'라는 단어에서 비롯되었다. 이것은 '과녁을 향해 조준한다'는 뜻이다. 하나님의 말씀(토라)은 과녁에 해당한다. 하나님은 우리가 말씀을 정조준하는 삶을 살기를 원하신다. 그런데 말씀의 과녁이 우리의 존재 밖에 있는 차원(돌에 새겨진 말씀)에서는 우리의 생각으로 정조준할 수 없다. 만물보다 거짓되고 부패한 것이 인간의 마음이기 때문이다(렘 17:9).

우리의 존재 안에 새겨진 말씀(성령님)이 우리가 온전히 말씀을 정조준하는 삶을 살 수 있도록 돕는다. 회개하고 예수님을 구주로 모서들일 때 우리의 부패한 옛 생명을 죽여주시고 새 생명으로 살리셨으며, 그 새 생명을 만물 위에 앉히신 뒤, 새 생명 안에 성령을 부어주셔서 말씀을 마음에 새겨주셨다.

마음에 새겨진 말씀(토라)이신 성령님을 향해 정조준하는 비결은 그분이 쓰신 성경을 입에서 떠나지 않게 하면서 마음을 성령께로 향하는 것이다(수 1:8, 시 1:2). 어느 순간 성령님을 향하다가도 바로 자신의 생각에 잠기면 마음의 토라이신 성령님으로부터 벗어나게 된다.

마음에 새겨진 말씀을 향하지 못하는 옛 생명은 이미 죽었음을 믿고, 새 생명으로 살리심을 받아 만물 위 보좌에 앉혀진 것까지 믿어야 한다. 그런 다음에 연합의 진리를 믿게 하시려고 성령이 내 안에 토라(말씀)로 새겨진 사실을 믿고 시선을 성령께로 향해야 한다.

우리의 생각과 행동이 성령께로부터 벗어날 때마다, 복음의 핵심인 '죽음, 부활, 승천, 보좌연합'을 믿는 믿음 안에서 성경말씀을 입술로 소리 내어 회개하며 생각의 시선을 내 안의 성령께로 향해야 한다. 이것이 바로 하나님을 사랑하는 예배의 핵심이며, 복음 안에서 성령을 좇아 행하는 원리이다.

여호수아서 1장 8절 "다 지켜 행하라"는 하나님의 말씀은 큰 부담으로 다가온다. 그러나 좋으신 하나님이 우리를 부담으로 얽어 넣으실 리가 없다. 우리의 힘으로 할 수 없는 것을 아시고, 우리의 옛 생명을 죽이시고 새 생명으로 살리셔서 만물 위에 이미 앉히셨다. 그리고 우리 안에 성령으로 오신 것이 온전한 행함의 비밀이다. 우리가 주의 가르침의 책(토라)을 입에서 떠나지 않게 하고 주야로 소리 내어 암송하며 성령께 시선을 고정하는 것이 다 지켜 행할 수 있는 열쇠다.

"또 내 영을 너희 속에 두어 너희로 내 율례를 행하게 하리니 너희가 내 규례를 지켜 행할지라"(겔 36:27).

바울도 "성령을 따라 행하라 그리하면 육체의 욕심을 이루지 아니하리라"(갈 5:16)라고 말했다. 디모데후서 3장 16절에서 성경이 '하나님의 감동'으로 쓰여졌다는 문장의 원어는 '하나님의 입김'으로 쓰여졌다는 뜻이다. 성령을 따라 행하는 가장 간단하고 쉬운 비결은 성령께서 입김으로 쓰신 성경을 주야로 소리 내어 입에서 떠나지 않게 하며 그분을 예배하는 것이다.

바울은 "율법 조문(문자)은 죽이는 것이요 영은 살리는 것이니라"(고후 3:6)라고 했다. 문자를 눈으로만 먹으려 한다면 혼적 자아로만 먹으려는 형국이 되어 영이 죽을지도 모른다. 말(소리)이 생명인데, 말이 문자가 되는 순간 소리가 사라졌다. 문자 속에 소리(생명)가 감추어진 것이다. 문자는 죽은 것이며 죽이는 것이다. 그러나 문자를 소리 내어 살릴 때 소리였던 말씀이 생명으로 살아나 생명인 말씀을 영으로 먹게 된다.

성경을 눈으로 읽어서 머리에 집어넣거나 필사로 손끝에 넣는 것보다 입술과 혀로 소리 내어 마음에 새겨 넣어야 한다. 언어는 혀와 입술에 박힌 것이 터져 나오는 것이다. 언어가 눈으로만 읽혀져서 머리와 손끝에 아무리 많은 지식으로 담겨 있어도 언어를 구사하지 못하는 것은 입술과 혀에 박혀 있지 않기 때문이다.

하나님나라의 언어인 성경말씀을 아무리 많이 알고 있어도 성경말씀대로 말하지 못하고 몸으로 살아내지 못하는 이유는 무엇인가? 먼저는 입술과 혀(몸)에 성경이 담겨 있지 않기 때문이다. 또한 아무리 성경을 소리 내어 많이 읽고 새겨도 내 안에 계신 예수, 곧 성령님을 사랑하고 경배하는 목적으로 하지 않으면 죄와 사망의 법에 머물 위험이 있다.

성경 문자를 소리 내어 살리며 내 안의 과녁이신 성령님을 향해야 한다. 성경을 입술로 소리 내어 생각을 성령께 정조준할 때, 성령께서 성경말씀을 생명으로 먹이신다. 그래서 하루 종일 성경을 입에서 떠나지 않게 하여 하나님을 사랑하라는 쉐마의 가르침은 아버지의 놀라운 사랑이다. 이것이 하나님을 사랑하며 말씀을 살아내는 복음적인 원리다. 복음의 절정은 우리 안에 새겨진, 말씀이신 성령님이시다. 그래서 예수님이 자신이 떠나가는 것이 유익이라고 하셨다.

"보혜사 곧 아버지께서 내 이름으로 보내실 성령 그가 너희에게 모든 것을 가르치고 내가 너희에게 말한 모든 것을 생각나게 하리라"(요 14:26).

"내가 떠나가는 것이 너희에게 유익이라 내가 떠나가지 아니하면 보혜사가 너희에게로 오시지 아니할 것이요 가면 내가 그를 너희에게로 보내리니"(요 16:7).

말씀의 숲에 걸린 양

내게 임하시는 성령의 주관적 음성을 안전하고 정확하게 듣기 위해서는 모든 인류에게 주신 성경의 객관성에 내 작은 지성이 깊이 잠겨야 한다. 내 작은 지성이 성경의 객관성에 깊이 잠기는 첫 번째 비결은 성경을 이해하려고 하기 이전에 암송하여 성경 자체를 뇌 속에 새겨 넣는 것이다. 그렇게 성령님을 예배하면서 그 성경이 내 존재가 되게 해야 한다.

인간의 뇌에는 천억 개의 뉴런이 있다. 그 뉴런 하나하나는 나무처럼 생겨서 사람이 새로운 생각을 할 때마다 뉴런이라는 나무들에 새로운 단백질 나뭇가지들이 생겨난다. 자신의 생각이 많은 사람은 뇌 속에 자기 생각의 나무들이 숲을 이루고 있다. 그러나 하나님의 생각인 성경말씀을 반복하여 소리를 내며 암송하는 사람은 머릿속에 하나님의 말씀의 나무들이 숲을 이루고 있다.

어느 날, 창세기 22장에서 '하나님이 이삭 대신 양을 수풀에 걸리게 하셨다'는 표현을 읽었을 때 소스라치게 놀랐다. 마치 내 뇌 속의 말씀의 숲 어딘가에 양이 걸린 것으로 연상되었다. 수풀에 걸린 양은 하나님의 숨은 캐스팅이며 숨은 시나리오다.

우리가 아브라함처럼 삶 속에서 예배로 순종의 제사를 드릴 때 하나님이 예비하신 예배의 제물인 깜짝 캐스팅과 숨은 시나리오를 만난다. 그것은 내 뇌 속에 저장된 말씀의 숲에 걸리고, 그렇게 걸린 나뭇가지에 해당하는 말씀이 그 순간에 하나님을 예배하는 가장 중요한 동기가 된다.

삶의 예배의 결정적인 순간에 하나님은 수풀에 걸리는 양과 같은 현상을 보여주실 때가 있다. 그때 뇌 속의 뉴런들이 하나님의 말씀의 숲으로 가득 이루어져 있다면, 어떤 일들을 체험할 때 뇌 속의 말씀의 나뭇가지에 양이 걸린 것같이 하나님의 말씀이 쉽게 떠오른다. 그리고 그 말씀으로 예배하게 된다. 이것이 우리 속에 그리스도의 말씀이 풍성해야 하는 이유다.

공예배든 개인의 삶의 예배든 어떤 상황 속에서도 수풀에 걸린 양을 발견할 수 있는 영적 센서가 있어야 한다. 그것이 바로 그리스도의 말씀이 새겨진 뇌 속의 뉴런 숲이다. 그래서 바울은 그리스도의 말씀이 풍성히 거하게 하라고 했다(골 3:16). 그러면 하나님이 어떤 상황 속에서 수풀에 걸린 양과 같은 숨은 캐스팅과 숨은 시나리오를 펼치실 때, 내 뇌 속의 말씀 나뭇가지 센서가 그것을 감지하고 그 말씀으로 예배할 수 있게 된다.

포정해우

유라굴로 선교단체 대표인 김성철 목사님이 2016년 7월 마지막 주간에 '포정해우'(庖丁解牛)라는 고사성어에 대해 말했다. 포정이라는 백정이 소의 살을 발라내는 기술이 너무 출중해서 칼을 한 번 갈면 수년 동안 갈지 않아도 될 정도였다고 한다. 그만큼 우리가 성령의 검인 하나님의 말씀을 연마해야 한다고 강조했다.

며칠 후 평생 한 번 듣기도 힘든, 어려운 고사성어 포정해우를 또 듣게 되었다. 7월 31일 대전시온성교회에 도착하여 조영운 목사님 방에 들어가는 순간 입이 딱 벌어졌다. 벽에는 검도 5단 단증이 들어 있는 액자와 목검, 죽도, 조선세법용 칼, 진검 등 여러 종류의 칼들이 진열되어 있었고, 조선의 세법을 그려놓은 액자도 있었다.

나는 조 목사님이 포정해우를 알고 있을 거라는 확신을 가지고 넌지시 여쭈었다. 그러자 목사님이 거침없이 설명을 시작했다.

"《십팔사략》에 포정해우에 대한 이야기가 나옵니다. 포정이란 백정은 살아 있는 생명체를 보는 순간 뼈와 살 사이의 공간을 꿰뚫어 볼 수 있어서 칼을 집어넣어 가르는 솜씨가 매우 출중했다고 합니다. 그래서 19년 동안을 칼을 갈지 않아도 금방 칼을 간 것과 같았다고 해요. 검의 세계에 '권백일, 도천일, 검만일'이라는 말이 있습니다. 도는 칼등이 있는 칼이고, 양날이 있는 것이 검입니다. 주먹과 발을 쓰는 권법은 100일만 수련하면 터득이 가능하고, 도법은

1,000일 즉 3년이면 수련이 끝날 수 있지만, 양날을 가지고 있는 검은 10,000일 즉 30년 동안 수련해야 터득하게 된답니다.

칼은 휘두르고 나면 다시 자신의 몸을 향해 돌아와야 합니다. 칼등이 있는 도는 휘두르고 난 뒤에 자기 몸으로 돌아와도 칼등이 무딘 곳이기에 덜 위험하여 3년이면 수련이 가능하지요. 그러나 검은 양날이 있으므로 휘두르고 난 뒤에 자신에게 돌아올 때 위험합니다. 그래서 자신의 몸을 해치지 않게 수련하는 데 30년이 걸리죠."

목사님은 이어서 말씀의 검에 대해 설명했다.

"에베소서 6장에서 성령의 검, 곧 하나님의 말씀이라는 표현은 바울이 로마 군인이 차고 있는 양날의 검을 비유한 것입니다. 하나님의 말씀은 성령의 검입니다. 말씀을 먹는 우리의 삶은 30년을 수련한다고 생각하고 갈고닦아야 하는 긴 여정이죠. 저는 28세에 목회를 시작하면서 새벽 설교에 대한 부담이 컸어요. 그래서 설교 대신 성도들과 함께 성경을 통독하기로 했습니다. 그러자 놀랍게도 3년도 채 안 되어 성도들의 고집이 없어지고 병이 낫는 역사가 일어났어요. 저희 교회는 지금 1,000독을 목표로 통독하고 있습니다. 성령의 검이 곧 하나님의 말씀입니다."

성경 읽기만으로 새벽예배를 28년 동안 인도하며 '검 10,000일'을 실천해온 목사님의 이야기를 들으며 큰 감동을 받았다. 현대 교회들은 거의 설교 중심의 예배를 드린다. 그래서 담임목회를 하는 사역자들은 평생의 목회 기간 동안 설교 준비에 녹초가 된다. 공예배만 해도 일주일에 최소한 열 개의 설교를 준비해야 한다. 그 외에 구역예배 및 특별예배까지 포함하면 15-20편 정도의 설교를 준비해야 한다. 1년에 800편 내지 1,000편의 설교를 준비해야 한다. 설교 중심의 예배가 낳은 폐단 가운데 하나이다.

그러나 예배의 본질인 성경 읽기와 암송이 회복될 때 목회자의 설교에 대한 부담은 10분의 1로 줄어들 수 있다. 또한 그들도 설교 준비가 목회와 삶의 전부가 아닌, 하나님 앞에 선 단독자로서 순수하게 말씀을 사랑하며 더욱 건강한 목회를 할 수 있다.

하나님의 말씀을 선포하고 가르치며 목양하는 위치에 있는 목회자는 성도들보다도 더 성경 읽기와 암송에 달인이 되어야 한다. 설교를 위한 것이 아닌, 하나님을 사랑하기 위해서다. 그럴 때 성도들에게 하나님의 말씀을 성령의 검으로 연마시킬 수 있는 안내자의 자질을 갖추게 된다.

나는 조영운 목사님의 포정해우에 대한 이야기를 들을 때 히브리서 말씀이 떠올랐다.

"하나님의 말씀은 살아 있고 활력이 있어 좌우에 날선 어떤 검보다도 예리하여 혼과 영과 및 관절과 골수를 찔러 쪼개기까지 하며 또 마음의 생각과 뜻을 판단하나니"(히 4:12).

많은 성도들이 오해하고 있는 구절 중 하나라고 성령께서 오래전에 가르쳐주셨다. 하나님의 말씀이 혼을 쪼개고, 영도 쪼개고, 관절도 쪼개고, 골수도 쪼개는 줄로 오해하고 있는 성도들이 많다. 왜 하나님이 만들어놓으신 것을 깨뜨리시겠는가? '쪼갠다'의 어원은 '메리스무'로서 '둘로 나눈다'(division)라는 의미다. 즉, 하나님의 말씀은 혼과 영 사이를 찔러서 갈라내어 분리시킨다는 의미다. 관절과 골수가 나누어져 있는 것처럼 말이다.

사람들은 불순종하여 제 갈 길로 갔다. 그 결과 영이 죽은 상태에서 마음(혼)이 시키는 대로 육체가 움직인다. 어떤 행동에 중독이 되면 마음은 원하지 않아도 육체가 벌써 그 행동을 하고 있다. 처음에는 마음이 시켜서 육체가 움직이지만 나중에는 육체의 움직임을 마음도 제어하지 못한다.

이런 자가 어느 날 회개하고 예수님을 주인으로 영접하면 그리스도인이 되어 영이 새롭게 태어난다. 그러나 갓 그리스도인이 된 사람은 아직 육과 혼이 강하고, 영은 갓난아이의 상태다. 육과 혼이 아직 영을 누르고 있는 것이다. 바로 하나님의 말씀은 육과 혼에 눌린 영을 자유케 한다. 즉, 혼과 영 사이를 갈라내어 분리시켜 영을 혼으로부터 자유케 한다. 마치 포정이 뼈와 살 사이의 공간을 꿰뚫어보고 그 사이에 칼을 넣어 가르듯이 말이다.

그렇다면 어떻게 말씀을 먹는 것이 혼과 영 사이를 갈라내어 영을 자유케 하고 성장시키는 것일까? 그 비밀은 히브리서 4장 12절의 마지막 표현에 있다.

"또 (하나님의 말씀은) 마음의 생각과 뜻을 판단하나니."

우리가 하나님의 말씀을 파악하는 것이 아니다. 하나님의 말씀이 우리의 생각을 판단하신다. 이 구절은 내가 먼저 말씀을 판단(파악)하려는 태도를 경계해야 함을 알려준다. 우리가 말씀을 대할 때 혼에 속한 지성으로 먼저 이해하듯이 먹으려고 하는 태도를 내려놓아야 한다. 말씀은 영이시며, 만물보다 거짓되고 부패한 것이 사람의 마음이기 때문이다.

그런데 언제부터인지 많은 사람들이 말씀이 나를 판단하도록 하기보다 이성적 큐티로서 내가 먼저 말씀을 파악하려는 태도를 취하는 모습을 신앙의 기초에 두기 시작했다. 그 자체가 나쁜 것은 아니지만, 새 피조물로서 하루를 새롭게 시작할 때 혼으로부터 영의 자유함을 얻는(하나님이 직접 제시하신) 방법인 성경을 소리 내어 읽고 암송하도록 하는 쉐마의 가르침을 놓치기 시작했다. 그래서 성경을 이성적으로 많이 깨달았을지라도 혼이 더욱 강해지기 때문에 영은 여전히 혼에 눌려 있어, 말씀을 살아내지 못하는 그리스도인으로 산다.

우리는 회개하고 예수님을 주인으로 모시기 전에는 영이 죽은 상태이기에 아무리 선하다 할지라도 제 마음대로 산다. 혼(지성)은 만물보다 부패하여 무엇이든 언제나 자기중심적으로 생각하는 경향

(죄의 뿌리)이 있다. 그래서 영이신 말씀도 자기중심적인 차원에서 혼적 지성으로 먼저 파악하여 먹으려 하면 그 부패한 혼이 더 강해져서 혼이 영을 더욱 누른다.

오히려 거꾸로 자기중심적으로 성경말씀을 판단하고 싶어 하는 생각을 부정하는 차원(새 부대가 되기 위한 자아 부인 차원)에서 성경을 소리 내어 읽고 암송하면서 기도하며 성령님을 예배해야 한다. 그럴 때 성령(말씀)께서 나를 판단하시는 것을 체험하게 된다. 그것이 바로 새 부대로 나아가는 태도이다.

성경을 이해하고자 하는 차원에서 성경지식이 풍부해지는 것과 믿음이 자라고 영이 성장하는 것과는 별개다. 성경지식이 아무리 풍부해져도 그 지식과 깨달음으로 타인을 쉽게 비판하고 정죄하며 교회의 분열에 앞장서는 역할을 하게 되는 경우가 교회 안에 비일비재하다. 성령은 살리시는 분이신데 교회를 분열케 하는 데 앞장서는 역할을 한다면, 그 성경지식과 깨달음은 자신과 남도 해치는 차원에서 자기중심적으로 말씀을 먹고 있는 셈이다.

그것이 바로, 아무리 말씀을 붙잡는다 하더라도 죄와 사망의 법에 있는 자들의 모습이다. 그래서 바울은 교회 안에서 율법 아래 있는 자들에게 육체의 일이 나타난다고 했고, 그들은 "이것이 옳은 법이다"라고 서로에게 주장하며 분쟁과 시기와 분냄과 당 짓는 것과 분리의 모습을 드러낸다고 했다(갈 5:19-21).

자신의 죄를 회개하고 예수님을 주인으로 모셔 영에 속한 사람은 겸손한 마음으로 성경을 소리 내어 읽고 암송하면서 부패한 자아를 계속 부인해야 한다. 그것이 바로 말씀으로 기도하는 방법인데, 이 말씀기도가 예배의 핵심이다.

마치 갓난아이가 젖의 성분과 어머니에 대하여 잘 알지 못해도 어머니 품에 안겨 젖을 먹는 것처럼 말씀을 먹어야 한다. 그래서 베드로는 "갓난아기들같이 순전하고 신령한 젖을 사모하라 이는 그로 말미암아 너희로 구원에 이르도록 자라게 하려 함이라"(벧전 2:2)라고 했다. 그렇게 신령한 젖인 말씀을 갓난아이와 같이 먹을 때, 살아 있고 운동력이 있어서 혼과 영 사이를 갈라내는 말씀이 영을 자유케 하며 무럭무럭 자라게 한다.

포정해우에 대해 들으면서 두 번째로 연결된 말씀은 에베소서 6장이다. 에베소서 6장에서 '하나님의 말씀이 성령의 검'이라는 표현은, 우리의 씨름이 혈과 육에 대한 싸움이 아니라는 표현으로부터 시작되었다. 즉, 악의 세력인 정사와 권세와 어두움의 세상 주관자 그리고 하늘에 있는 악한 영들과 싸울 때 공격할 수 있는 무기는 성령의 검인 하나님의 말씀이다.

철로 만든 검의 수련도 10,000일이 필요하다면 하나님의 말씀인 성령의 검은 30년이 아니라 평생 수련해야 할 것이다. 하나님의 말씀이 성령의 검이 되게 만드는 비결은, 성령의 검이라는 표현 바로 뒤에 나오는 에베소서 6장 18절에 있다.

"구원의 투구와 성령의 검 곧 하나님의 말씀을 가지라 모든 기도와 간구를 하되 항상 성령 안에서 기도하고 이를 위하여 깨어 구하기를 항상 힘쓰며 여러 성도를 위하여 구하라"(엡 6:17,18).

여기에 기도와 같은 의미의 표현이 다섯 번이나 등장한다. '기도', '간구', '기도', '구하기를', '구하라'이다. 바울이 유대적 관점에서 말하고 있는 기도가 바로 말씀을 예리한 검으로 간직하고 사용하는 비밀이다. 여기서 말하는 기도와 간구는 바울 당시의 유대적 예배 전통으로 볼 때, 성경을 소리 내어 읽고 암송으로 선포하는 말씀기도이며, 사실상 그 기도가 예배의 핵심이다.

이는 우리의 혼적인 부르짖음만의 기도를 말하는 것이 아니다. 즉, 하나님의 말씀이 성령의 검이 되도록 하는 것은 단순히 성경을 이해하는 차원도 아니고 단순한 읽기도 아니다. 기도의 본질은 내 뜻을 내려놓는 것, 즉 자아를 부인하는 것이다. 그래서 끊임없이 성경을 읽고 암송으로 선포하며 자아를 부인하는 기도로 성령께 예배할 때, 말씀이 혼으로부터 영을 자유케 하고, 또한 정사와 권세와 어두움의 세상 주관자들과 하늘의 악한 영들을 파쇄(破碎)할 수 있는 성령의 검의 역할을 하게 된다.

읽고 암송하도록 주신 성경

2016년 9월 24일 저녁에 인천공항에 도착했다. 다음 날 아침을 먹으며 84세 되신 내 아버지께 확인 차 여쭈었다.

"아버지, 요즘도 성경을 소리 내어 잘 읽고 계시는 거죠?"

아버지가 바로 말씀하셨다.

"그럼! 그런데 요즘 희한한 현상이 나타나고 있어. 네가 알다시피 내가 성경을 소리 내어 통독한 지 10년쯤 되었고 처음 6,7년간은 무슨 내용인지 모르고 읽었잖아. 그런데 요즘 성경을 읽고 나면 바로 이해가 따라와! 그래서 읽는 게 더 빨라졌어. 나를 구원하신 하나님의 사랑이 요즈음 살에 와 닿아!"

아버지는 평생 성경공부반에 들어가신 적이 없다. 그런데 성경을 소리 내어 읽기만 하는 중에 성령께서 이해하도록 도우신다는 놀라운 말씀을 하셨다. 읽기가 더 빨라지셨다는 의미는 읽고 있는 부분이 이해가 안 가도 성령께서 언젠가는 성경 안에서 다 직접 알려주실 것이니 궁금해하지 않고 그대로 읽어내려갈 수 있다는 뜻이었다. 아버지는 10년 동안 포기하지 않고 꾸준히 소리 내어 읽으면서 성령께서 성경의 말씀들을 서로 연결시켜주시는 은혜를 누리고 계셨다.

2016년 10월 중 아론의 147대 직계 후손인 게리 코헨의 제자인 김형종 박사를 수차례 만났다. 성경학자인 그는 3,500년 동안 제사장 아론 집안에서 대대로 내려온 성경 읽기와 암송에 대한 이야기를 했다. 성경 속에는 하나님의 해석이 다 들어 있기 때문에 따로 해석할 필요 없이 계속 읽고 암송하면 된다고 했다.

또 성경의 여러 곳에서 읽고 암송하는 것을 하나님이 강조하셨다고 설명했다. 요한계시록조차도 "이 예언의 말씀을 읽는 자와 듣는 자와 그 가운데에 기록한 것을 지키는 자는 복이 있나니 때가 가까움이라"(계 1:3)라고 말하는데, 그 안에 하나님의 해석이 다 들어 있기 때문에 그냥 읽으면 된다고 했다.

김 박사는 그동안 만 명 정도 되는 요한계시록 전문가들에게 요한계시록을 강의했다고 한다. 요한계시록은 사람들마다 해석이 달라서 강해하고 나면 반드시 다른 해석을 가진 사람들이 질문을 하게 된다. 그런데 그가 그렇게 많은 사람들에게 요한계시록을 강의했어도 다른 의견을 제시하면서 질문하는 사람을 만나지 못했다고 한다. 헬라어 원어로 정확히 풀어주며 각각의 표현들에 대해 하나님이 친히 해석해놓으신 구절들을 연결해주는 강의였기에 어느 누구도 반론을 제기할 수 없었다.

바울이 골로새교회에 "이 편지를 너희에게서 읽은 후에 라오디게아인의 교회에서도 읽게 하고 또 라오디게아로부터 오는 편지를 너희도 **읽으라**"라고 했다(골 4:16). 에베소 교인들에게도 "곧 계시로 내게 비밀을 알게 하신 것은 내가 먼저 간단히 기록함과 같으니 **그것을 읽으면** 내가 그리스도의 비밀을 깨달은 것을 너희가 알 수 있으리라"(엡 3:3,4)라고 했다. 읽기만 하면 다 깨달을 수 있다.

김형종 박사는 다음과 같이 말했다.

"베드로와 스데반이 성령세례를 받고 설교한 것은 성경을 해석해 준 것이 아니라 짧은 시간에 토라를 다 읽어줄 수 없으니 그것을 요약한 것이었습니다. 예수님도 엠마오로 가는 제자들에게 성경을 풀어주셨는데 그 표현과 해석학이라는 단어가 관련되어 있지만, 해석을 해주신 것이 아니라 구약 속에 있는 메시아에 대한 내용을 자신과 연결시켜주시는 말씀을 하신 것이었죠."

2016년 7월 19일 부산 생명의길교회 집회에서 있었던 일이다. 성도 수가 많지 않은 교회였지만 담임목사님의 영적 네트워크가 넓어서 목회자와 선교사님들이 대거 참여했다. 나는 설교 도중 "일 더하기 일 더하기 일은 뭐죠?"라고 질문했다. 목사님들과 선교사님들이 일제히 "3이요"라고 대답했는데, 한 어린아이가 "1이요"라고 말했다.

나는 그 아이에게 즉시 "왜 1이지?"라고 되물었고, 아이는 "삼위일체 하나님이시니까요?"라고 대답했다. 그때 목사님들과 선교사님들이 다 감탄사를 연발했다. 히브리어로 '아히드'라는 단어가 바로 '1+1+1=1'이라는 개념의 단어이다. 이 단어에서 파생된 단어는 '에하드'로서 '하나'라는 뜻인데 삼위일체 하나님이 온전한 사랑 안에 한 분이시라는 의미다.

그것을 말하기 위해서 질문을 던진 것인데 대부분의 목사님들과 선교사님들은 '3'이라는 헬라적 관점의 대답을 했고, 아이는 질문의 의도를 정확히 꿰뚫어보며 히브리적 사고에서 나오는 성경적인 대답을 했다.

설교가 무르익으면서 중간에 계속 질문을 던졌는데 목사님들과 선교사님들은 심각하게 답을 고민하는 표정을 짓고 있는 반면, 그 아이만 즉시 정확한 대답을 내놓았다. 그럴 때마다 모든 회중들이 감탄했다. 집회가 끝나고 다 함께 저녁식사를 하는 도중 그 아이의 엄마인 선교사님과 함께 대화를 나누었다. 그녀가 말했다.

"목사님, 저희는 T국 선교를 준비하는 가정입니다. 아까 대답을 잘 하던 아이는 맏아들로 이름은 소명이고, 여덟 살입니다. 아이는 지금 로마서와 갈라디아서 전장을 암송하고 있고, 히브리서는 6장까지 암송하고 있어요.

그런데 암송을 하면서 저희를 깜짝 놀라게 할 때가 많습니다. 로마서의 어느 부분의 어떤 단어와 갈라디아서의 어떤 부분이 연결된다는 식으로 놀라운 주석을 합니다. 스스로 성경을 깨우쳐가며, 저희에게 가르쳐줄 때도 많습니다. 확실히 성경을 통으로 권별로 암송하는 것의 유익이 크다는 것을 체험해요. 아까 목사님께서 성경암송 예배에 대해 말씀하실 때 주제별로 뽑아서 암송하는 것과 책을 통으로 암송하는 것의 차이를 설명하셨죠? 신명기 6장 쉐마 명령과 여호수아서 1장 8절의 가르침을 따라 유대인들은 모세오경을 입에서 떠나지 않게 암송하고 있다고 하셨어요. 그러면서 원래 성경암송은 책 별로 통째로 암송하는 것이라고 하셨을 때 큰 감동과 확신을 얻었습니다.”

소명이 엄마의 말을 듣고서 나는 다음과 같이 대답했다.

“놀랍군요. 제 질문에 대한 소명이의 놀라운 대답이 그냥 나온 것이 아니었군요. 소명이는 정말로 좋은 모델입니다. 제가 다니면서 이 이야기를 만방에 알리겠습니다. 그런데 어머니도 함께 암송하고 계시죠?”

이 질문에 그녀는 머뭇거리며 “아니요, 저는 아이에게 암송을 시키고 점검해줄 뿐입니다”라고 말했다. 그래서 나는 아이의 입장을 생각하며 부모도 같이 참여할 것을 권면했다. 자녀에게 말씀을 암송시키는 것은 매우 훌륭한 일이다. 그런데 아이만 시키면 ‘엄마는 암송도 하지 않으면서 내 점검만 하고 나를 힘들게 하네’라고 생각할 수도 있다. 그래서 지금은 괜찮을지라도 나중에 아이와의 관계가 어그러질지도 모른다.

내게서 성경암송기도 신앙을 배운 한 형제가 성경 읽기 모임을 운영하며 섬기고 있다. 그는 ‘갈라디아서 전체 매일 한 번씩 읽기’ 카톡방을 통해서 인도하고 있다. 그 모임이 200일쯤 되었을 때 나도 참여했다. 그때 리더 형제는 갈라디아서 6장 전체를 다 암송하고 있었다. 그는 매일 한 번씩 읽기만 했는데도 어느 순간부터 저절로 다 암송이 되었다고 한다.

부모들도 아이가 암송할 때 같이 읽으라. 그러면 함께 성경을 읽고 암송하는 차원에서 관계가 회복되며, 아이는 복습이 되어서 좋고, 부모도 어느 날 저절로 암송하게 되는 체험을 할 것이다. 신명기 6장 4-9절의 쉐마는 부모들에게 먼저 강조하신 말씀이다. 개인과 가정이 성경 읽기 및 암송하는 쉐마로서 하나님을 예배하는 것이 교회 공동체의 가장 중요한 기반이다.

초대교회 예배의 핵심

시편 1편 2절의 '묵상'이라는 단어는 '소리를 내다'라는 뜻인 히브리어 '하가'를 잘못 번역한 것임을 아는 성도들이 꽤 많아졌다. 또한 '하브루타'에도 관심을 많이 기울이고 있는 추세다. 하브루타는 친구, 동료라는 단어에서 파생된 단어로서 하나님 말씀에 대하여 질문과 답을 서로 주고받는 대화법이다. 그런데 많은 사람들이 질문과 답을 하는 토론 방식에만 더 관심을 갖는 경향이 있다. 사실상 그것은 본질적인 하브루타가 아니다. 그 본질은 성경을 읽고 암송하는 하가에 있다.

나는 몇 년 전부터 하브루타라는 개념을 알게 되면서 하가와 하브루타의 놀라운 연관성을 깨닫게 되었다. 하브루타는 너와 나 사이인 수평적인 관계에서 하는 것이기 이전에 나와 하나님 사이에서 먼저 이루어진다. 즉, 하나님을 향하여 말씀을 소리 내어 읽고 암송하는 하가로서 하나님과 친구처럼 하브루타를 하는 것이다.

성경은 하나님이 이미 내게 말씀하신 것이다. 하브루타의 1단계가 이루어진 것이 성경이다. 그리고 하나님이 내게 말씀하신 성경을 읽고 반복적으로 암송하여 선포하면 "하나님, 이 말씀은 무슨 뜻인 거죠?"라고 하나님께 질문을 하는 셈이 된다. 이것이 하브루타의 2단계다. 그러면 그 성경말씀 선포 소리는 다시 하나님께로부터 메아리쳐 내게 돌아오게 된다. 하나님이 "나는 네게 이런 뜻으로 말한 것인데 너는 어떻게 생각하니?"라고 답을 주시며 반문하시는 것 같은 효과를 체험한다. 3단계가 이루어진 것이다.

그런 식으로 끊임없이 성경말씀을 반복하여 하가를 하면 1,2,3단계의 하브루타가 수없이 반복된다. 성경암송 하가로 하나님과 나 사이에 이루어지는 수직적 하브루타의 관계는 일대일뿐 아니라, 더 나아가서 공동체 안에서 이루어지는 수평적 하브루타의 가장 기초가 된다.

유대인들에게 토라가 주어졌을 때부터 약 1,400년간 하가와 하브루타가 이어졌는데, 그것이 초대교회 부흥의 핵심 원동력이었다. 예수님의 승천 직후 마가의 다락방에 모인 예수님의 가족과 제자들 그리고 여인들은 성령의 세례를 기다리며 기도에 전념했다(행 1:14). 이들이 모여 전념한 기도가 바로 성경암송 하가와 하브루타이다.

그들은 토라를 입에서 떠나지 말게 하라는 말씀(수 1:8)을 지키며 토라(모세오경), 시편 및 선지서들을 하가하며 하나님을 예배했다. 그러면서 자연스레 하브루타의 모습도 이루어졌다. 토라의 말씀을 가지고 메시아로 믿고 따른 예수 그리스도에 대해서 서로 나눔을 가졌다. 이것이 초대교회 예배의 가장 강력한 기본 틀이었다.

어느 날 사도행전 1장을 암송하며 성령님을 예배하던 중 성령께서 사도행전 1장과 2장의 현장인 마가의 다락방 모습을 조명해주셨다. 예수님의 승천 직후 그분의 가족과 제자들을 비롯하여 예수님을 따랐던 이들은 예루살렘을 떠나지 않고 마가의 다락방에 모여 기도했다(행 1:4,14). 이때 토라를 암송하며 하가로 예배하던 중 한 사람이 일어나 고백하는 모습이 머릿속에 그려졌다.

"토라를 암송하며 여호와 하나님을 예배할 때마다 토라 속에서 여호와 하나님이 보내신다는 메시아에 대한 많은 부분들이 우리와 함께하셨던 예수님을 말하는 것 같습니다. 십자가에서 죽으시고 부활 승천하신 예수님은 우리가 메시아에 대한 잘못된 고정관념을 가지고 있었다는 것을 가르쳐주는 것 같아요. 우리는 나 자신과 우리 민족의 만족 차원에서만 메시아를 소망했습니다. 즉, 해결사 메시아를 기다렸지요. 그분은 이방 나라들의 압제에서 벗어나게 하는 정치적인 메시아가 아니라 죄에서 해방시키시는 메시아로서 바로 하나님이셨음을 알지 못했던 것 같아요.

부활 직후에 형제 도마가 예수님을 여호와 하나님에 대한 칭호인 '아도나이'로 고백한 것이 당시에는 말도 안 된다고 생각했었지만 이제는 제게도 그 도마의 믿음이 생깁니다. 그래서 토라를 암송하며 하가하는 동안 계속 회개하는 기도가 나옵니다. 우리는 조상들이 시내산에서 돌에 새긴 언약을 받은 날이 오순절이었음을 잘 압니다. 그런데 예레미야 선지자를 통해 돌에 새긴 토라가 아닌 마음에 새기는 토라를 주신다는 것이 바로 예수님이 말씀하신 성령의 세례를 의미하는 것 같아요. 이제 며칠 지나면 바로 오순절인데 그날에 성령의 세례가 부어질지도 모르겠습니다. 그래서 예수님이 약속하신 성령의 세례를 간절히 사모하게 됩니다. 그렇게 생각하니 예수님이 우리와 함께하셨다는 것이 얼마나 감사한지요. 할렐루야!"

이런 고백이 한 사람에게서 터지는 중에 많은 사람들이 토라를 암송하며 하가로 예배하며 동일하게 깨달은 마음을 서로 나누고, 그런 식으로 그들의 하가와 하브루타의 모습은 날이 갈수록 더 증폭되었다. 그러다가 예수님이 승천하신 지 10일이 지난 오순절이 되었다.

"오순절 날이 이미 이르매 그들이 다 같이 한곳에 모였더니 홀연히 하늘로부터 급하고 강한 바람 같은 소리가 있어 그들이 앉은 온 집에 가득하며 마치 불의 혀처럼 갈라지는 것들이 그들에게 보여 각 사람 위에 하나씩 임하여 있더니 그들이 다 성령의 충만함을 받고 성령이 말하게 하심을 따라 다른 언어들로 말하기를 시작하니라"(행

2:1-4). 급하고 강한 바람은 반드시 순풍으로부터 시작된다. 제자들은 조상 때부터 이어져오는 하가와 하브루타를 통해 메시아를 고대하고 있었다. 각 사람의 가슴에 불고 있는 작은 순풍들이 있었다. 그러다가 예수님을 직접 만난 뒤로부터 죽음과 부활을 체험하면서 메시아에 대한 비밀이 점진적으로 더 크게 열려지는 하가와 하브루타를 경험하게 되었다. 순풍이 점점 더 강해져가고 있었다.

예수님이 승천하시고 난 뒤 10일 동안은 하가와 하브루타의 바람이 더욱 격렬해졌을 것으로 보인다. 10일 뒤에 오순절(시내산에서 돌에 언약을 새겨주신 날)이 다가오는 것을 정확히 계산하며, 예레미야를 통해서 계시하신 새 언약(마음에 새겨질 말씀)을 대망하는 하가와 하브루타의 예배로 나아갔다. 그러다가 10일째 오순절이 이르렀을 때 성령께서 급하고 강한 바람으로 다락방에 모인 모든 사람들에게 동시다발적으로 역사하셨다.

그들은 오랜 세월 동안 간직했던 예레미야서 31장 31-33절 새 언약의 말씀과 예수님이 약속하신 성령세례에 대한 약속의 말씀(행 1:4,5)을 붙들었고, 그 말씀이 성취되는 성령세례를 그대로 체험했다.

예수님이 부활 승천하신 후에 다가온 오순절은 돌에 새기는 토라가 아닌 마음에 새겨지는 토라(성령), 즉 새 언약(렘 31:31-33)이 이루어지는 날이었다. 성령이 임하심으로 마음에 토라(말씀)가 새겨졌다. 즉, 돌에 새긴 토라를 읽으며 암송으로 선포하는 자에게 마음에 새겨지는 토라로 성령께서 임하셨다.

그러자 그들은 성령이 말하게 하심을 따라 다른 나라의 언어로 말하기 시작했다. 베드로만 말한 것이 아니다. 모든 사람들이 하나님의 큰일에 대하여 말했다(행 2:5-11). 개별적인 하가의 모습이 공동체적인 하브루타의 모습으로 더 크게 나타났다.

그들이 깨달은 것은 약 1,400년 전 조상(모세) 때로부터 암송으로 보존되고 전달돼왔던 토라의 말씀이 바로 예수 그리스도에 대한 것이었음을 완전히 알게 되었다. 성육신하시고 공생애를 이루시다가 죽으시고 부활 승천하시어 성령으로 임하신 것이 그들이 암송하는 토라 속에 계시되어 있음을 정확히 알게 되었다. 그래서 지구 역사상 가장 큰일을 말한 것이다. 그것은 최초의 사람 아담 때부터 이어진 하나님의 언약의 성취였다. 그것을 예수 그리스도의 영, 성령을 통해 알게 되었다.

"그날에는 내가 아버지 안에, 너희가 내 안에, 내가 너희 안에 있는 것을 너희가 알리라… 보혜사 곧 아버지께서 내 이름으로 보내실 성령 그가 너희에게 모든 것을 가르치고 내가 너희에게 말한 모든 것을 생각나게 하리라… 그러나 내가 너희에게 실상을 말하노니 내가 떠나가는 것이 너희에게 유익이라 내가 떠나가지 아니하면 보혜사가 너희에게로 오시지 아니할 것이요 가면 내가 그를 너희에게로 보내리니 그가 와서 죄에 대하여, 의에 대하여, 심판에 대하여 세상을 책망하시리라"(요 14:20, 26, 16:7, 8).

그것은 이전에 맛보지 못한 가장 놀라운 바람이었다. "배에서 생수의 강이 흘러나오리라 하시니 이는 그를 믿는 자들이 받을 성령을 가리켜 말씀하신 것이라"라고 말씀하신 예수님의 약속이 이루어졌다(요 7:37-39). 성령의 세례였다. 성령께서는 예수님 승천 후 열흘 동안 제자들이 조심스럽게 토라와 예수님을 연결해보았던 것에 대한 확증적인 깨달음을 주셨다.

120명의 성도들은 성령이 임하시면 권능이 임하게 된다는 말씀의 성취로, 전에 없었던 놀라운 담대함이 생겼다. 그리고 "예루살렘과 온 유대와 사마리아와 땅 끝까지 이르러 내 증인이 되리라"는 말씀의 성취로 각 나라의 언어로 하나님의 큰일을 말하며 역동적으로 서로 하브루타를 하게 되었다(행 1:8).

마가의 다락방에 모인 성도들이 너 나 할 것 없이 말씀을 주고받기 시작했는데 그것이 다른 나라의 언어로까지 들렸다. 그러고 나서 베드로가 대표로 일어나 요엘서의 예언이 성취된 것으로 선포했다(행 2:17-21). 이것은 하나님 앞에서는 하가요, 사람들 앞에서는 동시에 하브루타의 모습으로 나타났다. 베드로는 다윗의 후손으로 오실 예수 그리스도에 대한 예언인 토라의 말씀과 시편의 말씀을 선포했고, 회개를 통한 성령의 세례를 촉구했다(행 2:25-38).

"베드로가 이르되 너희가 회개하여 각각 예수 그리스도의 이름으로 세례를 받고 죄 사함을 받으라 그리하면 성령의 선물을 받으리니"(행 2:38).

성령님은 예수님이 공생애를 시작하시면서 "회개하고 복음을 믿으라"라고 하신 말씀(막 1:14,15)을 베드로에게 생각나게 하셨다(요 14:26). 베드로는 예수님의 말씀대로 열흘간 전심으로 토라를 읽고 암송하며 회개하는 가운데 예수님(복음)을 구주로 믿었고 성령의 세례를 경험했다. 그는 자신의 체험 그대로 "회개하고 예수 그리스도의 이름을 믿으라"고 하며 물세례와 성령의 세례를 예루살렘에 모인 사람들에게 강조했다.

마가의 다락방의 역사를 체험한 성도들이 각자 집으로 돌아갔다. 그리고 집집마다 마가의 다락방의 역사와 동일한 역사들이 계속 나타났다. 왜냐하면 그 모임의 기초가 쉐마를 지키고 있는 가정들이기 때문이다. 신명기 6장은 각 가정의 부모에게 주신 명령이었고, 그들은 열심히 따랐다(초대교회의 부흥을 재현할 수 있는 가장 강력한 기초는 가정에서부터 토라를 입에서 떠나지 않도록 예배하는 것이었다).

가정에서 마가의 다락방 역사를 동일하게 체험한 사람들이 다시 또 예루살렘 성전 및 회당에 모이면 사도행전 2장의 역사가 계속해서 더 크게 나타났다. 믿는 자는 예수님이 하신 일을 동일하게 하실 것이라는 말씀대로 병 고침과 귀신들이 떠나가는 역사도 나타났다(요 14:12). 그런 현상들로 하나님의 나라가 임한 것이 확증되었다.

수많은 유대인들과 이방인들이 회개하고 복음이신 예수 그리스도를 구주로 믿게 되어 구원받는 백성들이 기하급수적으로 불어났다.

이런 모습이 오늘날 우리 예배에서 회복되어야 한다. 특히 주일예배에서 더 크게 나타나야 한다. 주일예배는 돌발적인 실수를 최대한으로 줄이며 점잖게 짜여진 시간에 짧게 끝내야 한다는 견해들이 있지만, 그것은 성경적이지 않다.

오순절은 일곱 번째 안식 후 첫날로서 주일이었다(레 23:15,16). 예수님이 부활하신 날일 뿐 아니라 역사상 가장 강력하고 초월적인 역사였던 성령의 세례가 부어진 날이 주일이었다. 우리의 모든 예배, 특히 주일예배가 오순절적인 예배로 회복되어야 할 당위성이 오순절이 주일이었다는 데 있다.

각 가정과 소모임 및 공동체의 모임을 막론하고, 성령께서 원하시는 예배는 음악적 경배찬양이나 한 사람의 설교에 의존된 예배가 아니다. 쉐마에 의해 말씀을 입에서 떠나지 않도록 다 같이 성경을 읽으며 암송으로 하가와 하브루타의 예배를 드리는 것이 기본적인 모습이다. 거기에서 나타나는 표적과 기사와 이적들을 통해 하나님의 나라를 직접 체험하여 영혼 구원의 역사가 쓰나미와 같이 일어나는 현장이다. 그렇다면 이런 놀라운 부흥이 왜 사그라졌을까? 4세기경에 있었던 사탄의 음모를 파헤쳐보면 그 실마리를 잡을 수 있다.

PART **2**

회복해야 할
예배의 실체

בָּרָא אֱלֹהִים אֵת הַשָּׁמַיִם וְאֵת הָאָ...

...חֹשֶׁךְ עַל־פְּנֵי תְהוֹם וְרוּחַ אֱלֹהִים מְרַחֶפֶת עַל...

...אֱלֹהִים יְהִי אוֹר וַיְהִי־אוֹר ⁴ וַיַּרְא אֱלֹהִים אֵ...

...בְדֵּל אֱלֹהִים בֵּין הָאוֹר וּבֵין הַחֹשֶׁךְ: ⁵ וַיִּקְ...

...וְלַחֹשֶׁךְ קָרָא לָיְלָה וַיְהִי־עֶרֶב וַיְהִי־בֹקֶר יוֹם...

...אֱלֹהִים יְהִי רָקִיעַ בְּתוֹךְ הַמָּיִם וִיהִי מַבְ...

...וַיַּעַשׂ אֱלֹהִים אֶת־הָרָקִיעַ וַיַּבְדֵּל בֵּין הַמַּיִם אֲשֶׁ...

...הַמַּיִם אֲשֶׁר מֵעַל לָרָקִיעַ וַיְהִי־כֵן:

...שָׁמַיִם וַיְהִי־עֶרֶב וַיְהִי־בֹקֶר יוֹם שֵׁנִי: פ

...הַמַּיִם מִתַּחַת הַשָּׁמַיִם אֶל־מָקוֹם אֶחָד וְתֵרָ...

...וַיִּקְרָא אֱלֹהִים לַיַּבָּשָׁה אֶרֶץ וּלְמִקְוֵה הַמַּ...

...אֱלֹהִים כִּי־טוֹב: ¹¹ וַיֹּאמֶר אֱלֹהִים תַּדְשֵׁא הָאָרֶ...

...עֵץ זֶרַע עֵשֶׂב פְּרִי עֹשֶׂה פְּרִי לְמִינוֹ אֲשֶׁר זַרְעוֹ־בַ...

...וַתּוֹצֵא הָאָרֶץ דֶּשֶׁא עֵשֶׂב מַזְרִיעַ זֶרַע לְמִינֵ...

...זַרְעוֹ־בוֹ לְמִינֵהוּ וַיַּרְא אֱלֹהִים כִּי־טוֹב: וַיְ...

...יוֹם שְׁלִישִׁי: פ ¹⁴ וַיֹּאמֶר אֱלֹהִים יְהִי מְאֹ...

...לְהַבְדִּיל בֵּין הַיּוֹם וּבֵין הַלָּיְלָה וְהָיוּ לְאֹתֹ...

...לִמְאוֹרֹת בִּרְקִיעַ הַשָּׁמַיִם לְהָאִיר עַל־הָאָ...

...אֱלֹהִים אֶת־שְׁנֵי הַמְּאֹרֹת הַגְּדֹלִים אֶת־הַמָּ...

사라진 성만찬의 본질

성만찬(聖晚餐)이라는 한자어는 성경에서 묘사된 주님의 사상을 잘 반영한 표현이다. '찬'(餐)은 '먹다' 또는 '밥, 음식'이라는 뜻이고, '만'(晚)은 '저물다, 늦다, 끝'이라는 뜻이다. 주님은 제자들과 함께 어느 가정집 다락방에서 마지막(끝) 저녁시간(만)에, 평소 식탁에서 늘 드시던 빵과 마시던 음료(찬)를 통해 자신의 십자가의 죽음을 선포하신 것이다.

예수님은 죽으시기 전에 제자들에게 유월절에 먹을 음식과 처소(가정집)를 예비하도록 하셨다. 유월절 음식인 어린양의 상징으로 빵과 음료를 주시면서 그것이 바로 자신의 살과 피라는 의미를 부여하시며 이를 행하며 주님을 기념하라고 하셨다(눅 22:7-20). 유월절의 어린양이 바로 자신의 십자가의 죽음을 의미함을 암시하신 것이다. 그리고 나중에 바울을 통해서 '먹고 마실 때마다 기념하라'고 확증해주셨다(고전 11:23-26).

초대교회 성도들의 중심은 유대인들이었고 가장 강력한 기본 단위는 가정이었다. 그들은 약 1,400년 동안 가정이나 여러 모임의 저녁식사 시간에, 출애굽을 기념하는 유월절을 만끽했다. 그랬던 그들은 성령님의 역사로 말미암아 그 유월절 식사의 의미를 복음적으로 승화시켜서 죄에서 건짐 받은 구원을 기뻐하며 주님의 살과 피를 축제로 경험했다.

성령의 세례를 받은 초대교회는 예수님의 명령에 따라서 집에서 또는 공동체가 모일 때마다, 매 식사 때마다 기쁨과 환희로 빵을 떼고 음료를 마시며 예수님과 생명으로 온전히 연합된 것을 축제로 즐겼는데, 그것이 바로 성만찬이었다(행 2:46).

매 식사 때마다 기념하던 성만찬은 초대교회의 가정, 회당 및 모든 교회 공동체 예배의 중심이었다는 것은 명백한 사실이다. 그러나 가톨릭은 가정, 기도처 및 회당 모임에서의 성만찬을 금지하는 법령을 제정했다. 그리고 자신들이 세운 화려한 건물 교회에서 축제적인 식사교제가 없이 엄숙해 보이는 예식 차원으로만 전락시켜 버렸다. 콘스탄티누스는 초대교회의 복음적인 유대적 전통을 제거하고 그가 숭배한 미트라 종교의 예식 순서를 들여오면서 그 예식 속에 성만찬을 가둬둔 것이다.

가톨릭이 범했던 성례전의 우상화를 벗어나는 길은 성례전을 의미 있게 대하는 것뿐 아니라, 성례전 속에 가두어뒀던 거짓 역사를 인식해야 하는 것이다. 그리고 성경에서 주님이 말씀하셨던 뜻을 회복하여 먹고 마실 때마다 주님의 살과 피를 기념해야 한다.

그렇다면 로마 가톨릭은 도대체 언제부터 어떠한 음모로 성만찬을 자신들이 인준하는 건물 안에서만 행해야 하는 엄숙한 예식으로 가둬두게 된 것일까?

초대교회 예배를 회복해야 하는 이유

초대교회의 예배에 초점을 맞추어야 하는 구체적인 이유가 있다.

첫째, 초대교회 예배의 주축인 유대인들은 하나님이 모세를 통해 직접 주신 토라 속 예배의 명령에 기초하고 있다. 그래서 우리는 토라에서 제시하는 예배가 초대교회의 예배를 통해 어떻게 나타났는지를 배울 수 있다.

둘째, 역사상 전무후무했던 초대교회의 부흥의 핵심인 예배의 모습이 어떻게 사라지게 되었는지 살펴봄으로써 그 예배를 회복하여 늦은 비의 역사를 준비함으로써 주님 오실 길을 예비해야 한다.

초대교회 예배의 결과로 일어난 부흥을 이른 비의 역사라고 말한다. 이와 동일한 부흥에 해당하는 늦은 비의 역사의 부흥은 지금껏 없었다. 초대교회의 이른 비의 역사는 어마어마한 핍박 속에서 지속적으로 일어난 부흥이었다. 시간적으로는 약 300년 동안 결코 멈추지 않고 끊임없이 강력하게 빠른 속도로 계속되었다. 많은 성도들이 오해하는 것과는 달리 숫자적으로도 헤아릴 수 없이 많은 유대인 공동체 사람들에게 일어났다.

사회적으로도 모든 영역과 계층을 총망라했다. 유대인 공동체들뿐 아니라, 교회를 핍박하던 로마 황제 및 집정관들, 군인들과 종교인들 그리고 각종 직업과 계층 및 모든 세대 남녀노소에게 일어났다. 지역적으로도 놀라운 차원이었다. 예수님의 직속 제자들이 살아있는 그 당시 전 세계 지구촌 구석구석 땅 끝까지 퍼진 부흥이었다. 교회사 2천 년 동안 과연 이런 부흥이 있었는가?

초대교회 탄생 이후 지금까지 지구촌에 수많은 부흥들이 있었다. 그중 어떤 부흥이 늦은 비의 역사라고 말한다면, 물론 그 부흥 자체를 부정할 수는 없지만 그것이 이른 비의 역사와 동일한 차원의 늦은 비의 역사는 아니다. 왜냐하면 참으로 귀한 부흥들이었으나, 초대교회의 부흥에 비해 시간적으로도 짧고, 지역적으로도 국지적이며, 숫자적으로도 작은 숫자였다.

그렇다면 초대교회 이후 약 1500-1600년간의 교회사 속에서 왜 초대교회의 부흥과 같은 모습이 없었을까? 그것은 하나님의 카이로스, 즉 언약의 성취의 때가 따로 있기 때문일 것이다. 그래서 우리는 그 언약 성취의 때를 준비해야 한다.

초대교회 부흥의 핵은 예배였고, 그 예배의 핵은 쉐마 차원의 성경 읽기와 암송이었다. 이 표현들을 들으며 "왜, 실패한 유대인들을 따르려고 하시나요?"라고 물어볼 사람들이 있을 것이다. 쉐마와 토라

암송을 말하는 것은 죄와 사망의 율법을 말하는 차원이 아니라 생명의 성령의 말씀(토라)을 말하는 것이다.

구약시대든 신약시대든 하나님의 지시사항인 토라를 문자가 아닌 살리는 영으로 만나면서, 그리스도를 만난 수많은 성공자들이 있었다. 노아, 아브라함, 이삭, 야곱, 요셉, 모세, 아론, 여호수아, 사무엘, 다윗 그리고 그들의 주변에서 동일한 믿음을 가졌던 수많은 사람들과 포로기 전후의 수많은 선지자들 그리고 예수님의 제자들과 초대교회 성도들은 토라를 암송하고 있으면서 죄와 사망의 율법에 묶여 있지 않았던 사람들이다.

돌에 새겨진 토라가 아닌 마음에 새겨진 토라(렘 31:31-33)로서 새 언약을 이미 만난 자들이 예레미야 전후로 많았다. 그들은 쉐마의 말씀 그대로 토라를 암송하며 메시아에 대한 약속을 믿고 말씀으로 기도하고 예배했던 자들이다. 그래서 그들이 새 언약에 대한 하나님의 계시를 듣고 기록할 수 있었다.

유대적 초대교회

교회가 유대적 뿌리에 근거를 두어야 하는 첫 번째 이유는 예수님과 초대교회의 기둥인 제자들이 유대적 공동체였기 때문이다.

'나팔소리'(Sound of the Trumphet)라는 단체의 대표인 리처드 부커(Richard Booker)는 30권 이상의 책을 저술했는데, 세계 여러 교회와 성경학교에서 사용되고 있다. 그는 《어찌하여 십자가가 칼이 되었는가》에서 예수님이 유대적 뿌리에 근거를 두었다고 말한다.

"예수님(히브리어로 예슈아 Yeshua)은 유대 가정에서 태어났고 전 생애 동안 율법을 잘 준수하는 유대인으로서 사셨다. 그분을 따르는 사람들은 유대인이었고 그들은 토요일에 회당에 갔으며 절기를 지켰다. 그들은 예슈아를 유대인의 메시아로 인정했고 신약성경을 기록했다."(20쪽)

예수님은 토라를 바리새인같이 준수한 것이 아니다. 바리새인은 토라를 문자적으로는 철저히 준수한 것 같으나 토라 속에 있는 하나님의 진의를 파악하지는 못했다. 그러나 예수께서는 문자 속의 진의를 확실히 알고 아버지께 순종하셨다. 금식, 안식일, 이혼, 영생을 얻기 위한 선한 일 등 토라에 대한 예수님의 견해를 보면 쉽게 알 수 있다. 그분은 토라를 폐하러 오신 것이 아니라 완성하러 오셨다(마 5:17).

"또 이르시되 안식일이 사람을 위하여 있는 것이요 사람이 안식일을 위하여 있는 것이 아니니 이러므로 인자는 안식일에도 주인이니라"(막 2:27,28).

《약속의 땅》(이스트윈드 출판)의 저자 데릭 프린스는 기독교가 유대적인 뿌리에 근거를 두어야 하는 이유를 여러 가지 측면에서 설명하고 있다.

"구약성경의 39권 전권이 모두 유대인 저자들에 의해 쓰여졌다. 예수님은 유대인으로 태어나서 유대인으로 죽으시고 부활하셨다. 복음서에 등장한 사람들 중 90퍼센트 이상이 유대인들이었다. 신약성경의 27권 모두가 유대인 저자가 쓴 것이다. 교회를 세우고 복음을 전파한 주요 도구가 유대적인 것들이었다. 12명의 제자들 모두 유대인들이었다. 계시록에 기록된 미래의 성에는 이스라엘 12지파의 이름이 기록되어 있다. 이 성의 터전에는 12제자의 이름이 기록되어 있다."(21쪽)

팔복 시리즈로 널리 알려지고 하나님나라의 본질에 대해 탐구하고 있는 김우현 감독도 《어찌하여 십자가가 칼이 되었는가》(리처드 부커와 공저)에서 유대적 뿌리에 대해 밝힌다. 그는 '사도행전 15장 16-21절은 유명한 예루살렘 공의회에서 의장인 야고보가 한 말'이라고 하면서 다음과 같이 말한다.

"초대교회는 그 중심이 이방인이 아닌 '유대인'이었으며 그들은 이방인 회중들에게도 여전히 토라의 본질을 추구해야 한다고 말하는 것이다. … 우리는 초대교회의 기초 위에 세워졌다고 하면서도 그것의 본질로부터 멀리 온 것이 너무나 많다. 그 이유는 이스라엘의 뿌리를 끊어버렸기 때문이다."(79쪽)

교회가 유대적 뿌리에 근거를 두어야 하는 또 하나의 이유는 이스라엘의 영속성 때문이다. 전 세계와 이스라엘에서 존경받으며 영향력을 끼치는 뛰어난 성경학자이자 설교가인 랜스 램버트(Lance Lambert)는《이스라엘의 본질》(램프 출판)에서 다음과 같이 말한다.

"지구상에 이스라엘처럼 강한 생명력을 가진 나라가 또 있을까. 이스라엘의 역사는 약 사천 년 전 하나님께서 택하신 한 사람 아브라함으로부터 시작되어 지금까지 이어지고 있다. 이스라엘의 역사는 단 한 번도 끊어진 적이 없다."(66쪽)

이스라엘의 영속성을 단순하게 보아 넘길 수 없다. 역사상 이스라엘만큼 크게 지구상에서 사라져버릴 위험에 처한 나라가 없기 때문이다. 주전 8세기경 앗수르로부터 바벨론, 메대, 바사, 헬라, 로마에게 찢겨지고 난 후에도, 거의 2천 년 동안 나라가 없이 전 세계로 흩어져 살 수밖에 없었던 민족이다. 흩어져 살면서 정치적, 사회적, 종교적인 이유로 핍박을 받아 말살될 위기들이 있었다. 이런 상황에서 그들이 지금도 존재할 뿐 아니라 모든 나라와 민족 위에 뛰어난 민족이 된 것은 단순히 놀라운 사건 정도가 아니라 하나님의 놀라운 언약의 성취다(신 28:1).

그들의 탁월함이 아니라 그들을 선택하신 하나님의 은혜다. 그들은 모든 이방 민족들을 위해 하나님께로부터 선택받아서 그분의 창조와 구원의 섭리에 대한 말씀을 맡으며 보존해왔다. 그들의 존재는, 그들이 보존해온 말씀 속에 있는 하나님의 언약 '내 계명을 새기고 지켜 행하면 모든 민족 위에 뛰어나리라'는 신명기 6장과 28장 1

절의 성취 그 자체다. 유대인들의 영속성의 비밀은 바로 하나님 자신이시고, 하나님이 주신 토라이며, 그것이 중심이 되어 있는 그들의 예배였다.

초대교회 예배의 주요소

초대교회 예배의 중요한 틀인 회당예배가 어떤 모습이었는지 구체적으로 살펴볼 필요가 있다. 그것은 화려한 음악적 도구를 사용한 찬양이 아니라 토라, 시편 및 선지서 말씀 자체를 선포하는 예배였다. 그리고 한 사람이 성경을 분석하는 설교가 아닌 모든 회중들이 다 함께 하나님의 말씀 자체를 소리 내어 선포했다. 정일웅 교수는 《기독교 예배학 개론》에서 다음과 같이 말한다.

'쉐마 즉 이스라엘아 들으라로 시작되는 신명기 6장 4-9절, 그리고 11장 13-21절과 민수기 15장 37-41절 등의 말씀 낭독으로 예배는 시작된다. 그리고 18개의 기도문과 테필라로 불리는 기도서로 만들어진 것을 예배에서 낭독한다. 그리고 회당의 세 번째 예배순서는 하나님의 말씀인 토라와 선지자들의 예언서들이 낭독된다. 성경 낭독 후에는 이어서 그 말씀에 대한 설교가 진행된다. 그리고 민수기 6장 23,24절을 선포하는 것으로 축복의 서원으로서 예배는 끝난다.'(37-41쪽 참조)

빅터 솔로몬의 책을 통해서도 모든 예배의 중심이 토라를 읽고 암송하는 것이었음을 쉽게 알 수 있다. 그는 《옷을 팔아 책을 사라》에서 다음과 같이 말했다.

"유대인은 안식일에 시나고그에 가서 《토라》를 읽는다. 정해진 차례에 따라 읽으며 그 뜻을 해석한다. 한 해 동안 다섯 권(모세오경)을 처음부터 끝까지 다 읽는 것이 관례다. 그리고 한 번에 한 장을 다 읽는다. 또 《하프 토라》(안식일과 축제일에 읽는 것으로 구약성경의 예언자들의 말을 발췌해놓은 책, 즉 예언서들)도 함께 읽는다.

…《토라》를 읽는 습관은 안식일에만 한정된 것이 아니다. 옛날부터 유대인이 모여 사는 곳에는 월요일에서 목요일까지 장이 섰는데, 그때 무리가 모여 바깥에 내놓고 하는 모든 의식을 마친 뒤에는 반드시 《토라》를 읽는 관습이 있었다.

… 안식일에는 오후 기도에 이어 다음 주 첫 회분의 《토라》를 읽는 집회가 있다. 이때는 배경 음악에 맞추어 읽는다. 이 음악은 매우 아름다운 것으로 음악 교육의 기회를 제공하기도 한다. 이것을 '프로프'라 하는데, 음악에 맞춰 읊조리는 리듬, 멜로디, 억양 등을 일컫는 말이다."(186-189쪽)

또한 앞에서 살펴본 바와 같이 초대교회 예배의 가장 중요한 요소 가운데 하나는 가정에 모여서 이루어진 성만찬이었다. 정일웅 교수는 《기독교 예배학 개론》에서 다음과 같이 말한다.

"교회들의 예배 중심은 분명한 성만찬에 있었다. 공동적인 감사의

만찬에 참여하기 위하여 사람들은 가정에 모였으며 그 가정은 성전과 회당을 대신하여 새로운 예배의 중심지가 되었던 것이다(행 2:46, 5:42, 롬 16:5, 고전 16:19)."(51쪽)

잘려진 뿌리와 덧붙여진 이고도 의식

현대 교회가 성직자와 평신도로 나뉘고, 성도들이 예배 시간에 한 사람의 설교를 가만히 듣고 조용히 앉아 있게 된 역사적인 음모가 있었다. 그런데 성직자와 평신도로 나뉘고 평신도들이 수동적인 태도를 취하게 된 근본 원인은 무엇일까? 나는 1992년부터 10년간 교회 음악연구소에서 예배를 연구하면서도 그 원인에 대해 알지 못했다. 그러다가 1999년에 이스라엘 땅을 밟게 되면서 유대인을 향한 하나님의 마음을 품기 시작했고, 교회사 초기에 유대적 기독교의 예배를 배제시킨 기형적인 예배의 모습이 굳어지게 된 것을 알게 되었다.

유대적 뿌리가 교회에서 배제된 원인 가운데 가장 중요한 것은 예수님의 죽음에 대한 책임을 유대 민족 전체가 뒤집어쓰게 되었기 때문이다. 리처드 부커는 《어찌하여 십자가가 칼이 되었는가》에서 '(로마식 헬라식 기독교에 물든) 교부들이 예수님의 죽음을 유대 민족 전체의 탓으로 돌렸다'고 하며 다음과 같이 말했다.

"그들은 유대 민족 전체를 대변한 사람이 아무도 없었다는 것을 이해하지 못했다. 1세기 유대인들은 다섯 개의 주된 분파 혹은 운동

그룹으로 나뉘어 있었다. 이들은 사두개인들과 바리새인들과 열심당원들과 엣세네파인들, 그리고 예수님을 메시아로 믿는 유대인들이었다. … 예수님을 십자가에 못 박고 싶어했던 사람들은 아주 조그만 종교인들 무리와 정치적 지도자들이었다. … 이방의 로마인들의 권위와 로마 병사들이 예수님을 실제로 못 박아 죽게 하였다."(30-35쪽)

리처드 부커는 교부들 중 대표적인 인물들의 반유대 사상에 대해 다음과 같이 주장한다.

'4세기의 요한 크리소스톰은 초대교회의 여러 교부들 가운데 가장 위대한 사람 중 하나로 대단한 영향력을 가지고 있었다. 그는 예수님의 죽음을 전적으로 유대 민족 전체의 탓으로 돌렸고 기독교를 유대적 뿌리로부터 분리시키려는 시도를 했다. 그의 설교는 그 후 1,600년 동안 교회의 공식적 가르침과 실행이 되었다.'(5쪽 참조)

'기독교 반유대주의에 있어서 두 번째 근본적인 요소는 초대교회의 교부들의 헬라적 세계관이다. 이방의 그리스도인 지도자들 중 대다수는 유대 민족에 대한 안목을 거의 가지고 있지 못했다. 저스틴 말터는 유대인과 맺으신 하나님의 계약은 이제 더 이상 효력이 없고 이방인들이 하나님의 구속적 계획 안에서 유대인들을 대신하고 있다고 주장했다. 터툴리안은 예수님의 죽음 때문에 유대 민족 전체를 비난했다. 알렉산드리아의 클레멘트는 구약성경보다 헬라철학을 더 강조했다. 비유적 해석의 창시자인 오리겐은 유대인들이 그리스도인

들을 살해할 음모를 꾸몄다고 고소했다.'(20-25쪽 참조)

또한 'Brad TV' 인터뷰에서 그는 다음과 같이 말했다.

"콘스탄티누스는 기독교를 유대인들로부터 분리해서 그리스 로마식 종교로 만들었다. 그는 기독교인들이 유대인을 대체했다는, 즉 유대인들과의 언약을 파하시고 기독교와 언약을 맺으셨다는 신학을 만들었다. 이 신학이 이후 유럽 기독교의 근간이 되어 널리 퍼진다. 문맹이었던 옛 사람들은 그것을 진리로 여겼다."

로마와 헬라식 기독교에 물든 교부들의 가르침이 천 년을 넘게 흘러오다가 종교개혁의 바람이 불어왔다. 그 개혁들은 사막의 오아시스와 같았다. 하지만 칭의론 차원의 개혁만 있었고, 초대교회의 핵심이었던 유대적 뿌리와 유대적 예배를 회복시키지 못했다. 그 잔재들이 현대 교회의 예배 속에 여전히 견고한 진으로 자리잡고 있다.

그는 《어찌하여 십자가가 칼이 되었는가》에서 이렇게 주장한다.

'마르틴 루터는 유대인들에 대한 동정을 표현했다. 그러다가 자신의 뜻에 동조하지 않는 유대인을 공격하는 글을 썼고 유대인 학교와 회당을 불태울 것을 제안했다. 루터의 그러한 사상과 글은 후에 히틀러에 의하여 대학살의 기독교적 정당성의 근거로서 사용되었다.'(54,55쪽 참조)

이어서 'Brad TV'에서 한 인터뷰 내용을 살펴보자.

"종교 개혁의 아버지인 루터는 유대인들이 자신의 개혁을 받아들이지 않자 반유대주의로 돌아서고 말았다. 그 후부터 루터는 자신의 책에서 유대인들을 향한 온갖 증오와 분노가 가득한 폭언을 쏟아놓았다. 독일인 마르틴 루터의 말을 독일의 히틀러가 인용하면서 유대인들에게 끔찍한 일을 저질렀다."

많은 교부들 중에서도 크게 추앙받는 어거스틴의 유대인에 대한 사상은 우리를 많이 놀라게 한다. 리처드 부커는 책에서 어거스틴과 콘스탄티누스의 연관성을 말한다.

'어거스틴은 그의 저서 《하나님의 도성》에서 오리겐의 알레고리적 (비유적) 해석방법을 사용했다. 그는 유대인들이 죽는 것이 마땅하지만 대신 천벌을 받은 증인으로서 그리고 교회가 회당을 이겼다는 승리를 증거하는 증인으로서 지구를 떠돌아다니도록 운명지어졌다고 했다.'(28,29쪽 참조)

그는 계속해서 'Brad TV' 인터뷰에서 이렇게 말했다.

"어거스틴은 콘스탄티누스의 반유대주의적 대체신학을 조직적으로 정리했다. 그 대표적인 책이 《하나님의 도성》인데 그 책은 천 년간 기독교 신학에서 가장 중요한 책이 되었다. 모든 성직자와 신학생이 이 책으로 공부했고, 이 책을 읽고 대체신학을 공동체에 설파했다. 당시 회중들은 성경책이 없었고 설령 있더라도 글을 읽을 수 없었다. 회중들은 설교를 통해 예수님을 이해할 수밖에 없었고 설교가들은 심지어 예수님을 이방인으로 만들어버리기도 했다. 알았다면 예수님을 싫어했을 것 같지만 그들은 예수님이 유대인인 것을 몰랐다.”

계속해서 《어찌하여 십자가가 칼이 되었는가》에 정리된 로마 헬라식 기독교에 물든 교부들과 깊은 관련이 있는 콘스탄티누스에 대한 리처드 부커의 주장을 살펴보자.

“(비유적 해석의 선구자) 오리겐은 이스라엘의 심판과 저주를 약속한 성경구절은 문자대로 해석했고 축복은 영적으로 교회에 적용시켰다.”(41쪽)

‘유세비우스는 열렬한 오리겐의 추종자였다. 구약(타나크)의 축복이 그리스도인들에게 있고 유대인들에게는 저주가 있다고 가르쳤다. 그는 주후 312년경 기독교를 로마의 공식적 종교로 승인한 콘스탄티누스 황제의 가까운 친구이자 조언가가 되었다.’(41-43쪽 참조)

데이빗 스턴은 《복음의 유대성 회복》에서 예수님을 자신의 메시아로 받아들였던 유대인들에게 콘스탄티노플의 교회가 강요했던 고백을 다음과 같이 인용했다.

“나는 히브리의 모든 관습과 의식, 율법주의, 누룩 없는 빵, 양의 제사 그리고 히브리의 모든 절기들, 희생제물, 기도, 성수예절, 정결예법, 성별, 화목제, 금식, 새로운 달력, 안식일, 유대적 미신, 찬양, 찬송, 종교예식 준수, 회당, 히브리 음식과 음료, 이 모든 것을 포기합니다. 한마디로 말해서 나는 유대인의 모든 것, 율법, 의식, 관습 등을 절대적으로 다 포기할 것입니다.”(8쪽)

콘스탄티노플 교회의 강요 고백서는 명백한 증거다. 콘스탄티누스가 초대교회 예배로부터 복음적인 유대 자산을 제거하고 미트라 종교의식으로 둔갑시켰다는 증거이다. 즉, 가정과 회당 모임에서 성경을 암송하며 소리 내어 예배하고 성만찬을 하는 초대교회 예배의 핵심을 제거한 것이다. 이것이 바로 이중태 목사가 말한 '성직자와 평신도의 계급이 나뉘고 성직자는 활동적이었던 반면에 평신도는 수동적인 신앙의 모습을 갖게 된 것'의 원인이었다.

김우현 감독이 《어찌하여 십자가가 칼이 되었는가》에서 초대교회의 변질된 기독교에 대해서 동일하게 말하고 있다.

'가정과 일터, 지하에 분산되어 생명을 유지하던 교회는 거대한 로마의 궁전과 이교의 사원을 모방한 것으로 급속도로 대치되었다. 그 내부 구조는 황제의 궁전 왕좌의 구조와 동일한 형식으로 지어진 것이다. 콘스탄티누스는 이런 형식을 가진 교회를 로마 전역에 건축했고 은밀하게 산재하던 기도의 처소들을 폐지시켰다. 그리고 성도들이 가정이나 일터 등 공개적이지 않은 장소에 모여 예배드리는 것을 철저히 금하는 법을 제정했다.

놀라운 사실은 콘스탄티누스가 믿던 신은 하나님이 아니라 당시 로마를 풍미하던 페르시아의 신, 미트라였다. 미트라교는 초대교회의 가장 강력한 적이었다. 그는 자신의 뿌리인 이방 종교(미트라 종교)의 요소들을 기독교 신앙과 예식에 접목시켰다. 그때 교회에 침투

한 이방적 요소들은 지금도 우리 신앙에 깊숙이 자리하고 있다. 결국 콘스탄티누스는 니케아 공의회에서 교회가 유대인들과 교류하거나 유대적인 요소들에 연결되지 못하게 하는 법을 지시했다.'(82-84쪽 참조)

은밀하게 산재하던 기도 처소는 바로 초대교회의 가장 강력한 기초인 가정이었고 회당들이었다. 콘스탄티누스 황제는 각 가정과 회당 및 공동체 모임에서 유대적인 요소였던 토라를 읽고 암송하며 하가와 하브루타를 하는 차원의 기도, 찬양 그리고 성만찬과 같은 아름다운 예배의 모습을 금지하는 법을 제정했다. 게다가 미트라종교 의식을 가미하여 복잡한 예식 순서가 진행되는 동안 수동적으로 움직이며 예배 드리도록 바꿔버렸다.

이것은 기독교 교회사에 있어서 사탄이 행한 악한 일 가운데 최고로 악한 일이었다고 해도 무방하다. 얼마나 극악무도한 궤계였는지 종교개혁으로도 유대적인 뿌리와 유대적인 예배의 모습을 온전히 회복할 수 없었다.

이런 배경으로 인해, 초대교회의 예배를 회복시키지 못한 차원의 현대 교회들의 예배에는 콘스탄티누스가 로마 헬라 미트라종교 식으로 바꾸어놓은 이교도적인 예배의 잔재가 아직도 많이 남아 있다. 그것을 과감히 제거하는 것이 초대교회의 예배로 돌아가는 지름길이다.

유대적 뿌리가 살아나다

하나님은 반드시 진리를 수호하고 이뤄내는 분이시다. 천지가 없어지고 수많은 나라가 망해도 주님의 말씀은 영원하다.

"천지는 없어지겠으나 내 말은 없어지지 아니하리라"(눅 21:33).

"그러므로 모든 육체는 풀과 같고 그 모든 영광은 풀의 꽃과 같으니 풀은 마르고 꽃은 떨어지되 오직 주의 말씀은 세세토록 있도다 하였으니 너희에게 전한 복음이 곧 이 말씀이니라"(벧전 1:24,25).

진리의 등불이 사라진 것 같은 어두운 역사 속에서도 그 진리의 빛을 간직하게 하시고 언약을 성취하시는 역사에 캐스팅된 무리들이 있었다. 그들은 영국 국교의 핍박을 피해 미국 대륙에 상륙한 청교도들과 독일 나치의 홀로코스트였던 흩어진 이스라엘이었다.

리처드 부커는 'Brad TV'에서 다음과 같이 말한다.

"1500년대로 넘어와서 미국 땅으로 건너온 청교도들은 어거스틴의 반유대적인 사상을 믿지 않았다. 청교도들은 박해하던 영국 왕을 피해 떠났다. 영국성공회는 영국 개신교 내에도 반유대적인 대체신학이 만연해 있었다.

그러나 청교도들은 성경을 읽는 사람들이었고 유대인들이 선택받은 민족이란 것을 알았다. 대부분의 청교도인은 히브리 학자들이었다. 그들은 성경, 곧 토라를 믿었다. 미국이 건국될 때 훌륭했던 점은 바로 청교도들이 유대적 사고를 가진 기독교인들이었기 때문이다. 그들은 성경의 첫 부분에 있는 모세의 법을 초창기 미국 식민 정부의 법으로 세웠다.

지금 이 세대는 미국이 강성하게 된 이유가 국법이 성경에 근거했기 때문임을 알지 못한다. 미국 독립혁명 당시 첫 대륙 회의가 열린 필라델피아에는 자유의 종이 있다. 그 종에는 '그 땅에 있는 모든 사람을 위하여 자유를 공포하라'는 레위기 말씀이 새겨져 있다."

그는 또한 위대한 언약의 성취로서 이스라엘과 예루살렘의 회복에 대해 피력한다.

"그런데 1948년에 이스라엘이 건국을 했다. 기독교가 정말로 이스라엘을 대체했다면 어떻게 2천 년이 지난 지금 유대인들이 고토로 돌아와 옛 언어인 히브리어로 이야기할 수 있는가? 인류 역사상 전 세계로 흩어졌다가 그 땅에 돌아와 2천 년 동안 죽어 있던 언어를 다시 사용하는 일은 단 한 번도 없었다.

1967년 유대인들은 아랍인들로부터 예루살렘을 탈환했다. 예수님도 예루살렘은 이방인의 때가 차기까지 이방인들에게 밟히리라고 말씀하셨다(눅 21:24). 유대인들이 예루살렘을 탈환했을 때 대체 신학자들은 다시 한 번 혼란에 빠졌다. 유대인들은 저주받아 하나님으로부터 멀어진 게 아닌가? 이제 메시아가 오시길 고대하며 부르짖는데 혹시 대체신학이 잘못된 것은 아닐까?"

이스라엘의 건국과 예루살렘의 회복은 2천 년 전 예수님의 언약의 성취다.

"무화과나무의 비유를 배우라 그 가지가 연하여지고 잎사귀를 내면 여름이 가까운 줄 아나니 이와 같이 너희가 이런 일이 일어나는 것을 보거든 인자가 가까이 곧 문 앞에 이른 줄 알라 내가 진실로 너희에게 말하노니 이 세대가 지나가기 전에 이 일이 다 일어나리라 천지는 없어지겠으나 내 말은 없어지지 아니하리라"(막 13:28-31).

무화과나무는 이스라엘을 상징한다. 그 가지가 연하여지고 잎사귀를 내는 것은 물리적으로는 이스라엘의 건국과 예루살렘의 회복이며 영적으로는 이스라엘 사람들이 예수님을 메시아로 만나는 것이다. 20세기를 거치면서 두 가지 일들(이스라엘의 건국과 예루살렘의 회복)이 이미 성취되었고 21세기를 넘어오면서 나머지 하나인 이스라엘의 영적인 회복도 빠른 속도로 성취되어 가고 있다. 즉, 정통 유대인들이 메시아 예수를 만나게 되어 충만해지고 있는 것이다(롬 11:12). 이것은 초대교회 당시 정통 유대인들이 예수 그리스도를 구주로 영접하고 성령의 세례를 받았던 것과 비슷한 현상이다.

지금 우리는 예수님이 다시 오실 때가 심히 가까이 다가와 있는 세대에 살고 있다. 이제 늦은 비의 역사가 곧 도래할 것이다. 따라서 우리는 성령세례가 임했던 초대교회의 예배를 이른 비의 역사로 인식하고 그것을 거울삼아 늦은 비를 맞이할 준비를 해야 할 것이다.

에스라가 6시간 낭독한 토라 예배

초대교회의 하가 하브루타적인 예배와 흡사한 모습이 구약 느헤미야서에도 나온다. 제사장 에스라는 아론의 16대손으로서 토라를 암송하는 사람이었다(스 7:5).

"이 에스라가 바벨론에서 올라왔으니 그는 이스라엘의 하나님 여호와께서 주신 모세의 율법에 익숙한 학자로서… 아닥사스다는 하늘의 하나님의 율법에 완전한 학자 겸 제사장 에스라에게 조서를 내리노니…"(스 7:6,12,13).

에스라는 포로 생활에서 돌아온 이스라엘 백성에게 하나님의 가르침(토라)을 가르치기로 결심했고(스 7:10), 그것을 이루고자 모든 백성들 앞에서 토라를 읽었다. 새벽부터 정오까지 남녀노소 모든 백성들은 서서 에스라가 낭독하는 것을 들었다. 그때 학사 에스라의 곁에 있었던 몇몇 레위 사람들이 에스라가 낭독하는 토라를 백성들에게 해석하여 깨닫게 하자 백성들이 듣고 다 울었다(느 8:1-9).

에스라의 주변 지도자들이 백성들에게 해석하여 깨닫게 한 것은 헬라식으로 분석해주었다는 의미가 아니다. 히브리어로 된 하나님 말씀을 에스라가 선포할 때, 그들이 사용하고 있는 일상 언어인 아람어로 번역해주었다. 이 부분은 사도행전 2장에서 성령의 세례를 통해 성령의 말하게 하심을 따라 다른 나라 언어로 하나님의 큰일을 말하게 된 모습과 일치한다. 즉, 에스라에 의해 토라가 낭독되자 회중들 속에 역동적인 하브루타의 모습이 일어났다.

1세대들은 포로로 끌려가서 제사를 드릴 수 없게 되었다. 그래서 그들은 개인예배 및 회당예배에서 신명기 6장의 말씀대로 토라를 암송하는 신앙을 유지했다. 그리고 다음세대들에게 최대한 토라를 가르쳤다. 포로생활에서 돌아온 후 몇 십 년이 지나 성전재건을 마친 시점에 있었던 그 다음세대들은 부모들로부터 토라 교육을 받던 사람들이었다.

따라서 에스라가 토라를 백성들 앞에 서서 읽을 때 그들은 듣기만 한 것이 아니다. 완전하지는 않았을지라도 암송하고 있는 토라를 다 함께 제창했을 것이다. 역시 하브루타의 모습이 나타났다. 놀라운 예배의 모습이었다. 에스라가 계속 낭독하는 동안 백성들도 따라 암송했고, 지도자들은 히브리어로 된 토라를 일상 언어인 아람어로 해석해주었다. 그것을 처음 들은 자들은 다른 사람들에게 전달하는 식으로 하나님의 말씀을 전했다. 그러자 성령의 임재가 충만하여 회개하고 울며 회복되는 역사가 나타났다.

부흥의 본질, 언약 백성으로 사는 것

죄로 말미암아 잃었던 하나님의 형상을 회복하는 것, 회개가 일어나고 모일 때마다 뜨겁게 기도하며 찬양하는 모습을 부흥의 모습으로 본다. 또한 하나님이 보시기에 좋았더라고 말씀하신 창조의 원형대로 돌아가는 것이 부흥의 모습이라고 말하기도 한다.

성경에서 '부흥'이라고 번역되어 쓰인 곳은 딱 한 곳에 나온다.

"여호와여 내가 주께 대한 소문을 듣고 놀랐나이다 여호와여 주는 주의 일을 이 수년 내에 부흥하게 하옵소서 이 수년 내에 나타내시옵소서 진노 중에라도 긍휼을 잊지 마옵소서"(합 3:2).

여기에서 '부흥'이라는 단어의 히브리어 어원은 '하야'인데, '살다, 소생하다, 보존하다, …되다'라는 몇 가지 뜻을 가지고 있다. 어원을 반영하여 직역해보면 하박국의 기도는 "주님, 주님의 일이 이 수년 내에 살아나게(소생하게 보존하게) 하소서"라는 뜻이다. 이것이 하나님이 원하시는 부흥을 위한 기도다. 주님의 일이 일어나는 것, 주님의 묵시가 그대로 성취되는 것이 부흥이다. 그것은 우리가 원하지 않는 모습일 수도 있다.

지구상의 수천 년의 역사 가운데 많은 부흥이 일어났다가 사라졌다고 표현하곤 한다. 그런데 하박국서 3장 2절의 부흥의 관점에서 볼 때, 언약이 성취되어 결코 사라진 적 없이 보존되고 있는 놀라운 부흥의 모습이 있다. 수천 년이 지나도 사라지지 않는 언약을 소유한 민족, '유대인들과 교회'라는 존재 자체다. 즉, 언약 백성들이 지금 존재하는 것 자체가 하나님의 부흥이다.

따라서 언약 백성인 교회가 실제적 부흥을 체험하기 위해서는 언약 백성인 이스라엘을 알아야 한다. 그것이 주님 오실 길을 예비하기 위해 늦은 비를 맞이하는 예배의 열쇠 가운데 하나다.

이스라엘이 앗수르, 바벨론, 메대, 바사, 헬라, 로마 등 여러 제국주의에 의해서 밟혔다. 그리고 주후 70년 로마에 의해 예루살렘이 무너진 후 이스라엘은 거의 2천 년 동안 나라 없이 떠돌아다녔다. 이 모습조차도 부흥이다. 왜냐하면 그것도 하나님이 묵시한 바가 이루어진 것이기 때문이다. 이스라엘의 멸망과 흩어짐, 건국, 예루살렘 회복 등 모든 과정이 하나님의 묵시가 정한 때에 이루어진 것이니 부흥의 모습이다.

그런데 유대인들은 수천 년 동안 전 세계에 흩어져 살면서도 다른 문화에 동화되지 않았다. 그들이 언약 백성이라는 정체성을 유지하면서 하나님의 부흥인 '언약 성취'의 증거가 된 비결은 무엇인가? 하나님이 그들에게 언약을 주시자 그들은 수천 년이 지나는 동안 언약의 말씀을 읽고 암송으로 예배하며 말씀을 보존해왔다.

창조, 타락, 구원에 관한 하나님의 약속 등 창세기의 원역사들은 문자가 있기 전 시대에는 당연히 읽기와 암송으로 구전되었다. 그리고 출애굽 후 형성된 히브리어 모세오경은 모음이 없이 자음만 있었다. 그래서 모세오경의 소리들도 당연히 수천 년 동안 유대인들에 의하여 읽기와 암송으로 보존되어 왔다. 유대인들은 신명기 6장의 쉐마 명령대로 성경을 읽고 암송하며 보존함으로써 하나님의 부흥인 언약의 성취를 보여주었다. 쉐마 명령은 하나님을 사랑하라는 가르침이며 동시에 하나님이 언약을 보존하실 중요한 장치였다.

하나님은 신명기 6장의 쉐마를 통해 하나님을 사랑하라고 하시면서 사랑을 실천하기 위한 첫 가르침으로써 말씀을 마음에 새기라고 하셨다. 암송을 강조하신 것이다. 그리고 자녀들에게 말씀을 가르치라 하셨고, 앉았을 때에나 누웠을 때에나 집에 있을 때에나 나갈 때에나 어디에 있든지 그 말씀을 계속해서 말하라고 하셨다.

경건한 정통 유대인들, 특히 게리 코헨(아론의 147대 직계 후손이며 예수님을 구주로 믿는 자) 같은 제사장 집안은 3,500년 동안 그 말씀에 그대로 순종하여 말씀을 암송하여 보존해왔다. 그로써 하나님께 선택받은 민족임을 그대로 유지해오며 언약의 성취를 나타내 보여주고 있다.

"여호와께서 이르시되 내가 그들과 세운 나의 언약이 이러하니 곧 네 위에 있는 나의 영과 네 입에 둔 나의 말이 이제부터 영원하도록 네 입에서와 네 후손의 입에서와 네 후손의 후손의 입에서 떠나지 아니하리라 하시니라 여호와의 말씀이니라"(사 59:21).

하나님은 여호수아에게 토라를 입에서 떠나지 말게 하라고 강조하셨고(수 1:8), 이사야를 통해 다시 강조하셨다. 유대인들은 이사야서 말씀 그대로 늘 하나님의 언약의 말씀을 입으로 소리 내어 암송하여 그 언약을 살려내고 보존해왔다. 그러므로 이사야서를 주신 하나님이 진짜 참 하나님이시며 그들이 하나님의 백성임을 확증한다(신 31:19).

두 번째, 좀 더 구체적으로 경건한 정통 유대인들의 성경암송 신앙을 이해해보자. 이들의 성경암송 신앙은 필요한 구절들만 뽑아서 암송하는 차원이 아니라 모세오경 다섯 권을 암송하는 것이었다. 성경에서 몇 구절을 뽑아서 암송하는 신앙과 책을 통째로 암송하는 신앙에는 큰 차이가 있다.

유대인들은 13세 때 성인식을 통과하기 위해 모세오경을 통달하게 암송하는 시험을 통과해야 한다. 그래서 4세 때부터 9년 동안 모든 삶의 중심은 모세오경 다섯 권 전체를 암송하는 것이다. 그리고 13세에 성인식을 통과하고 난 후에도 어떠한 상황 속에서라도 모세오경 다섯 권만큼은 입에서 자연스럽게 흘러나올 수 있도록 노력한다. 그로써 "나는 하나님의 선택을 받은 백성입니다"라는 정체성을 보여준다. 말하자면 방대한 양의 암송이 무뎌지지 않도록 평생 토라를 암송하며 여호와 하나님을 예배하고 있다.

요즈음 히브리적 사고를 가르치는 이들이 많다. 히브리 사람들의 사고의 본질은 토라 전체를 암송하는 신앙이다. 그러므로 히브리적 사고에 대해 가르치는 사람들이 먼저 솔선하여 겸손히 성경암송 예배의 모습으로 나아갈 때 그들의 가르침에 지혜가 더욱 크게 부어지며 그 가르침이 더욱 설득력 있게 다가갈 것이다.

예수님이 성령의 세례를 받으신 뒤 첫 번째로 하신 사역이 바로 마

.

귀를 물리쳐 이기신 사역이셨다. 마귀는 "돌을 떡으로 만들라"는 육적인 공격, "높은 곳에서 뛰어내리라"는 정신적인 공격, "자신에게 경배하라"는 영적인 공격을 했다. 예수님은 마귀의 세 가지 공격에 대해 정확하게 신명기에 기록된 말씀을 암송으로 선포하며 물리쳐 이기셨다.

"**기록되었으되** 사람이 떡으로만 살 것이 아니요 하나님의 입으로부터 나오는 모든 말씀으로 살 것이라 하였느니라"(마 4:4).

"또 **기록되었으되** 주 너의 하나님을 시험하지 말라 하였느니라"(마 4:7).

"사탄아 물러가라 **기록되었으되** 주 너의 하나님께 경배하고 다만 그를 섬기라 하였느니라"(마 4:10).

요즈음은 각종 미디어 매체들을 통해 흘러나오는 예술 행위들로 인해 하나님이 아닌 다른 대상을 경배하는 풍조가 그 어느 때보다 더 만연해 있다. 사탄은 이런 공연예술문화가 스마트폰으로 쉽게 흘러들어오도록 해서 많은 영혼들을 혼미케 하며, 우는 사자와 같이 삼킬 자를 두루 찾아다니고 있다. 예술적 재능이 충만한 다음세대들이 이런 공격에 휩쓸리지 않고 대항하여 승리하는 길은 제사장 정체성을 가지고 말씀을 강력하게 붙드는 것이다.

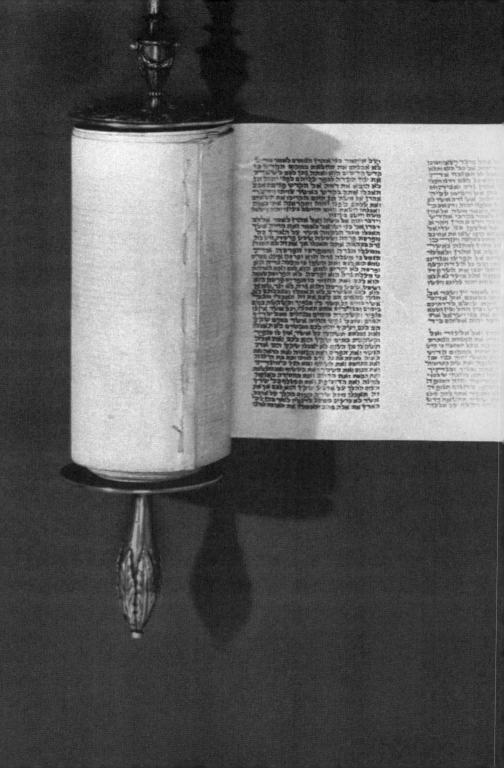

PART 3

음악보다 중요한
핵심, 말씀

בְּרָ֣א אֱלֹהִ֑ים אֵ֥ת הַשָּׁמַ֖יִם וְאֵ֥ת הָאָ֑רֶץ

חֹ֖שֶׁךְ עַל־פְּנֵ֣י תְה֑וֹם וְר֣וּחַ אֱלֹהִ֔ים מְרַחֶ֖פֶת עַל־

אֱלֹהִ֖ים יְהִ֣י א֑וֹר וַֽיְהִי־אֽוֹר׃ ⁴ וַיַּ֧רְא אֱלֹהִ֛ים אֶ

בְּדֵּ֣ל אֱלֹהִ֔ים בֵּ֥ין הָא֖וֹר וּבֵ֥ין הַחֹֽשֶׁךְ׃ ⁵ וַיִּקְ

ם וְלַחֹ֖שֶׁךְ קָ֣רָא לָ֑יְלָה וַֽיְהִי־עֶ֥רֶב וַֽיְהִי־בֹ֖קֶר י֥וֹם

אָ֣מֶר אֱלֹהִ֔ים יְהִ֥י רָקִ֖יעַ בְּת֣וֹךְ הַמָּ֑יִם וִיהִ֣י מַבְ

בַּ֣עַשׂ אֱלֹהִים֮ אֶת־הָֽרָקִיעַ֒ וַיַּבְדֵּ֗ל בֵּ֤ין הַמַּ֨יִם֙ אֲשׁ

יִן הַמַּ֔יִם אֲשֶׁ֖ר מֵעַ֣ל לָרָקִ֑יעַ וַֽיְהִי־כֵֽן׃

שָׁמָ֑יִם וַֽיְהִי־עֶ֥רֶב וַֽיְהִי־בֹ֖קֶר י֥וֹם שֵׁנִֽי׃ פ

ק֣וֹה הַמַּ֗יִם מִתַּ֤חַת הַשָּׁמַ֨יִם֙ אֶל־מָק֣וֹם אֶחָ֔ד וְתֵֽרָ

וְַיִּקְרָ֨א אֱלֹהִ֤ים לַ֨יַּבָּשָׁה֙ אֶ֔רֶץ וּלְמִקְוֵ֥ה הַמַּ֖

אֱלֹהִ֖ים כִּי־טֽוֹב׃ ¹¹ וַיֹּ֣אמֶר אֱלֹהִ֗ים תַּֽדְשֵׁ֤א הָאָ֨רֶ

עַ זֶ֔רַע עֵ֣ץ פְּרִי֙ עֹ֤שֶׂה פְּרִי֙ לְמִינ֔וֹ אֲשֶׁ֥ר זַרְעוֹ־

וַתּוֹצֵ֨א הָאָ֜רֶץ דֶּ֠שֶׁא עֵ֣שֶׂב מַזְרִ֤יעַ זֶ֨רַע֙ לְמִינֵ֔ה

וִיַּ֖רְא אֱלֹהִ֥ים כִּי־טֽוֹב׃

י֥וֹם שְׁלִישִֽׁי׃ פ ¹⁴ וַיֹּ֣אמֶר אֱלֹהִ֗ים יְהִ֤י מְאֹרֹ֨

בֵּ֥ין הַיּ֖וֹם וּבֵ֣ין הַלָּ֑יְלָה וְהָי֤וּ לְאֹתֹת֙ וּלְמוֹעֲדִ֔

לִמְאוֹרֹת֙ בִּרְקִ֣יעַ הַשָּׁמַ֔יִם לְהָאִ֖יר עַל־הָאָ֑רֶ

אֱלֹהִ֖ים אֶת־שְׁנֵ֣י הַמְּאֹרֹ֖ת הַגְּדֹלִ֑ים אֶת־הַמָּא

말씀은 밥, 예술은 그릇

현재 우리는 음악이 거의 절대적인 비중을 차지하는 예배를 드리고 있다. "예배합시다!"라는 말에 누군가 기타를 들거나 피아노 앞에 앉아야 하고, 노래를 불러야 한다고 생각한다. 이런 요소가 없어서 예배 드리는 게 쉽지 않다고 생각한다면 음악에 많이 의존하는 상태이다.

1990년대 교회음악연구원 시절에 "말씀은 밥, 음악은 밥그릇"이라는 칼럼을 쓴 적이 있었는데, 온누리교회 담임이셨던 고(故) 하용조 목사님도 비슷한 견해를 남겼다.

"복음과 문화를 혼돈하지 말라. 그릇에 담긴 물을 마시는 것이지 그릇을 먹는 것이 아니다. 문화를 통해 복음을 마셔야 한다. 복음을 전해야 한다. 문화를 효과적으로 사용하되 그것에게 심취하지 말라. 그릇은 필요하지만 정말 중요한 것은 깨끗한 물이다. 정말 중요한 것은 문화가 아닌 복음의 진리이다."

한국 교회에 음악을 도구로 한 경배 찬양의 열기가 뜨겁다. 분명히 그 예배를 주님이 기쁘게 받으실 것이다. 중심을 보시는 하나님이시기에. 그러나 음악에 의한 감정충만은 성령충만과는 별개다. 성령충만은 말씀충만이다. 성령님이 진리이시기 때문이다(요일 5:6). 성령께서 역사하실 수 있는 예배의 요소 가운데 가장 중요한 것은 음악이 아니라 진리인 성경말씀이다.

초대교회의 부흥이 전 세계를 휩쓸 때 사탄은 복음적이며 유대적인 예배를 제거하고 태양숭배 종교 예배의식을 교회에 스며들게 투입시켰다. 또 하나님의 백성들을 사제와 평신도로 분리시켜 계급화했고, 사제들이 집례하는 복잡한 의식과 강연 스타일 설교에 회중들이 수동적으로 반응하는 예배로 묶어버렸다. 그리고 음악이 차지하는 비중이 절대적인 상태의 예배로 바꾸어버렸다.

이 변질된 예배의 잔재를 과감히 버리고 예배의 패러다임을 바꾸어야 한다. 그러기 위해서는 새로운 예배를 개발해야 하는 것이 아니라 단순히 하나님이 성경에서 말씀하신 예배의 방법으로 돌아가면 된다. 거룩한 예배의 핵이 이미 우리 손에 있다. 말씀이 온전히 회복되는 예배가 되어야 한다.

"아, 당연하죠. 말씀이 회복되어야 합니다"라며 이미 알고 있는 개념이라는 속단을 잠시 내려놓자. 단순히 "찬양할 때 가사에 집중하세요"라거나 "설교가 핵심입니다. 설교에 목숨 걸어야 합니다"라는 차원도 아니다.

초대교회의 모든 회중들은 각 가정에서부터 이미 신명기 6장의 말씀대로 토라를 입에서 떠나지 않게 하는 말씀충만의 예배에 순종했다. 다 같이 모여서도 토라를 소리 내어 읽고 암송하는 것이 중심인 예배를 드렸다. 그것은 그들이 개발한 독특한 방식이 아니었다. 하나님이 모세와 여호수아에게 가르치신 방식이었고, 성경 속의 하나님이 선택한 수많은 하나님의 사람들이 기쁨으로 순종한 것이었다. 그리고 그것이 이스라엘의 역사 가운데 세대에서 세대로 이어져 초대교회까지 내려온 것이었다.

음악은 자연에서 일어나는 물리적인 현상으로, 하나님이 주신 아름다운 것이다. 주님이 주신 예술적 재능을 극대화하여 예배를 드리는 것은 바람직한 일이며 아무리 강조해도 지나치지 않다. 음악을 도구로 하여 예배가 더 풍성해질 수 있다. 하지만 하나님을 떠난 가인의 문화에서 악기가 먼저 나왔고(창 4장), 인본주의를 가장한 다신론을 기초로 한 헬라철학에서 오선지 음악이 나왔다는 것도 염두에 두고 음악 사용에 대해 영적으로 분별해야 한다.

음악에 절대적으로 의존된 예배에 대한 의식을 과감히 내려놓아야 한다. 음악이 처음에 등장하면 안 되고 음악적인 예배를 반드시 내려놓아야 한다는 뜻이 아니다. 성령께서 원하시면 충분히 그럴 수 있다. 다만 하나님의 음성(소리)을 영으로 듣기 위한 말씀충만의 예배를 위하여 혼을 자극하는 음악이라는 소리가 오히려 방해될 위험도 있다는 것을 염두에 두어야 한다.

예배에서는 예술보다 성경말씀이 본질이다. 음악을 적극 사용하여 찬양하도록 했던 다윗도 토라 자체를 입에서 떠나지 않는 것을 우선시하는 예배자였다(시 1:2, 19:14).

음악에 의존된 예배

2016년 1/4분기 한국 방문 중 어느 지방 대도시에서 주일 일일 부흥회에서 말씀을 전했다. 오전에 두 번의 장년예배에서 설교를 마치고 오후에 청년 예배에 들어갔는데 역시나 화려한 전자악기들과 드럼 소리가 크게 울려 퍼졌다.

"주의 사랑 노래하리라. 영원토록 노래하리라…"라는 가사가 끊임없이 반복되고, 청년들은 마치 성령의 임재를 느끼는 것 같은 표정을 짓고 있었다. 나는 그들이 가사를 반복하여 부르는 것을 들으며 마음속에 몇 가지 질문이 떠올랐다.

'저 부분을 계속 노래하면 주의 사랑을 영원토록 노래하는 것일까? 저들은 하나님의 사랑에 대해 얼마나 알고 있으며, 얼마나 오랫동안 그 사랑을 말할 수 있을까?'

설교할 순서가 되어 앞으로 나가서 인사말과 군더더기 멘트를 다 생략하고 청년들에게 질문을 던졌다.

"매일 꾸준히 성경을 읽는 사람, 솔직하게 손들어 보세요!"

청년들이 많이 당황했을 것이다. 처음 보는 사람이 인사말도 다 생략하고 정곡을 찔렀으니. 불행히도 내 예상은 적중했다. 손을 든 사람은 다섯 명도 채 안 되었다. 나는 그들에게 사랑으로 권면했다.

"과연 주의 사랑을 노래할 수 있는 재료로서 성경말씀을 얼마나 많이 간직하고 계십니까? 매일 성경을 읽는 사람이 다섯 명도 안 되다니 정말 충격입니다. 여러분들은 성경을 읽지 않는 만큼 음악만을 즐기는 예배를 드리고 있는 것인지도 모릅니다. 하나님과의 관계는 성경과의 거리만큼입니다."

청년들은 음악을 도구로 하여 노래를 부르면 그것이 찬양인 줄 알고 있는 것 같다. 물론 그것도 찬양의 모습이다. 그런데 찬양의 본질은 음악이 있든지 없든지 상관없이 주님의 성품과 섭리를 고백하는 말 자체이다. 그 고백을 드리기 위해서는 하나님이 어떤 분이신지 기록되어 있는 성경말씀을 매일 매 순간 소리 내어 읽고 선포해야 한다.

성경을 읽고 선포하는 만큼 주의 사랑을 더욱 높이 찬양할 수 있게 된다. 성령님은 진리의 영이시다. 우리가 진리인 성경을 사랑하여 읽고 암송하며 예배하는 만큼 성령께서 역사하신다. 음악을 통한 감정충만이 성령충만이 아니다.

이 사실을 말하고, 준비된 설교를 한 후 설교 내용에 맞게 합심기도를 인도했다. 그런데 청년들의 기도소리가 거의 들리지 않았다.

눈을 뜨고 청년들을 바라보니 입술을 열어 기도하는 사람이 거의 없었다. 그들이 기도하지 못하거나 하지 않는 원인은 다른 데 있었다. 음악의 배경이 없었기 때문이다.

나는 강대상에서 내려오고 나서 그것을 알게 되었다. 내 역할을 마치고 회중석 맨 앞자리에 앉았는데, 청년담당 목사님이 앞으로 나오자 찬양 팀 멤버들이 자신들이 맡은 악기를 들고 연주하기 시작했다. 즉시 음악에 의해 감정적인 분위기가 연출되었고, 목회자가 설교의 내용에 맞춰 기도회를 인도하자 청년들이 소리 내어 기도하기 시작했다.

그때 나는 그들의 예배 문화에 음악이 얼마나 큰 비중을 차지하고 있으며 절대적인 위치에 와 있는가를 실감했다. 음악은 분명히 우리가 하나님께 찬양하고 기도하는 것을 돕는다. 그러나 음악의 도움이 없으면 찬양(하나님을 높이고 자랑)하기 힘들고 기도(하나님의 뜻을 구하고 선포)가 안 된다면 오히려 그 때문에 진정한 예배로 나아가지 못하는 것이다.

나는 청소년들과 그들이 열광적으로 반응하는 록(ROCK) 음악 분위기의 예배 공간에 들어설 때마다 심장이 자극되어 기분이 급상승됨을 느낀다. 즉, 귀로 입력되는 것과 상관없이, 물리적 진동이 심장과 뇌에 큰 자극을 주어 흥분시키는 효과를 준다.

그런 자극적인 음향과 싱어(Singer)들의 노랫소리가 스피커를 통해 흘러나오면 귀를 막지 않을 수 없다. 스피커로부터 멀리 떨어져 있는 예배당 입구에서부터 귀와 심장에 큰 자극이 되는 것을 느낌에도 불구하고, 아이들은 스피커 가까이에서 열광한다.

물론 귀와 심장이 자극되는 극한 상황 속에서도 어떤 가사가 내 영을 강력하게 어루만질 때가 있다. 하지만 나는 되도록이면 눈을 감고 큰 소리로 성경을 소리 내어 암송으로 선포하며 자극적인 음악의 분위기에 휩쓸리지 않으려고 노력한다. 그러나 음악 소리가 너무나 커서 평소에 일사천리로 잘 암송하던 성경말씀도 잘 생각나지 않는다. 그럴 때마다 여지없이 떠오르는 의문이 있다.

'이 아이들은 과연 이런 록 음악 분위기 속에서 얼마나 말씀에 집중하여 주님을 찬양하는 것일까? 과연 이들 중에 몇 명이 말씀을 통해 거듭남을 체험했을까?'

1990년대 초 외국 유명 록 그룹 뉴키즈온더블럭(New Kids On The Block)이 내한 공연을 가졌다. 그때 10대 소녀들이 열광적으로 소리 지르며 울다가 여러 명이 실신했다. 심지어 자기 속옷을 집어던지고, 그룹멤버들을 만져보려고 밀리는 군중 속에 학생들이 넘어지고 여학생이 밟혀서 죽고 수십 명이 부상당해서 앰뷸런스에 실려갔다.

예배 음악 전문가 강신의는 《최고의 예술을 최고의 하나님께》(아가페 음악선교원)에서 다음과 같이 말했다.

'록(ROCK) 음악의 요소는 사람 몸 안의 호르몬 성분들에 화학적 변화를 일으킨다. 베이스톤과 드럼 비트가 사람의 뇌와 척추 사이에 있는 액체와 뇌하수체에 변화를 일으켜 아드레날린 호르몬과 성적 호르몬을 만들어내게 된다고 한다. 그래서 몸 전체에 호르몬의 균형이 깨지기 때문에 그 균형을 조정하려고 뇌에 공급되어야 할 피의 당분들이 뇌로 가지 못하고 다른 지체로 가게 된다. 따라서 뇌가 섭취할 당분이 없으므로 정상적인 판단력과 이성을 상실하게 된다.'(52쪽 참조)

"Jeff Godwin에 의하면 도벳(Tophet)이라는 말은 드럼 치는 것과 연관이 있다고 했다. 즉 몰렉에게 예배하는 자들은 아이들이 불에 타 죽으며 울부짖는 소리를 듣지 못하도록 드럼(drum)과 이상한 악기들의 소리와 노랫소리를 크게 내며, 온몸을 뒤흔들며 아우성을 쳤던 것이다."(50쪽)

강신의에 따르면 록과 헤비메탈 사운드가 구약의 이방인들과 타락한 유대 민족이 힌놈의 골짜기에서 아들들을 불사르며 바알과 몰록신을 섬길 때 행했던 음악에서 유래했다고 한다(왕하 23:10, 렘 19:5, 32:35). 타락한 유다 자손이 힌놈의 골짜기에서 도벳사당을 건축하고 자녀를 불살랐는데(렘 7:30-32), '도벳'이라는 단어는 예루살렘 남쪽의 한 지역을 말한다. 그런데 그 단어의 뿌리인 '토프'는 '북'(드럼)이라는 뜻이며 '타파프'는 북을 '치다'라는 뜻으로서 어원이 그의 이론을 뒷받침한다.

이 이론만 듣고 성급한 판단을 하는 것은 금물이다. 하나님이 가증스럽게 여기는 인신제사의 장소였던 도벳이라는 단어가 토프(드럼)라는 어원과 관련이 있다고 해서, 교회에서 드럼이나 악기 사용을 금해야 한다고 강조하는 것도 복음적이지 않다. 왜냐하면 시편 150편에는 똑같은 단어인 토프(드럼)로 찬양하라고 하기 때문이다.

"소고(토프) 치며 춤추어 찬양하며…"(시 150:4).

통기타 정도의 악기도 함부로 예배에서 연주하기 힘들었던 시절이 있었다. 그러나 세월이 흐르면서 통기타는 물론이고 드럼과 전자악기들이 예배의 중요한 자리를 차지했고, 젊은이들의 예배에서는 록 스타일의 곡들이 빠지지 않고 선곡되고 있다. 그러한 악기 사용과 음악양식을 교회와 집회에서 무조건 반대한다는 이분법적인 차원에서 말하고자 함이 아니다. 성경에는 악기들을 동원하여 하나님을 찬양하라고 가르치고 있기 때문이다.

다만 현대 악기들과 음악 속에 우리를 해치거나 영의 예배를 집중하지 못하게 하는 요소들이 있음을 살펴봐야 한다. 그래서 영이신 주님께 영으로 더 강하게 나아갈 수 있는 예배를 위해 음악의 양식들과 악기들 및 악기 소리의 크기에 대해 영적으로 분별하는 기도가 필요하다.

"그래서 예배 시간에는 클래식 양식으로 작곡된 찬송가만 불러야 합니다"라고 주장하는 사람들이 있다. 이 견해도 그럴듯한 이론이지만 진리가 아니다. 클래식이라는 장르조차도 과거 당시에는 대중음악이었다. 그 당시의 음악만을 고집한다는 것은 문화가 시대에 따라 변하며, 그 당시의 문화에 맞는 옷을 입고 복음을 누리고 전해야 하는 상황화를 무시한 것이다.

클래식 음악이든 대중음악이든 사람은 자기가 선호하는 양식 쪽으로 감정이 움직인다. 자신이 좋아하는 음악 장르에 더 마음이 가고 집중이 된다고 해서 그것이 꼭 다른 장르의 음악보다 더 영적이라고 판단해서는 안 된다.

록 음악의 요소를 통해 감정적으로 찬양하는 모습의 아이들이나 클래식 음악을 통해 감정적으로 예배하는 사람들이나 결국 자신이 선호하는 음악 양식에 의해 마음을 연다는 차원에서 마찬가지이다.

장르가 어떻든지 음악은 물리적 현상이기에 혼을 어루만진다. 영을 만지는 것은 오직 성령께서 주시는 레마의 말씀이다. 하나님은 영이시며 예배하는 자는 영과 진리로 예배해야 한다. 따라서 예배에 사용되는 음악이 대중음악이든 클래식이든 '내 감정만을 터치하는 혼적 즐거움 속에 있는가, 아니면 나의 의지를 촉구하는 영이신 말씀을 만나고 있는가?'를 분별해야 한다. 사탄은 우리가 음악, 미술 등 예술적 행위에 지나치게 집중하게 만들어 우리를 혼미케 하여 영광스런 복음의 광채가 비춰지는 것을 방해하려고 한다.

"그중에 이 세상의 신이 믿지 아니하는 자들의 마음을 혼미하게 하여 그리스도의 영광의 복음의 광채가 비치지 못하게 함이니 그리스도는 하나님의 형상이니라"(고후 4:4).

한 가지 더 다루어보자. 방언찬양이라는 분야다. 이것은 어느 찬양곡을 정형화된 코드로 진행하며 노래를 부르다가, 끝부분에서 1도 화음으로 마무리하지 않고, 두세 개 정도의 경과 코드를 계속 반복하며 방언으로 노래를 부르는 형태이다.

그런 분위기에서 찬양 인도자는 "형식에 얽매이지 말고 새 노래로 찬양하십시오"라고 외친다. 그 제안을 들은 회중들은 저마다 나름대로 그 찬양곡의 정형화된 멜로디가 아닌 자유로운 음정들로 방언을 하기 시작한다. 이것이 방언찬양이라고 불리는 형태다.

주님을 뜨겁게 사랑하는 마음으로 나아가는 이런 새로운 형태의 찬양은 오랜 세월 동안 정형화된 분위기에 묶여 있었던 예배에 신선하고 긍정적인 바람을 불어넣었다.

그런데 대체적으로 사람들이 표현하고 있는 소리들을 자세히 들어보면, 찬양곡의 정형화된 흐름에 매여 있지 않아서 새 노래로 나아가는 것 같지만, 악기 팀이 연주하는 음정들에 속한 음정에 매여 있는 차원에서 부르고 있는 것을 볼 수 있다. 여전히 음악의 한계를 뛰어넘지 못하고 있다. 음악이라는 틀에 갇혀 있는 한 아무리 방언찬양이라고 해도 혼적인 차원에서 머무르는 것일 수밖에 없다. 물론 방언 소리 자체는 영의 찬양일 수 있기에 성령과 교통할 수 있다. 그러나 영의 찬양이 물리적인 현상인 음악에 매여 있는 불균형의 모습이 나타난다.

사실상 성경에서 말하는 새 노래의 본질은 찬양의 도구에 해당하는 음악이 아니라 찬양의 내용이다. 이것은 음악적인 새 노래나, 알아듣지 못하는 방언기도의 새로운 표현 자체를 무시하는 것이 아니다. 그것은 새 노래로 나아가는 너무나 귀한 모습이다. 다만, 새 노래의 본질은 분명히 알아들을 수 있는 하나님에 대한 큰일을 표현하는 것이라는 의미를 강조한다. 왜냐하면 성령님은 예배 가운데 진리이신 예수님을 정확히 증거하시는 분이며(요 14:26, 16:13,14), 우리를 진리 가운데로 더욱 깊이 인도하셔서 하나님의 큰일을 더 계시하시는 분이기 때문이다.

오순절 날 마가의 다락방에 성령께서 바람과 불같이 역사하셨다. 마가의 다락방의 성도들은 틀에 갇히지 않고 바람과 불같이 역사하시는 성령의 세례를 받았다. 그러자 자신들의 언어의 틀조차도 벗어나 각국의 언어로 하나님의 크신 일을 말했다. 그야말로 놀라운 새 노래의 모습이었다.

사도행전 10장에 나타난 방언도 하나님을 높이는 말이었다. 즉, 성령의 세례를 받은 성도들의 입에서 터져 나온 표현들은 성도들이 알아들을 수 있었던 하나님의 큰일에 대한 것이었다.

"베드로와 함께 온 할례 받은 신자들이 이방인들에게도 성령 부어

주심으로 말미암아 놀라니 이는 방언을 말하며 하나님 높임을 들음이러라"(행 10:45,46).

다윗이 수금을 연주했을 때 사울에게 붙어 있었던 악신이 떠나갔다. 악신을 쫓아낸 것은 음악이 아니라 영이신 말씀이었다. 악한 영은 물리적인 현상인 음악으로 쫓겨나가는 것이 아니라 말씀에 의해 쫓겨나간다.

다윗은 이스라엘 역사상 음악적 찬양을 가장 잘 정립한 왕이다. 그러나 그는 예배음악을 정립할 때 아무나 리더로 세우지 않았다. 아삽, 헤만, 여두둔 등의 예배음악 지도자를 세웠는데 이 세 사람은 선견자였다(대하 29:30, 35:15). 선견자(호제)는 '보다, 바라보다, 알다'에서 파생된 단어로서 '환상, 이상을 보다'라는 단어와 밀접한 연관이 있다.

즉, 그들은 다윗과 마찬가지로 음악가이기 이전에 토라를 암송하며 말씀으로 충만하여 하나님이 주시는 환상과 이상을 보고 알았다. 선지자와 같은 사람들로서 말씀이 충만한 가운데 환상과 이상으로 하나님의 큰일을 보고 그것을 새 노래로 표현했다.

어느덧 수많은 문화적 도구들이 예배에 사용되고 있다. 어쩌면 사탄이 우리를 문화적인 도구에 지나치게 집중하도록 만들어 영의 예배로 나아가지 못하고 혼적인 예배에 치우치게 만드는 전략을 펼치고 있는지도 모른다. 그러한 사탄의 전략을 파쇄할 수 있는 비결은,

예배자들이 다윗을 비롯하여 아삽, 헤만, 여두둔처럼 성경을 주야로 소리 내어 선포하며 예배하는 자로서 말씀에 충만한 자로 서는 것이다. 음악보다 더 말씀에 충만한 삶을 살아야 한다.

찬양과 예배에 대한 오해

나는 1992년도에 음대를 졸업하고 국제신학연구원에서 교회음악을 연구하기 시작했다. 성령께서는 교회음악을 연구하기 시작한 내게 교회 존재의 본질인 예배와 찬양에 대해 알게 하셨다. 특히 예배와 찬양, 음악과의 관계가 어떤 것인지 성경적으로 아는 축복을 주셨다. 음악전공자로서 예배와 찬양에 대한 본질을 성경적으로 연구하게 된 일은 인생에서 큰 축복 가운데 하나였다.

많은 사람들이 찬양과 예배에 대해서 오해하고 있는 것이 어원에 의해 진단된다. 구약성경에 나오는 '찬양', '찬송'이라는 단어의 어원은 엄밀히 말하면 오선지로 표현되는 음악과는 무관하다. '찬양, 찬송, 찬미'에 해당하는 히브리어 단어는 '할랄'이 가장 많이 사용되었고 그다음 많이 사용된 단어가 '야다, 바락'이다. 할랄은 '칭찬하다. 자랑하다'로서 하나님의 성품과 섭리를 칭송한다는 뜻이고, 야다는 구체적으로는 두 손을 들어서 감사하는 행위이며, 바락은 무릎을 꿇어 찬양한다는 뜻이다. 그리고 성경에 나오는 '예배, 경배'라는 단어의 본질도 헬라시대에 등장하기 시작한 오선지로 표현되는 음악과는 무관하다.

음악적인 행위인 '노래'를 뜻하는 히브리어는 따로 사용되어졌다. '쉬르'는 음률로, '자미르'는 악기로 연주하면서 노래한다는 뜻이다. 그런데 그 단어들은 성경에서 아주 적게 사용되었다. 정리를 하면, 성경에 나오는 찬양이라는 단어를 무조건 음악과 관련이 있는 단어로 생각하는 것은 큰 오해다.

그래서 대부분 성경에서 말하는 진정한 의미의 찬양이나 예배를 왜곡하게 되어 주님을 찬양하는 삶에 심각한 폐단들이 생긴다. 가장 큰 폐해 가운데 하나가, 화려하고 정교하며 열정적인 음악의 분위기를 성령의 임재로 오해하는 것이다. 그것은 찬양과 예배에 반드시 음악적 행위가 있어야 되는 것으로 오해하고 있기 때문에 생긴다.

정리를 하면, 음악적인 찬양은 좁은 의미로서의 찬양이며, 포괄적이며 광범위한 의미에서의 성경적인 찬양은 음악과 상관없이 주님을 칭찬해드리고 자랑하며 높이는 말 자체, 그리고 높여드리는 행위들(말, 엎드림, 두 손 듦, 무릎 꿇음, 춤, 그림, 조각, 디자인, 건축 등)이다.

음악으로 찬양하는 것을 부정하려는 것이 아니다. 단지 음악적인 찬양만 찬양인 것으로 오해하는 것을 풀고자 함이다. "예수님은 나의 창조주이시며 나의 구원자이시며 주인이십니다!"라고 단순히 말로 표현했거나 몸짓으로 표현하기만 해도, 그것이 완전한 찬양이라는 것을 찬양의 어원이 말해준다. 굳이 음악이라는 도구에 의해 표현이 되지 않아도 완벽한 찬양이라는 것이다.

그런 차원에서 볼 때 교회 음악가들이 좋아하는 두 구절에 큰 오해가 있다. 첫째로 이사야서 43장 21절이다.

"이 백성은 내가 나를 위하여 지었나니 **나를 찬송하게** 하려 함이니라"(사 43:21, 개역개정).

"이 백성은 내가 나를 위하여 지었나니 **나의 찬송을 부르게** 하려 함이니라"(사 43:21, 개역한글).

개역개정의 '나를 찬송하게' 또는 개역한글의 '나의 찬송을 부르게'라는 표현에 대해 많은 성도들이 '음악적인 노래를 부르며 찬양하다'라는 의미로 오해한다. 그러나 그 표현의 히브리어는 그런 뜻이 전혀 아니다. 이 표현에 사용된 히브리어는 '테힐라'와 '싸파르'라는 두 동사다. '테힐라'는 구약에서 찬양이라는 단어로 가장 많이 사용된 '할랄'(칭찬하다, 자랑하다)에서 파생된 단어로서 '칭찬, 자랑'이라는 뜻이다. 그리고 '싸파르'는 '말하다, 설명하다, 계산하다, 나열하다, 선포하다'라는 뜻이다. 원문을 충실히 번역하면 다음과 같이 전혀 다른 의미가 된다.

"이 백성은 내가 나를 위하여 지었나니 나의 칭찬, 자랑거리를 설명하도록 지었다."

원어에 의하면 우리는 어떤 방법, 어떤 모습으로든 하나님을 설명하고 선포하도록 지음 받은 것이다. 음악만이 하나님을 찬양하는 방법이 아니다. 그래서 음악성이 좋지 않아서 노래 부르는 것을 부담스러워하는 사람은 '노래로 찬송하도록 지으셨다는데 왜 나는 이렇게 노래를 못해서 찬양을 잘 하지 못하지?'라는 비성경적인 의문을 가질 필요가 없다. 노래를 못한다고 해서 찬양과 찬송도 못한다고 생각하는 것은 찬양이나 찬송이 반드시 음악적인 행위를 동반해야 하는 것으로 오해하고 있기 때문에 생긴다. 노래를 못해도 하나님을 찬양하고 찬송하는 데 아무런 지장이 없다.

그다음으로 많이 오해하고 있는 구절은 시편 33편 3절이다.

"새 노래로 그를 노래하며 즐거운 소리로 아름답게 연주할지어다."

개역개정의 '아름답게'라는 표현이 개역한글 성경에서는 '공교히'였고, 영어로는 'skillful'(기술적인)이다. 이것이 오류다. 그래서 교회 음악가들이 말씀과 기도보다는 정교한 음악에 더 심혈을 기울여야 한다는 쪽으로 균형을 잃게 된다. 이것도 찬양이 반드시 음악과 관련이 있다고 생각하기 때문에 생긴 현상이다. 여기서 '아름답게'에 해당하는 히브리어는 '야타브'로서 '좋은, 유쾌한'이라는 뜻이다.

물론 정교한 음악이 좋고 유쾌한 느낌을 준다. 그래서 우리는 더욱 정교한 음악으로 하나님께 드리도록 최선을 다해야 한다. 하지만 그것보다 우리가 더 추구해야 할 본질적인 유쾌함은 음악적인 차원에서가 아니라 영과 마음의 차원이다. 팀 안에서 기도와 말씀, 화

해와 용서, 하나 됨 그리고 거룩함이라는 아름다운 열매로 나아갈 때 그것이 하나님이 들으시는 유쾌하고 좋은 소리가 된다.

만약 성가대나 경배 찬양 팀 안에서 미움, 원수 맺는 것, 분쟁, 분리, 당 짓는 것이 있고 각각의 예배자들이 죄로 인해 거룩하지 못한 삶을 살고 있다면 아무리 음악이 정교하고 화려해도 영적으로 유쾌한 소리가 될 수 없다. 주님은 그 모습을 보고 회칠한 무덤 또는 열매 없이 잎만 무성하고 화려한 무화과나무로 간주하시어 예배를 받으실 수가 없음을 자각해야 한다. 외모가 아니라 중심을 보시는 하나님이시기 때문이다(삼상 16:7).

사탄의 타락과 유발의 수금

교회 음악가들이나 예배를 연구한 주의 종들은 이사야서 14장 11-15절과 에스겔서 28장 11-15절이 사탄의 기원에 대한 구절이라고 말한다. 그러나 어떤 신학자들은 성서학적 관점에서 볼 때 그 단정에 무리가 있다고 말한다. 그것은 단지 바벨론 왕과 두로 왕에 대하여 묘사했을 뿐이라고 주장한다.

성경신학이나 해석학도 인간이 정립해놓은 학문이라서 완벽하지 않다. 이 구절들이 사탄의 기원을 상징한다고 볼 수 없다고 단정짓는 것에도 무리가 따른다. 왜냐하면 바벨론 왕과 두로 왕이 교만하여 하나님의 자리에까지 오르려는 죄를 지었다면 그것은 분명히 배

후에서 사탄이 사주했던 것이고, 하나님은 두 왕의 타락을 통해 사탄이 타락한 기원을 말씀하시고자 했을 수 있기 때문이다.

성경신학자들과 해석학자들이 놓치지 말아야 할 것이 있다. 성경에는 땅의 일들과 땅의 상징을 통해, 하늘의 것과 보이지 않는 영의 세계를 표현하는 부분이 많다. 인간의 학문적 통찰이라는 그릇에다 담을 수 없는 신비하고 초월적인 세계인 천국과 하나님의 나라를 그리고 있는 것이 성경이라는 것을 놓치지 말아야 한다. 땅의 사건을 묘사하고 땅의 존재에 대한 표현 뒤에 감추어진 영의 세계에 대한 하나님의 의도를 볼 수 있는 영적인 눈과 믿음이 필요하다.

그런 면에서 볼 때 이사야서와 에스겔서 두 부분에는 바벨론 왕과 두로 왕의 타락을 통해 사탄의 기원을 말씀하시려는 하나님의 의도를 짐작할 수 있는 요소들이 많다.

	이사야서 - 바벨론 왕	에스겔서 - 두로 왕
아름다움, 완전함	계명성 (히: 밝게 비추는 것)	완전한 인, 각종 보석으로 단장됨
악기를 소유	네 비파소리	너를 위하여 소고와 비파가 준비됨
타락, 범죄	하나님과 같아지려 함	아름다움으로 교만해짐
죄의 결과	하늘에서 떨어지고 땅에 찍힘, 비파소리까지 떨어짐	하나님의 산에서 쫓겨남, 땅에 던져짐

바벨론 왕과 두로 왕의 공통점을 대비해보면 아름다움과 완전함, 악기 소유, 타락과 범죄 및 죄의 결과 등 두 왕에 대한 표현이 정확히 일치한다. 이 둘은 다른 시대, 다른 지역의 사람들이지만 그들이 타락한 배후에는 사탄이 있다. 그래서 하나님은 바로 이 둘의 존재와 타락을 통해 배후에 있는 한 존재인 사탄에 대해 말씀하신다.

이사야서와 에스겔서 속의 이 표현이 사탄을 묘사한 것이라고 볼만한 또 다른 이유는 아담과 하와의 타락 사건에 나타난 사탄의 전략이 바벨론 왕과 두로 왕의 타락 모습에서도 똑같이 나타나기 때문이다.

아담과 하와는 하나님의 형상으로 아름답게 지음을 받아서 만물을 다스릴 수 있었다. 사탄은 하와와 아담에게 접근하여 선악과를 따 먹으면 하나님과 같이 될 수 있다고 유혹했다. 결국 아담과 하와는 자신이 소유하고 있는 자유의지를 아름답고 지혜롭다고 판단하여 교만해져서 하나님과 같이 되어보려고 선악과를 따 먹고 타락하여 에덴동산에서 쫓겨났다.

교만한 바벨론 왕과 두로 왕의 타락은 요한계시록에 나오는 용 곧 옛 뱀(아담과 하와를 유혹한 존재), 사탄의 타락을 연상시킨다. 사도 요한은 "큰 용이 내쫓기니 옛 뱀 곧 마귀라고도 하고 사탄이라고도 하며 온 천하를 꾀는 자라 그가 땅으로 내쫓기니 그의 사자들도 그와 함께 내쫓기니라"(계 12:9)라고 기록하고 있다.

하나님은 만물 위 하늘에 그의 보좌를 세우시고 좌정하여 계신다. 거기서 왕권을 가지시고 말씀으로 만유를 다스리시며 천사들로 말미암아 수종 들게 하신다(시 103:19-22). 그런데 천사들 가운데는 천사장이 있었다. 왕좌, 통치, 권능, 정사 등은 하늘에 존재하는 여러 등급의 존재들을 가리킨다(골 1:16, 계 12:7). 그런데 천사장은 자기 지위를 지키지 않고 하나님의 지위를 넘보았고 그 지위를 박탈당하여 처소를 떠나 하늘에 떨어져 사탄(대적자)이 되었다.

"또 자기 지위를 지키지 아니하고 자기 처소를 떠난 천사들을…"(유 1:6).

사탄은 교만해져서 하나님의 자리에까지 오르려 했고 하나님을 대적하여서 결국 타락하여 하늘에서 떨어졌다. 그를 따르던 타락한 천사의 무리들도 함께 쫓겨났다. 그리고 그 타락의 영성을 그대로 아담과 하와를 유혹하는 데 사용했다.

여기서 두로 왕과 바벨론 왕의 타락 묘사에 동시에 악기가 언급된 것을 눈여겨보아야 한다.

"네 영화가 스올에 떨어졌음이여 네 비파 소리까지로다…"(사 14:11).

"…네가 지음을 받던 날에 너를 위하여 소고와 비파가 준비되었도다"(겔 28:13).

두 왕의 배후인 사탄은 음악을 담당했던 것으로 보인다. 이것은 최초의 살인자 가인이 건설한 성에서 후손 유발이 수금과 통소를 잡는 자의 조상이 되도록 한 배후에 사탄이 있는 것으로 보이는 부분과 일맥상통한다. 창세기 4장에 음악과 관련된 단어가 성경에서 제일 처음 등장하는데 그 단어는 수금과 통소라는 악기다.

"그의 아우의 이름은 유발이니 그는 수금과 통소를 잡는 모든 자의 조상이 되었으며"(창 4:21).

유발이 어떤 배경 속에서 악기를 잡는 자의 조상이 되었는지 알아보자. 그의 조상을 거슬러 올라가보면 쉽게 알 수 있다. 유발은 가인의 8대손이다. 가인은 성경에 등장하는 최초의 살인자다. 그는 아우인 아벨에게 선을 행하지 않았고 아우를 죽였기에 하나님께 형벌을 받았다. 즉, 가인은 저주를 받아 밭을 갈아도 소산을 얻을 수 없게 되어서 이리저리 방황하며 비틀거리는 삶을 살게 되었다(창 4:11,12). 그래서 그는 여호와 앞을 떠나서 에덴 동쪽 놋 땅에 거주하게 되었다(창 4:16).

가인의 성에서는 밭을 갈아도 소산을 얻지 못하게 되었으므로 1차 산업인 농업이 아니라 축산업 및 2차산업 제조업이 발달하게 되었다(창 4:20-22). 그중 특히 각종 기구들 외에 음악과 관련된 악기의 제조 부분을 살펴볼 필요가 있다. 유발이 왜 악기를 잡는 자의 조상이 되었는가 하는 점이다.

여기서 눈여겨볼 단어는 통소다. 통소는 갈대로 만든 악기로서 피리나 플루트 종류다. 이 퉁소의 어원이 '우가브'인데 '아가브'라는 단어에서 유래했다. 그런데 그 뜻이 '무절제한 애정에 빠지다, 욕정을 품다, 연애하다'라는 뜻이다. 아가브라는 단어가 '아가바'로 변화되면 '호색, 음탕'이라는 뜻이 되고 '에게보'라고 변화되면 감각적인 사랑 또는 말초적인 사랑을 뜻하는 단어가 된다. 즉, 하나님의 참된 사랑을 잃어버린 가인의 집안에서는 에로스적인 음탕한 문화가 꽃피었던 것이 악기 개발과 연관이 있음을 의미한다.

가인은 죄로 말미암아 자신의 존재 속에 하나님의 영이 차지하셔야 할 빈자리를 다른 것으로 채웠다. 그가 하나님께 돌아가는 선택을 했으면 간단하게 해결될 수 있었다. 그런데 자신의 지식을 총동원하여 그 빈 마음을 스스로 달래고자 애썼고, 결국 그의 노력이 발전되어 후손 유발이 악기를 완성해낸다. 마귀가 바로 악기를 맡았던 역할을 했다는 것을 짐작할 수 있는 대목이다.

악기의 재료는 흙, 식물, 광물, 동물의 가죽 등이다. 창조물들 자체는 악하지 않고 선하다(딤전 4:4). 악기는 그저 악기일 뿐이고 악기에서 흘러나오는 음악은 음악일 뿐이다. 그런데 그 악기나 음악이 타락할 수 있다. 악기나 음악이 갑자기 악해지는가? 아니다. 그 악기를 연주하고 음악적 행위를 하는 사람이 타락한 것이다.

하나님을 등지고 범죄한 자가 하나님을 무시하고 자신의 뜻대로만 사는 자, 타락한 자가 악기를 만들어 연주하거나 음악을 접할 때 그 악기와 음악은 타락한다. 악기 연주 및 음악의 용도가 하나님을 향하지 않고 자신만을 향하여 자신의 감정만 달래거나 건전치 못한 음탕한 목적으로 사용되었기 때문이다.

그래서 이사야서 14장 11절에서 바벨론 왕의 타락은 비파(히브리어로 '네벨': 기타 또는 기타 종류의 악기) 소리까지 음부에 떨어뜨렸다고 한다. 바벨론 왕은 지극히 높은 자의 자리에 오르려 했다. 인간이 하나님의 자리에 앉으려 한 타락의 영성에 의해 그가 좋아하는 비파 소리까지 타락했다.

사탄은 자신이 하나님의 자리에 오르려 한 것처럼 모든 인간들에게 하나님의 자리에 앉으라고 유혹한다. 아담, 하와, 바벨론 왕 그리고 두로 왕에게 자기 모습 그대로 하나님의 자리에 앉아보라고, 우리에게 '스스로 결정하며 살라'고 유혹한다. 인류의 역사 가운데 사탄은 그 전략을 단 한 번도 어느 누구에게도 포기한 적이 없다. 그래서 음악을 비롯하여 예술적 재능이 있는 자들은 언제나 예술의 화려함과 청중의 시선 때문에 하나님이 받으셔야 할 칭찬을 자기가 받고 싶어 하는 유혹에 노출되어 있다.

하나님을 떠난 가인 집안 사람들이 빈 마음의 자리를 채우려면 하나님께로 돌아갔어야 했다. 그들이 회개하고 가죽 옷 속의 계시인 복음을 믿었다면 영이 회복되어 하나님을 예배할 수 있었을 것이다. 하지만 그들은 회개와 복음을 선택하지 않았다. 그리고 자신의 지식을 의지하여 자신들의 마음을 달래줄 악기를 만들었다. 하지만 가인 집안 사람들은 결국 마음을 혼미케 하는 사탄의 전략에 속았다.

"그중에 이 세상의 신이 믿지 아니하는 자들의 마음을 혼미하게 하여 그리스도의 영광의 복음의 광채가 비치지 못하게 함이니 그리스도는 하나님의 형상이니라"(고후 4:4).

사탄은 사람들이 예배 시, 음악을 통해 감정만 달래고 멈추기를 바란다. 사람의 마음을 혼미케 하여, 결국 그리스도 영광의 복음의 광채가 비치지 못하게 방해한다. 이것이 악기를 통해 여러 가지 음악적인 행위로 예배할 때 주의해야 할 점이다.

주님께만 집중한 음악의 천재 다윗

사탄이 음악을 통해 그리스도 영광스런 복음의 광채를 가리는 전략을 펼치는 것에 반하여, 다윗은 말씀을 꼭 붙잡고 그리스도께 초집중함으로써, 음악을 통해 역사하려는 사탄의 공격으로부터 자신의 영을 지켰다. 예술가들은 다윗처럼 하나님의 말씀을 먼저 꼭 붙잡고 예수 그리스도께만 초집중해야 한다. 그렇지 않으면 음악을 통해 사탄의 궤계가 은근히 흘러들어올 수 있다.

다윗은 가인의 문화에서 개발된 수금을 자신의 감정만을 달래는 도구로 사용하지 않았다. 그가 수금을 연주하며 온전히 하나님을 찬양할 때, 사울에게 붙어 있는 악신이 떠나갔다. 그가 자신의 외로움을 달래는 차원으로 연주했다면 그런 일은 일어나지 않았을 것이다. 다윗의 음악성과 수금 소리가 악한 영을 쫓아낸 것이 아니라 하나님을 찬양하는 그의 마음을 통해 성령께서 말씀으로 행하신 일이다.

그렇다면 다윗이 어떻게 그렇게 쓰임 받을 수 있었을까? 다윗이 쓴 시가 성경이 된 이유를 알면 그 이유를 쉽게 알 수 있다. 그의 시들이 그리스도에 대해 말하고 있기 때문이다. 즉, 다윗은 그가 암송하는 토라가 바로 그리스도에 대해 말씀하시는 아버지의 음성이라는 것을 확실히 알았다. 그가 쓴 시편 110편 메시아의 시가 바로 그 증거 가운데 하나다.

"여호와께서 내 주에게 말씀하시기를 내가 네 원수들로 네 발판이 되게 하기까지 너는 내 오른쪽에 앉아 있으라 하셨도다 여호와께서 시온에서부터 주의 권능의 규를 내보내시리니 주는 원수들 중에서 다스리소서"(시 110:1,2).

이 시에서 여호와는 아버지시고, 내 주는 그리스도시며, 권능의 규는 성령님을 상징한다. 그가 이 시를 통해 아버지와 아들과 성령을 계시하고 있는 것이 놀랍다. 이는 그가 얼마큼 그리스도께 집중을 했는지 알 수 있는 부분이다(시 27:8,9). 늘 토라를 암송하며 성령충만한 상태에서 토라가 바로 주 예수 그리스도를 말씀하시는 아버지의 음성이라는 것을 확실히 알았다. 예수께서도 구약 전체가 자신에 대해서 말하는 복음이라고 친히 증명하시면서 다윗의 시가 자신에 대해 말하는 것이라고 변론해주셨다(요 5:39).

다윗이 그리스도께 초집중한 이유는 실제로 그분을 만났기 때문이다. 항상 토라를 암송하여 성령충만으로 여호와의 얼굴을 구할 때 자기 앞에 계신 그리스도를 본 것이다(시 19:14, 27:4, 막 12:36,37, 행 2:25,31). 그리고 그 만남을 시로 썼는데, 그의 시가 성경이 되었다. 그리스도에 대한 책인 토라를 암송하며 그리스도를 만나고, 그 만남을 표현하는 영성이 그가 쓰임 받은 가장 큰 이유다. 그의 음악적 소양과 음악에 대한 모든 정책의 핵심은 바로 그리스도께 집중하는 신앙에 있다.

음악 속 율법적 성질

한국 교회에서 기타, 드럼 또는 전자악기 같은 현대 악기들이 사탄 악기로 천대받았던 시절이 있었다. 그리고 주일예배 시간에 찬송가(통일찬송곡집에 수록된 곡들) 외에 다른 복음성가를 부르지 못했던 시절도 있었다. 물론 아직도 극소수 교회나 성도들 중에는 현대 악기 또는 복음성가나 씨씨엠(CCM, 현시대 크리스천 노래)에 대해 부정적인 태도를 가진 사람들도 있다.

어떤 교회는 이를 수용하기는 하지만 주일예배의 본 순서에서는 피아노나 오르간만을 사용하도록 하고 찬송가(통일찬송곡집에 수록된 노래)만 부르게 한다. 그리고 어른 예배에서는 사용을 금지하는 악기나 씨씨엠들을 어린이, 청소년 및 청년예배에서는 사용하도록 제한적으로 적용하는 교회도 있다. 그러나 대부분의 현대 교회는 악기나 현대풍의 노래들을 예배의 순서에 적극적으로 수용하고 있는 편이다.

교회 안에서 음악으로 인한 많은 분열의 현상들이 있다. 그것은 각자가 선호하는 음악 스타일이 다르기 때문이다. 그래서 어린이 예배, 중고등부 예배, 청년부 예배, 장년부 예배로 나누어서 드리게 된다. 물론 세대별로 각각 따로 예배를 드리는 것이 꼭 음악적 요소 때문만은 아니다. 연령별로 설교를 이해하는 언어와 문화적 차이가 존재한다.

교회에서 사용되는 악기나 음악의 형태에 따라 왜 이런 분열의 현상이 생기는가? 합리적으로 생각하면 모든 세대가 나누어서 예배를 드리는 것이 좋아 보일 수도 있다. 그러나 우리가 다 함께 예배를 드리지 못하는 문화의 배후에 마귀가 역사하고 있는 것을 봐야 한다. 마귀는 하나님의 자녀들이 다 함께 한마음 한뜻으로 예배드리는 것을 싫어한다. 어떻게 해서든지 하나님과 그분의 자녀들을 분열시키려 한다.

피타고라스는 헬라 철학자이며 수학자였다. 그는 만물의 근원이 수라고 주장했으며 자신의 이름을 딴 사이비 종교의 교주였다고 전해진다. 그는 어느 날 대장간 옆을 지나가다가 서로 다른 망치소리들이 조화를 이루는 것을 발견하고 자연에 존재하는 음의 세계 속에 있는 수학적 질서를 찾아냈다. 그가 발견한 것이 토대가 되어 음정, 박자, 선율을 기보할 수 있는 오선지가 탄생했다.

그에 의해 만들어진 음계와 오선지라는 정해진 간격들 속에 걸쳐지는 음정과 박자들은 정확한 법과 규칙 안에 있다. 오선지에 표현되는 각각의 음정들은 수학적인 고유의 진동수를 가지고 있고 각각의 박자들은 정확한 시간을 소유한다.

음악은 혼적인 면에서 볼 때는 감정을 어루만지는 긍정적인 효과가 있지만, 영적인 면에서 볼 때는 역기능적인 요소가 있다. 오선지로 표현되는 음악은 정해진 엄격한 음정과 박자라는 법과 규칙을 가지고 있기에 율법적 성질을 갖고 있다. 율법은 사람에게 자유를 주기보다 빼앗아간다. 누구든지 율법책에 기록된 대로 행하지 않는 자는 저주 아래 있는 자이며, 모든 율법을 잘 지키다가 하나를 지키지 않으면 다 지키지 않은 것과 같다. 율법의 행위로 의롭다(자유하다) 함을 얻을 육체가 하나도 없고 율법으로는 죄를 깨달을 뿐이다 (갈 3:10, 약 2:10, 롬 3:20).

노래나 악기를 전문적인 연주하는 사람들은 정확한 음정을 표현해야 한다는 강박관념을 가지고 있다. 그러나 정해진 규칙과 법칙에 해당하는 음정과 박자를 완벽하게 노래할 사람은 없다. 과학은 사람이 음정을 완벽하게 계속 유지하는 것이 불가능하다는 것을 말해준다.

각 음정마다 정해진 주파수가 있다. 그런데 성대나 악기 소리의 자연스러운 진동(vibration)은 각 음정의 주파수의 주변을 미세하고 일정하게 위아래로 왔다 갔다 하는 진폭이 있다. 그래서 목소리가 나빠진 사람의 경우 "바이브레이션이 심하다. 진동의 폭이 크다"라고 표현한다. 세계 최고의 오페라 가수도 바이브레이션(진동, 진폭)을 거의 적절하고 일정하게 내는 것이지 각 음정의 고유의 주파수를 처음부터 끝까지 완전하게 유지하는 게 아니다. 그래서 모든 음악가들은 관객들로부터 아무리 대단한 박수갈채를 받아도 미세하게라도 항상 부족함을 느낄 수밖에 없다.

율법적인 성질을 가지고 있는 음악에 의존되어 있고 음악의 비중이 큰 예배를 드리다 보면 알지 못하는 사이에 음악 속에 있는 율법적 영향력이 사람들에게 흘러들어 간다. '음악이 있는 예배인가 없는 예배인가, 예배에서 음악의 역할에 대한 중요성을 받아들이는 정도가 어떠한가'에 따라, '음악 실력의 수준이 좋은가 나쁜가'에 따라, '음악의 장르가 어떠한가'에 따라 여러 기준이 있다. 그에 따라 예배 시, 불편함을 느끼게 되고, 어른 세대와 어린 세대가 함께 예배드리기가 어렵게 느껴지기도 한다. 또한 목회자와 음악 봉사자, 음악 봉사자와 성도, 음악에 숙련된 자와 그렇지 못한 자, 그리고 음악으로 봉사하는 팀 안에서도 음악에 대한 이해의 차이에 따라 수많은 반목과 갈등이 생긴다.

오선지로 표현되는 음악문화가 개발되기 시작한 헬라시대보다 훨씬 이전 시대인 히브리문화 속에서 성경이 기록되었다. 그리고 오선지 음악과는 상관없는 단어들인 '할랄, 야다, 바락' 같은 히브리어들이 성경에 '찬양'이라는 뜻으로 사용되었다. 물론 구약시대에도 음악적인 행위들이 있었다. 오선지로 표현되는 음악이 개발되기 이전의 히브리 문화 속에서 찬양이라는 단어가 탄생했다. 그 단어의 본질은 음악적인 행위를 말하는 것이 아니라 하나님을 칭찬하고 자랑하며 높이는 말의 선포 자체이다.

지금도 정통 유대인들이 언어나 문화적 차이(선호음악 스타일의 차이 포함)와 상관없이 3, 4대가 함께 모여 예배를 잘 드리고 있다. 그것은 음악 중심 또는 한 지도자의 설교 중심 예배가 아닌 토라를 읽고 암송으로 선포하는 것이 중심이 되는 예배를 드리기에 가능하다.

음악을 초월하는 말씀

인간은 영, 혼, 몸 3요소로 이루어져 있다(살전 5:23). 몸은 3차원의 물리적 외부 세계를 보고 듣고 맛보고 접촉하고 냄새 맡으며 인식한다. 혼은 몸을 통해 들어온 정보를 분석하고(지=생각), 분석한 대로 느끼며(정=느낌), 느낀 대로 행동하게 하는 의지로 이루어져 있다. 혼은 지(생각), 정(느낌), 의(의지) 3요소로 이루어져 있는데 한마디로 '마음'이라고 한다.

마음대로 하라는 의미는 생각(지)하고 느끼는 대로(정) 행동(의지적 행동)하라는 의미다. 행동은 생각과 느낌의 결과다. 생각 없이 느낄 수 없고 생각과 느낌 없이 행동할 수 없다. 그래서 지, 정, 의는 셋으로 구분되어 있으나 하나다.

그러나 인간의 영은 하나님의 형상을 닮은 기관으로서 하나님을 인식한다. 보이지 않고 들리지 않는 초월의 영역인 영의 세계를 감지한다. 영과 혼(마음)을 분명히 구별해야 한다. 영은 마음, 그 이상이다. 바울은 "사람의 일을 사람의 속에 있는 영 외에 누가 알리요"(고전 2:11)라며 영은 생각(혼) 이상이라고 표현한다.

물리적 현상인 음악은 먼저 우리의 귀(몸)에 의해 감지된다. 그 순간 지성이 그 소리를 생각하며 분석하고 판단한다. 그리고 그 인식에 따라 감정이 반응을 한다. 엄밀히 말하면 음악의 역할은 귀를 통해 지성으로 들어와서 감정을 만지는 것까지다.

그러면 의지는 무엇이 영향을 주는가? 음악이 아니라 음악 속에 들어 있는 말을 통한 사상이다. 즉, 음악에 의해 지성과 감성이 반응을 하고 음악에 담긴 말(가사)에 의해 의지가 영향을 받는다. 음악은 우리의 감정을 자극하며, 우리의 영을 자극하는 것은 하나님의 말씀이다.

물론 물리적 현상일 뿐인 가사가 없는 음악도 사람에게 영향을 줄 수 있다. 음악은 감정을 만진다. 예수님을 구주로 모시고 살지 않아서 영이 죽은 자는 자신의 생각과 감정대로 사는 사람이기에 음악에 더 큰 영향을 받는다. 또한 예수님을 구주로 영접했어도 아직 말씀이 충만치 못하여 영이 어린 자들도 음악의 영향을 많이 받을 수밖에 없다.

주의 말씀으로 충만한 영의 사람은 물리적 음악에 의해 영향을 받지 않고 음악을 분별할 수 있다. 음악에 절대적인 영향을 받지 않고 영이 건강하게 무럭무럭 자라고 싶다면 말씀으로 충만해져야 한다.

영은 물리적 세계가 범접할 수 없는 영역이다. 우리의 예배가 영의 예배가 되도록 하는 것은 음악이 아니라 생명의 말씀이다. 그래서 찬양의 가사는 복음적이어야 한다. 결국 예배가 음악에 지나치게 의존되어 있으면 영적인 예배가 아니라 혼적인 예배에 치우치게 될 가능성이 높다. 많은 사람들이 음악적 찬양에 열광하면서 '성령의 기름 부으심이 강하다'고 표현하는데 그것은 매우 위험하다.

영성은 곧 의지적 행동으로 나타난다. 아무리 영성이 깊어 보이는 기도자, 성경통독자, 성경암송자, 음악으로 인도하는 예배자, 설교자 및 전도자일지라도 영성이 실제로 드러나는 것은 성령께서 주시는 말씀에 의지적인 순종을 할 때다. 마귀는 사실상 "네 생각과 느낌대로 행동해라. 하나님이 아니라 네가 네 삶의 주인이다"라는 전략으로 사람을 유혹한다. 우리의 의지는 크게 두 가지 차원에서 움직인다. 마귀가 속이는 대로 자신의 생각과 느낌대로 움직이는 의지와 하나님의 생각대로 움직이는 의지다.

의지와 음악의 관계를 살펴보자. 하나님의 생각대로 움직이는 사람은, 음악에 의해 감정이 만져지기는 하지만 자기 느낌대로 움직이지 않고, 하나님의 생각인 성경말씀에 따라 움직인다. 이럴 때 그에게 음악은 하나님의 생각인 말씀대로 움직이는 데 도움이 된다. 그러나 자신의 생각과 느낌대로 움직이는 사람은, 음악이 자신의 감정에 절대적인 영향을 끼친다. 그에게는 하나님의 생각대로 움직이는데 음악이 오히려 방해가 된다.

의지를 움직이는 것은 하나님의 말씀이다. 바른 예배를 드리려면 말씀이 충만해야 한다. 말씀이 충만한 자는 찬양하면서 하나님의 생각인 말씀이 계속 떠오를 것이다. 반면, 말씀이 충만치 못한 자는 음악으로 찬양할 때 아무래도 자신의 생각이 계속 떠오르고 하나님의 뜻과 상관없는 자신의 의지적 결단이 생긴다. 그리고 그것을 하나님의 생각으로 착각할 수 있다.

예전에 성가대에서 놀라운 체험을 했다. 어느 날 여느 때와 다름없이 성가대 연습에 참석했다. 그런데 그날 성가대 지휘자가 몇 주 뒤에 예배 때 부를 새로운 곡을 선곡했는데, 불규칙적인 리듬과 불협화음이 자주 반복되어 나오는 현대곡이었다. 곡의 느낌이 너무 안 좋아서 연습할 때 집중도 잘 안 되고 은혜도 되지 않았다. 심지어 그 곡을 연습할 때마다 마음속에 불평이 생겼다. 그러다가 드디어 몇 주간의 연습을 끝내고 주일예배 때 그 곡을 부르게 되었다.

별로 은혜스럽게 느껴지지 않는 곡을 부르게 되어 기분이 썩 좋지 않았지만 지휘자의 사인에 어쩔 수 없이 일어서면서 악보를 펼쳤다. 그런데 일어서자마자 악보 위 오른쪽 귀퉁이에 있는 '송명희 작사'라는 작은 글씨를 발견하게 되었다. 까다로운 현대풍의 곡이라 첫인상이 좋지 않았던 터라 수차례 연습하면서도 작사자가 누군지 관심도 갖지 않았었다. 그런데 그 이름을 발견하는 순간 송명희 시인의 감동적인 삶의 간증이 떠올랐다.

가족들은 중증 선천성 뇌성마비로 태어난 딸을 부끄러워하며 방속에 가두어 키웠다. 오랜 세월 동안 갇혀서 외롭게 살아온 그녀는 자살할 힘조차 없었다. 절망하고 있던 어느 날 방문을 열고 들어오시는 예수님을 만났다. 자신이 이 세상에서 가장 힘없고 외로우며 소외된 사람이라고 생각하던 그녀는 큰 위로를 받았다. "명희야, 아무도 몰라주는 너의 외로움과 고통을 나도 십자가에서 겪었단다. 내가 너를 안다"라고 다가오시는 예수님과 만났다.

그때부터 그녀는 삶의 소중함과 존재의 의미를 깨닫고 놀랍게 변화된 삶을 살게 되었다. 자신의 변화된 삶을 통해 새롭게 깨달은 내용을 시로 표현하여 하나님을 찬양하기 시작했다. 음악성과 상관없이 그녀에게서 놀라운 새 노래의 찬양이 터져 나왔다.

그녀는 재물과 지식과 건강이 없지만 다른 사람이 못 본 것을 보왔고 그들이 듣지 못한 음성을 들었다. 남이 받지 못한 사랑을 받고 남이 모르는 것을 깨달으며 '하나님은 공평하시다'라는 고백을 하게 됐다. 그 찬양의 시가 곡에 붙여지면서 전 세계로 퍼졌다. 그 시는 곡에 붙여지기 이전에 이미 완벽한 찬양이었다.

나는 '송명희 작사'라는 글씨를 보는 순간부터 전주가 흐르는 가운데 벌써 눈물이 고이기 시작했다. 그리고 가사 하나하나를 곱씹어 부르는 가운데 송 시인의 모습과 삶이 겹쳐 보이는 통에 노래를 제대로 부를 수 없었다.

그때 내 혼 속에 참으로 희한한 현상이 일어났다. 현대곡풍의 음악을 여전히 달가워하지 않고 있는 감정과 가사에 엄청난 감동을 느껴서 울고 있는 감정이 공존하고 있었다. 나는 그 체험을 통해 음악이 만지는 정서가 있고, 음악 같은 도구를 초월하여 말과 삶에 의해 감동을 받는 정서가 있음을 알게 되었다.

또 하나의 비슷한 체험이 있다. 어느 날 지인이 전해준 설교 카세트테이프를 들었는데 한 여성이 설교 전에 부르는 노래가 흘러나왔다. 그런데 그 여성의 노래 실력은 별로 좋지 않았다. 가만히 그 노래를 듣고 있는데, 어느 순간부터 내 눈에서 눈물이 흐르기 시작했다. 분명히 그녀의 노래는 음정이 불안한 소리였는데도 내 심금을 울렸다.

그녀의 마음이 가사를 통해 너무나 잘 전달되어 마치 그녀의 모습이 보이는 듯했다. 더욱 놀라운 것은 그녀가 흐느껴 울듯이 부를 때마다 음정이 더 심하게 흔들렸는데, 그 순간마다 정확하게 내 마음도 울렁거렸다.

위의 두 체험을 통해 음악과 감정과의 관계를 확실히 알게 되었다. 음악의 기술이 정교해야만 사람의 마음을 움직이는 것이 아니다. 사람의 마음을 진정으로 움직이는 것은 정확한 음악의 선율보다 그 노래를 부르는 사람의 삶과 그 삶에서 나오는 말 자체다.

성경은 하나님을 만난 수많은 사람들의 찬양 고백들이다. 그것을 입술과 혀로 소리 내어 선포하기만 해도 완전한 찬양이 되어 주님께 올려진다. 그리고 성경을 선포함으로써 성경 속 인물들의 삶이 흘러나와 노래가 되어 우리의 영과 혼과 몸을 동시에 적시고 우리의 입술에서도 찬미의 열매가 맺히게 된다.

어울리지 않는 음들의 조화

이 세상에는 오선지의 음정으로 표현할 수 없는 수많은 자연음들이 존재한다. 피아노 건반에서는 도(C)와 레(D) 사이에 '도샵'(C#)이라는 하나의 반음만 존재하지만 자연 속에는 두 음 사이에 무수히 많은 미분음(Microtone)들이 존재한다. 아무리 짧은 선일지라도 두 점 사이에 무수히 많은 점들이 존재하는 것과 동일한 이치다.

가창에 있어서 정확한 음정을 표현하더라도 음정을 직선적으로만 표현하는 소리는 사람들을 감동시키지 못한다. 사람이 감동을 크게 받는 음악에는 곡선적인 부드러움이 있다. 노래의 대가들은 한 소절의 첫 소리를 낼 때 음정을 바로 정확하게 찍듯이 부르지 않는다. 가사를 말하듯이 자연스럽게 내뱉으면서 해당되는 음정으로 곡선을 그리며 올라간다. 그리고 계속 부르는 노래 속에서 곡선적으로 도약할 때, 두 음정 사이에 존재하는 무수히 많은 어울리지 않는 불협음들인 미분음들을 순간적으로 소리를 낸다.

음악이라는 단어의 본질은 소리(音)를 즐기는 것(樂)을 뜻한다. 오선지상의 음정으로 표현되어지는 것만이 참된 음악이 아니다. 그것은 아주 편협한 생각이다. 하나님이 음을 즐기라고 하신 것은 헬라철학가 피타고라스가 발견한 제한된 음정들만 즐기라고 하신 것이 아니다. 하나님은 무한한 분이시기 때문이다. 따라서 우리는 하나님이 창조한 무한한 자연음들로 그분을 높이는 데 자유를 누릴 수 있다.

한정된 음정들을 초월하여 즐기는 분야가 있다. 바로 판소리다. 판소리의 노랫가락은 오선지에 표현하기 곤란한 불협음들이 수없이 사용되어진다. 그러나 그 분야에 조예가 있는 사람들은 부르는 사람이나 듣는 사람이나 신명나게 즐기는 모습을 볼 수 있다.

우리나라의 판소리와 비슷한 형태가 유대인들이 토라를 읽는 소리다. 이스라엘 방문 중 어느 날 밤에 예루살렘 통곡의 벽에 가보았다. 사람들에게 물어보니 주요 절기를 보내는 중이었다. 우리나라

같으면 특별 절기 때 유명 찬양 팀이 나와서 찬양을 인도하고 여러 목회자들이 나와서 대표로 기도하고 설교하는 행사를 했을 것이다. 그러나 그들은 그런 행사를 전혀 하지 않았다.

단지 수백 명의 유대인들이 통곡의 벽을 향해 앉아서 몸을 흔들면서 토라를 읽고 찬양하며 기도했다. 각자가 읽고 있는 부분, 읽는 속도, 소리의 높낮이가 달랐다. 그러나 모든 사람들이 한결같이 토라를 읽는 소리는 마치 많은 물소리와 같았다. 정격화성의 4부 합창을 훨씬 뛰어넘는, 오선지로 표현할 수 없는 소리들이 조화를 이루는 합창소리였다. 그것은 마치 천상에서 구원받은 허다한 무리들의 큰 음성과 같았다.

"이 일 후에 내가 들으니 하늘에 허다한 무리의 큰 음성 같은 것이 있어 이르되 할렐루야 구원과 영광과 능력이 우리 하나님께 있도다… 또 내가 들으니 허다한 무리의 음성과도 같고 많은 물소리와도 같고 큰 우렛소리와도 같은 소리로 이르되 할렐루야 주 우리 하나님 곧 전능하신 이가 통치하시도다"(계 19:1,6).

하나님은 초월자시다. 우리의 영도 초월자이신 하나님을 인식할 수 있는 초월적 본성을 가지고 있다. 오선지 음악이 몸과 혼을 만지는 소리라면 하나님의 말씀은 우리의 영을 만지는 소리다. 우리가 하나님의 말씀을 선포하는 소리는 우주의 과학적 원리를 초월하는 보좌에 계신 주님의 얼굴을 만나게 하는 소리이다.

예배의 네 단계

악기 연주를 하고 노래를 부른다고 무조건 예배가 진행되는 것이 아니다. 물론 하나님은 마음의 중심을 보시기에 그런 예배도 받으신다. 그러나 아무리 화려하고 정교한 음악으로 진행을 한다고 해도 하나님으로부터 시작되는 예배가 아닐 수 있다. 그래서 하나님이 예배를 어떻게 시작하고 이끌기 원하는지 먼저 알아야 한다.

어느 날 동역자 김성철 목사님이 깨달은 부분을 말씀하셨다.

"지 목사님, 예배가 어떻게 흐르는지 거룩하신 영께서 가르쳐주셨습니다. 예배는 부르심(Calling)으로 시작되고, 그 부르심을 우리가 느끼며(Sensing) 깨닫고 나서(perceiving), 그 깨달음으로 결국 부르신 주님을 찬양하게(praising) 되는 것입니다."

하나님은 우리를 항상 끊임없이 부르신다(콜링). 그리고 우리는 그 목자의 부르심을 느낄 수 있다(느낌). 그분의 양이기 때문이다. 우리가 부르심을 느끼면 그 부르심이 어떤 음성인지 명확하게 파악된다(깨달음). 그 음성이 파악되면 그분을 예배(프레이징)하지 않을 수 없다.

성령께서 우리 안에 계셔서 우리가 영으로 예배할 수 있다. 그런데 주님은 보이고 들리고 만져지는 것들을 통해 세밀하게 당신의 임재를 나타내신다. 3차원의 모든 것들은 영원에 포함되어 있기에 영원한 하나님을 만날 수 있는 통로들이다. 주님은 우리 영혼 안에 그리고 창조물들 가운데 하나님의 거룩한 성품이 있다고 말씀하셨다(롬 1:19,20).

이 관점에서 하나님이 부르시는 음성을 알 수 있는 통로는 두 가지로 요약할 수 있다. 그것은 '성경'과 '우리가 주변에서 쉽게 보고 들을 수 있는 사물과 사건'이다.

첫째, 성경이라는 책은 보이는 물질 가운데 하나님의 음성을 들을 수 있는 최고의 선물이다. 그래서 신명기 6장과 여호수아서 1장 8절의 가르침대로 성경을 입에서 떠나지 않게 읽고 암송하는 신앙을 갖출 때에 하나님의 부르심의 말씀을 쉽고 정확하게 듣게 된다. 우리는 언제든지 성경을 통해 주께서 부르시는 것을 느끼고 깨달아 하나님을 의지적으로 예배할 수 있다.

둘째, 모든 사물과 사건을 통해서 하나님의 뜻을 알 수 있다. 그러나 눈앞에 펼쳐지는 사물과 사건을 볼 때 그 현상이 하나님의 뜻이라고 섣불리 속단하는 것을 주의해야 한다. 그 현상들을 통해 내 속에 내재되어 있는 말씀들을 떠올려주시는 성령님께 집중해야 한다.

하나님은 임마누엘이시다(마 1:23). 임마누엘의 어원은 상태를 나타내는 'is'가 없는 'God with us!'라는 의미다. 즉, 우리의 어떠한 상태와 상관없이 항상 영원히 하나님이 함께하신다는 의미다. 시간은 허상이다. 과거는 흘러가서 없는 것이고, 미래도 아직 우리에게 오지 않았기에 없는 것이며, 현재라는 개념도 넓은 의미에서는 개념일 뿐이지 실상은 아니다. 왜냐하면 미래라는 시간이 흘러오다가 멈추지 않고 바로 흘러가서 과거가 되기 때문이다.

우리는 지금 영원 속에 있다. 우리는 '지금'만을 살아가고 있다. 우리는 '지금'이라는 배를 타고 살아가는 것이다. 그런데 '지금'이라는 배를 항해하시는 분은 바람과 생수의 강으로 표현되신 성령이시다. 그래서 우리는 성령을 통해 지금이라는 시간 속에서 항상 영원하신 하나님과 함께 걸어간다. 그래서 우리가 어떤 사물을 대하고 어떤 사건들을 경험할 때 그 현상들을 통해 하나님의 말씀을 주시는 성령님을 감지하고 깨달아 하나님을 예배하게 된다.

하나님이 작은 사물이나 사건을 통해 우리를 부르시는 콜링의 말씀을 잘 알아채기 위해서는 우리 마음속에 하나님의 말씀이 풍성히 있어야 한다(골 3:16). 특히 그냥 문자로서의 성경이 아닌 살아 있는 레마가 영 안에 풍성해야 한다. 그러기 위해서는 매 순간 끊임없이 성경을 소리 내어 읽고 암송함으로 자아를 부인하며 성령님을 예배해야 한다. 왜냐하면 지극히 작은 사물과 사건을 통해 사탄이 역사하며 심지어 말씀을 사용하여 우리를 유혹하기 때문이다(마 4:6).

바로 사탄이 사용하는 말씀은 레마가 아닌 성경 문자이다. 그런데 우리가 그것을 분별하기란 쉽지 않다. 아무리 성경말씀이 자신 속에 풍성히 거한다고 해도 복음의 핵심을 만나지 못했고 레마가 아닌 문자에 머물러 있다면 율법적 삶에 치우치게 된다. 그것이 사탄의 노림수이다. 똑같이 토라를 암송하고 있었지만 메시아를 제대로 알아보지 못하고 오히려 예수님을 세상권력 로마에게 넘긴 몇몇 율법적 종교인들의 모습이 좋은 예다.

하나님이 진행하시는 예배에서 하나님의 부르심(콜링)의 말씀을 감지하는 영적 센서를 잘 작동시키려면 온전한 복음을 체험해야 한다. 그리고 매일 매 순간 레마로 충만하기 위해 성경말씀을 소리 내어 선포하며 성령님을 예배해야 한다.

온전한 복음은 무엇인가? 자신의 죄를 회개하고 그리스도를 주인으로 고백한 자는 그리스도와 함께 죽었고 살아서 주님과 함께 보좌라는 만물 위에 앉혀졌다는 사실이다(갈 2:20, 엡 2:5,6). 그것을 알게 하시려고 성령께서 내 안에 오셨다(요 14:20, 갈 2:20). 그 복음의 절정이신 그리스도의 영, 성령님을 예배하는 차원으로 신명기 6장 4-9절의 말씀에 순종하여 토라를 입에서 떠나지 않게 암송하고, 그리스도의 말씀을 풍성히 거하게 하며, 성령님을 사랑하는 것이 가장 중요한 열쇠다.

성경의 객관성에 깊이 잠긴 자가, 내게 말씀하시는 성령님의 주관적 음성인 레마를 정확하고 안전하게 받는다. 성경의 객관성 속에 잠기는 것은 성경에 대한 지식에 잠기는 것이 아니라 성경 자체에 잠기는 것이다. 성경이 그대로 마음에 저장되는 상태다. 성경에 '대한' 지식이 풍부한 것과 '성경 자체'가 마음(생각─뇌)속에 풍부하게 저장

되어 있는 것은 엄청난 차이다.

기도의 골방이 광야가 되게 하라

지금으로부터 수년 전, 한 교회 전도 팀이 주일 오후 월스트리트 전도에 함께 동역하기 시작했다. 그 전도 팀에 기타를 잘 치는 고등학생이 있어서 구성원들이 기타 소리에 힘입어 찬양하며 역동적으로 전도했다. 그러다가 그가 대학에 입학하면서 타 주(州)로 이주하는 바람에 전도하러 나오지 못하자(기타가 빠지자) 전도 팀의 멤버들이 줄어들기 시작했고 활기찬 전도 활동도 줄어들었다. 수십 명이었던 전도 팀이 일 년 정도 지나자 세 명도 모이지 않게 되었으며, 주요 멤버들의 고백도 하나같이 "요즘 전도의 열정이 식어져서 큰일입니다" 였다.

기타리스트가 포함된 교회 전도 팀이 월스트리트 전도에 동참하기 시작했을 때, 나는 혼자였을 때보다 더욱 신나게 전도할 수 있었다. 그러나 나는 애초에 기타나 팀의 도움 없이 전도를 하고 있었으므로 나중에 그가 참석하지 않게 된 때나 멤버들이 줄어드는 것에 상관없이 동일한 모습으로 임했고, 전도하는 데 아무런 지장이 없었다. 이 체험을 통해 성도들이 음악이라는 도구에 얼마나 많이 묶인 채 신앙생활을 하는지 알게 되었다.

나는 어려서부터 음악을 좋아했다. 초등학교 때부터 35세에 주의 종으로 부르심을 받기까지 계속 성가대원으로 활동했고, 고등학교를 졸업하고 난 뒤 대학생활과 군대생활을 하기까지는 세상 음악에 깊이 심취해 있었다. 그러다가 전공을 바꿔 음악을 전공하게 되었고 음대를 졸업한 뒤에는 유학자금을 마련하기 위해 교회음악연구소에 들어가게 되었는데 거기서 주님을 인격적으로 만나 회심했다. 그때부터 교회음악연구원으로서 찬양과 예배 세미나 강사 및 칼럼리스트로 활동했고, 각종 예배 속에서 경배와 찬양 인도자로 봉사하며 오랜 세월 동안 음악이 절대적인 도구였던 삶을 살았다.

그러다가 1997년도에 십자가의 도를 깨닫고 성경암송으로 말씀을 붙잡은 후 거리로 뛰쳐나가 전도하기 시작했다. 그때로부터 성령께서는 성가대원, 음악전공자, 경배와 찬양 인도자, 교회음악연구원으로서 음악이 중심 도구였던 삶으로부터 점점 음악의 의존도를 낮추셨다. 골방에서는 성경을 암송하는 기도와 찬양으로, 거리에서는 말씀을 선포하는 전도로 하나님을 예배할 수 있도록 훈련시키셨다.

20여 년이 흐르는 동안 성령께서는 음악을 절대적으로 의존하던 예배자에서, 음악의 유무와 상관없이 골방에서 성경을 암송하고 거리에서 전도하는 예배자로 세우셔서 광야 속 예배의 영성으로 주의 길을 예비하게 하셨다.

음악에 치우쳤던 삶에서 벗어나 성경암송과 거리 전도에 순종한 결과는 놀라웠다. 1년 3개월 만에 하나님이 복음을 전파하는 주의 종으로 선택하신 것을 알게 되었다. 사명자로 영광스러운 부르심을 받았다. 그리고 신학대학원 재학 중 이스라엘 땅을 두 번 밟고 오게 하시면서 역대하 20장 1-30절을 통해 하나님의 인자하심을 노래하는 군대가 적진으로 나아가 승리를 이루는 비전과 함께, 세계선교의 부르심을 받게 되었다.

결국, 그 부르심을 따라 세계의 중심인 뉴욕 맨해튼 거리 한복판에서 하나님의 나라를 선포하는 세계선교 사역을 감당하게 하셨다. 급기야 성령께서는 유럽 및 전 세계에 퍼져 있는 음악인과 예술인들 그리고 그들이 속한 도시와 영역 속으로 다시 들여보내주셨다. 세상의 음악과 예술의 영역 안에 갇혀 있던 나를 건져주시고 그 사랑의 아들의 나라로 옮겨주셔서 구속하시고 죄 사함을 허락하신 뒤(골 1:13,14), 나를 다시 세상 예술의 영역과 그 영역 안에 있는 자들을 구속하시려고 보내시는 것이다(요 20:21).

아브라함, 이삭, 야곱, 모세, 여호수아, 사무엘, 다윗, 선지자들, 세례 요한, 제자들, 바울 그들은 광야의 영성을 소유한 예배자들이었다. 우리의 삶도 광야다. 삶 속에서 정서를 달래줄 음악을 떠올릴 틈도 없이 갑작스럽게 광야에 던져질 때가 많다. 그러한 상황에서 우리가 무엇을 붙잡아야 하는가? 광야는 '미드바르'인데 '말하다'라는 뜻의 '다바르'에서 파생되었다. 광야는 주님이 말씀하시는 곳이다. 광야 속 예배의 영성은 오직 성경을 통해 성령님만을 의지하는 신앙이다.

예수님이 사마리아 여인에게 예배할 장소가 사마리아 사람들이 예배하는 산도 아니고 예루살렘도 아니며 예수님이 말씀하시고 계신 바로 그때라고 하셨다. 예수님이 계신 바로 그곳이 예배할 장소였다. 예수님이 사마리아 여인과 대화를 나눈 그 장소도 광야였다. 즉, 광야 속 예배의 영성은 시간, 순서, 틀, 장소, 음악에 구애받거나 한 사람의 설교에 의존하지 않고, 오직 성령께만 집중하기 위해 말씀만을 붙잡는 신앙이다.

PART 4

예수께서 가르치신
바로 그 예배

בְּרָא אֱלֹהִים אֵת הַשָּׁמַיִם וְאֵת הָאָרֶץ וְהָאָ

חֹשֶׁךְ עַל־פְּנֵי תְהוֹם וְרוּחַ אֱלֹהִים מְרַחֶפֶת עַל־פְּ

אֱלֹהִים יְהִי אוֹר וַיְהִי־אוֹר: 4 וַיַּרְא אֱלֹהִים אֶ

וַיַּבְדֵּל אֱלֹהִים בֵּין הָאוֹר וּבֵין הַחֹשֶׁךְ: וַיִּקְ

וְלַחֹשֶׁךְ קָרָא לַיְלָה וַיְהִי־עֶרֶב וַיְהִי־בֹקֶר יוֹם

מֶר אֱלֹהִים יְהִי רָקִיעַ בְּתוֹךְ הַמָּיִם וִידִי מַבְדִּ

וַיַּעַשׂ אֱלֹהִים אֶת־הָרָקִיעַ וַיַּבְדֵּל בֵּין הַמַּיִם אֲשֶׁ

בֵּין הַמַּיִם אֲשֶׁר מֵעַל לָרָקִיעַ וַיְהִי־כֵן: 8 וַיִּקְרָ

שָׁמָיִם וַיְהִי־עֶרֶב וַיְהִי־בֹקֶר יוֹם שֵׁנִי: פ

קָווּ הַמַּיִם מִתַּחַת הַשָּׁמַיִם אֶל־מָקוֹם אֶחָד וְתֵרָ

וַיִּקְרָא אֱלֹהִים לַיַּבָּשָׁה אֶרֶץ וּלְמִקְוֵה הַמַּ

אֱלֹהִים כִּי־טוֹב: 11 וַיֹּאמֶר אֱלֹהִים תַּדְשֵׁא הָאָרֶ

עֵשֶׂב זֶרַע עֵץ פְּרִי עֹשֶׂה פְּרִי לְמִינוֹ אֲשֶׁר זַרְעוֹ־

וַתּוֹצֵא הָאָרֶץ דֶּשֶׁא עֵשֶׂב מַזְרִיעַ זֶרַע לְמִינֵ

וַיַּרְא לְמִינֵהוּ וַיַּרְא אֱלֹהִים כִּי־טוֹב: 13 וַיְ

יוֹם שְׁלִישִׁי: פ 14 וַיֹּאמֶר אֱלֹהִים יְהִי מְאֹרֹ

בֵּין הַיּוֹם וּבֵין הַלָּיְלָה וְהָיוּ לְאֹתֹת וּלְמוֹעֲ

וְהָיוּ לִמְאוֹרֹת בִּרְקִיעַ הַשָּׁמַיִם לְהָאִיר עַל־הָאָ

אֱלֹהִים אֶת־שְׁנֵי הַמְּאֹרֹת הַגְּדֹלִים אֶת־הַמָּ

먼저 그의 나라와 의를 찾으라

"그런즉 너희는 먼저 그의 나라와 그의 의를 구하라 그리하면 이 모든 것을 너희에게 더하시리라"(마 6:33).

마태복음 6장 33절에 나오는 '구하라'라는 단어는 엄밀히 말하면 '찾으라'가 맞는 번역이다. 이것을 깨닫고 신선한 충격을 받은 것은 골로새서 3장 1-3절을 암송할 때였다.

"그러므로 너희가 그리스도와 함께 다시 살리심을 받았으면 위의 것을 찾으라 거기는 그리스도께서 하나님 우편에 앉아 계시느니라 위의 것을 생각하고 땅의 것을 생각하지 말라 이는 너희가 죽었고 너희 생명이 그리스도와 함께 하나님 안에 감추어졌음이라."

바울은 우리가 그리스도와 함께 죽었고 다시 살리심을 받았으면 위의 것을 찾으라고 했다. 즉, 우리가 그리스도와 함께 죽고 부활했을 뿐 아니라, 만물 위에 계신 하나님 속에 감추어진 존재라는 것을 믿음으로 찾으라는 복음의 온전성을 표현한 것이다.

나는 어느 날 골로새서 3장 1절의 "위의 것을 찾으라"는 표현을 암송하자마자 마태복음 6장 33절을 영어로 암송한 것이 떠올랐다.

"But seek first His Kingdom and His Righteousness, and all these things will be given to you as well."

골로새서 3장의 '찾으라'는 단어와 마태복음 6장 33절의 영어 단어인 'seek'가 순간적으로 연결되었다. 그 순간 내겐 하나의 의문이 생겼다.

"어? 영어의 'seek'는 '찾다'라는 뜻인데, 한글성경은 왜 '구하라'라고 번역했지?"

그래서 곧바로 헬라어 성경을 찾아보았더니 마태복음 6장 33절의 '구하라'와 골로새서 3장의 '찾으라'의 헬라어는 '제테오'라는 단어였고, 그 뜻은 찾다(seek)라는 뜻이었다. '구하다. 간청하다'는 뜻의 헬라어는 '아이테오'인데 마태복음 6장 33절에서는 '아이테오'(구하라)가 아니라 '제테오'(찾다)가 쓰였다.

거의 모든 사역자들과 성도들에게 너무 잘 알려져 있는 이 구절 속의 '구하라'가 '찾으라'로 재해석되는 순간, 예수님이 공생애 초기에 벌써부터 십자가를 통한 초월적인 하나님나라의 복음을 선포하셨다는 것이 깨달아지면서 하나님을 향한 찬미가 크게 터져 나왔다.

예수님은 하나님나라와 의는 창세전에 이미 하나님이 이루어놓으신 것이니 구하는 것이 아니라, 감추어진 보물을 찾는 것이라고 가르쳐주셨다. 또한 제자들에게 '주기도'를 알려주실 때도 그것을 강조하셨다. 주기도의 핵심을 원어로 그대로 풀면 "하나님의 나라가 하늘에서 이룬 것같이 땅에서 임할지어다"이다. 즉, 우리가 구해서 임하는 하나님나라가 아니라 아버지께서 이미 창세전에 이루어놓으신 나라가 이루어질 것이라는 믿음으로 선포하라는 것이다.

이 유명한 구절에서 '구하라'가 아니라 '찾으라'라는 의미임을 제대로 깨달으면 우리의 신앙 태도는 완전히 달라진다. 이 구절 앞뒤에서 예수님은 먹을 것, 마실 것, 입을 것을 해결해달라고 구하는 것(asking)은 이방인들의 모습이라고 말씀하셨다(마 6:31,32,34). 아버지께서 창세전에 이미 이루신 그 나라와 의를 찾은 자는 의식주에 관계된 모든 것들을 구하지 않아도 해결해주시는 아버지를 체험하게 된다.

하나님은 창세전에(십자가를 통해 이루실) 하나님나라와 의를 이미 작정해놓으셨다(엡 1:4, 고전 2:7). 마태복음 6장에서, 예수님은 죽으심, 부활 승천, 보좌 회복으로써 이미 창세전에 작정하신 아버지의 나라와 의를 다 이루실 것이며, 예수님을 구주로 믿는 모든 이들을 죽음, 부활 승천 그리고 만물 위 보좌에 연합시키실 것이므로 그 진리를 찾으면 되는 것이라고 제자들에게 말씀하셨다.

하지만 제자들은 그 말씀을 들을 당시에는 그 의미를 전혀 깨닫지 못했다. 성령께서 임하시지 않으셨기 때문이다. 그러나 예수님이 죽으시고 부활하시어 보좌에 오르신 후 성령께서 임하셨을 때 그들은 예수님의 말씀이 다시 생각났고, 그 의미를 완전히 깨닫게 되었다 (요 14:26). 그것을 정확히 깨달은 베드로가 다음과 같이 고백했다.

"…예수 그리스도를 죽은 자 가운데서 부활하게 하심으로 말미암 아 우리를 거듭나게 하사 산 소망이 있게 하시며 썩지 않고 더럽지 않고 쇠하지 아니하는 유업을 잇게 하시나니 곧 너희를 위하여 하늘 에 간직하신 것이라"(벧전 1:3,4).

"그리스도께서도 단번에 죄를 위하여 죽으사 의인으로서 불의 한 자를 대신하셨으니 이는 우리를 하나님 앞으로 인도하려 하심이 라"(벧전 3:18).

"모든 은혜의 하나님 곧 그리스도 안에서 너희를 부르사 자기의 영원한 영광에 들어가게 하신 이가…"(벧전 5:10).

바울도 성령의 세례를 받고 나서 그 의미를 깨달았다. 그래서 에 베소서 2장 4-6절에서 모든 믿는 자들이 그리스도와 함께 죽고 부 활하여 하늘에 앉혀진 것이라고 했다. 골로새서 3장 1-3절에서는 그리스도와 함께 다시 살리심을 받은 자들은 그리스도와 함께 만물 위 보좌에 계신 하나님 속에 숨겨진 것이므로, 그 만물 위의 진리를 찾으라고 믿음을 촉구했다.

예수님은 마태복음 6장 33절을 통해, 하나님의 나라와 의는 '없 는 것을 달라고 구하면 주는 나라'가 아니라, '창세전에 이미 이루신 것을 찾은 자들에게 필요한 모든 것들은 다 주시는 나라'라고 말씀하셨다. 하나님은 그분의 나라와 의를 이미 창세전에 다 이뤄놓으셨고, 그 의미를 십자가의 죽음, 부활 승천 및 보좌에 다 숨겨놓으셨으니 찾으라고 하신다. 그리고 그것을 믿음으로 찾은 자에게 보이는 차원의 것들은 그 나라와 의를 위하여 덤으로 더해주신다.

예수님을 믿는다고 하면서도 '무엇을 먹을까, 마실까, 입을까' 염려하는 이유는 무엇인가? 나의 진정한 위치가 보좌에 계신 아버지의 생명 안에 감추어진 것을 모르고 있기 때문이다. 그래서 예수님은 그것들은 이방인들이나 구하는 것이라고 하셨다.

우리가 주와 함께 죽고 부활하여 보좌에 앉혀져 숨겨졌다는 정체성, 우리에게 이루어진 그분의 나라와 의를 찾고 나면 나머지 모든 것이 더하여지는 삶을 누리게 되어, 내가 나를 위해 스스로 구할 것이 아무것도 없다는 것을 알게 된다. 그래서 오직 주의 얼굴만을 구하는 다윗의 예배가 열린다. 그는 직접 하늘에 올라간 적이 없어도 항상 자기 앞에 계신 주님을 봤으며 그분의 얼굴만을 구하는 사람이었다. 다윗은 구약시대임에도 불구하고 그 나라와 의를 찾았기에 늘 은혜의 보좌 법궤 앞에서 주님을 만나는 예배를 드렸다(행 2:25,31,34,35).

하나님나라와 의를 찾은 자에게 만물 위 보좌의 예배가 열리고 영과 진리의 예배가 열린다. 이 물질 세계가 우리의 예배 처소가 아니며, 이 땅에서 보이고 들려지는 모든 문화적인 도구들이 본질이 아나라는 것이 보인다. 결국 예배의 관점이 하늘 보좌의 위치인 초월적 관점으로 바뀌게 되며 영과 진리의 예배가 무엇인지 쉽게 열린다.

바로 그 예배의 핵심, 온전한 복음

이 단원은 이 책의 가장 핵심 부분이다. 여기서 말하는 온전한 복음은 믿음으로 찾은 아버지의 나라와 의에 대한 핵심사상이다. 온전한 복음을 만난 자는 음악이나 문화적 도구를 초월하여 성령님을 예배할 수 있다. 어떤 상황 속에서도 예배할 수 있다. 그는 그분의 나라와 의를 이미 찾은 자이기 때문이다. 복음은 십자가의 도다. 더 구체적으로 말하면 '예수 그리스도와 함께 만물 위 보좌에 연합된 복음의 온전성'이다.

예수님은 죽으시고 부활하시고 보좌에 오르셨다. 이것은 진리이며 역사적 사건이다. 그런데 예수님이 행하신 것만 믿으면 복음의 온전성을 누리지 못한다. 예수님이 행하신 그 사건 속에 우리가 연합되었다는 것도 믿어야 한다. 즉, 복음의 온전성을 회개하고 예수님을 구주로 모신 자는, 주님과 함께 이미 죽었고(갈 2:20), 함께 살았으며(엡 2:5), 승천하셔서 보좌에 앉으셨을 때 함께 보좌에 앉혀졌다(엡 2:6).

이 진리를 알게 하시려고 주님이 우리 안에 성령으로 오셨다(요 14:20, 17:21). 그리고 성령은 우리를 다시 오실 예수님께로 이끄신다

(롬 8:4,23, 빌 3:21). 이것이 복음의 온전성이며 온전한 복음이다.

그런데 왜 굳이 '온전한 복음'이라고 말할까? 그 이유는 죽음, 부활, 승천, 보좌, 성령강림, 재림이라는 사건들이 서로 긴밀하게 연결되기 때문이다. 즉, 하나로 연결된 온전한 복음을 모르고 부분만 안다면 온전한 복음에 합당한 예배와 생활이 이루어지지 않는다.

1997년에 하나님이 "이 온전한 연합의 복음을 수많은 사람들에게 전하게 되리라"라고 말씀하신 그대로 나는 오랜 세월 동안 이 복음을 전하고 다녔다. 그러면서 많은 성도들, 목회자와 선교사들에게 놀라운 반응을 들었다.

"저는 신앙생활을 몇 십 년 동안 했지만 이렇게 중요한 복음의 온전성은 몰랐어요. 물론 죽음, 부활, 승천, 보좌, 성령강림, 재림이라는 각각의 사건에 대해 왜 몰랐겠습니까? 다 알고 이해하고 있었지만 그 사건들이 통합적으로 하나라는 것이 참으로 놀라운 복음이네요. 특히 승천하여 보좌에 앉혀진 진리가 놀랍네요. 죽음과 부활 연합의 복음과 성령 연합 복음을 연결하는 놀라운 열쇠가 바로 보좌 연합이라는 것에 대해서 처음 들었습니다."

죄 사함은 구원의 목적이 아니다. 구원의 목적은 하나님과 하나 되는 것이다. 그것을 위한 필요조건이 죄 사함이다. 하나님과 하나가 되려면 죄 사함이 필요하고 죄를 만들어내는 공장인 옛 생명이 죽어야 하며 새 생명으로 태어나야 한다. 하나님의 궁극적인 구원 계획은 하나님의 생명 안에 넣으시고 하나님이 계신 나라의 중심인 보좌에 앉히시는 것이다. 우리의 새 생명 안에 성령으로 들어오시는 것이다. 그래서 우리가 궁극적으로 하나님의 생명 안에 들어갔고 그가 계신 하늘에 앉혀진 존재임을 알게 하신다. 아버지께서 계신 보좌에서 예배를 받으셔야 하기 때문이다.

그런데 우리는 죄 사함을 받고 하나님의 형상을 회복하여 그의 자녀가 되었으나 여전히 완전하지 못하기에 온전하게 순종할 수 없다. 그러면 온전히 순종하지 못하는 우리가 어떻게 감히 만물 위 보좌에서 예배를 드릴 수 있을까? 온전히 순종하지 못하는 옛 자아를 복음적으로 처리해야 한다. 그런데 우리는 스스로 어떠한 노력으로도 불순종하는 옛 자아를 처리할 수 없다.

기도를 많이 하고 성경을 많이 읽으며 암송하고 예배하며 '봉사, 헌신, 전도, 선교'를 한다고 해서 자아(옛 생명)가 죽는 것이 아니다. 그것은 예수님과 함께 이미 죽은 자가 성령을 좇아 행하게 되는 영적 생활이다. 자아를 죽이기 위해 그 행위를 하려고 하는 것은 율법에 매여 있는 모습이다. 우리의 노력으로 자아를 죽일 수 있는 것이었다면 그리스도께서 우리를 위하여 죽으실 필요가 없다.

"내가 죽어야 예수가 산다"라는 표현이 있다. 이 말은 바꾸어 말하면 내가 죽지 않으면 내 안에 예수께서 사시지 않는다는 것인데, 얼핏 보면 복음 같지만 표현 자체로는 복음이 아니다. 물론 내가 그리스도와 함께 죽은 자이니 주님 나라를 위해 자아 포기를 실천하는 삶을 살아야 진정으로 예수님이 내 삶 속에서 살아주시는 표시가 날 것이라는 귀한 뜻으로 이해할 수 있다.

하지만 이 문장을 잘못 들으면 '아, 내 자아는 아직 안 죽었으니 예수님이 내 안에 들어와 살아주시도록 나를 열심히 죽여야겠구나!'라고 율법적으로 이해할 위험이 크다. "네가 자아를 죽이면 내가 들어갈게!"라고 예수님이 말씀하시는 것처럼 들린다. 이 표현은 그럴듯해 보이지만, 거듭난 자는 이미 예수와 함께 죽었고 그리스도께서 이미 들어와 계신다는 이미 이루어진 진리를 믿지 못하게 할 위험성이 있다. 도대체 나를 얼마나 죽여야 예수님이 들어오시겠는가?

자아를 죽이려고 노력하지 말고, 자아가 이미 죽었음을 선포하라. 그것이 복음적인 자아 처리다. 자아가 아직 안 죽은 것같이 느끼는 내 감정이 진리가 아니고 성경이 진리다. 회개하고 예수님을 주인으로 모신 자는 부족한 자아가 죽은 것이다. 자아가 예수님과 함께 죽은 자가 크리스천이다. 거기서부터 출발하는 것이 그리스도인의 삶이다.

"내가 그리스도와 함께 십자가에 못 박혔나니 그런즉 이제는 내가 사는 것이 아니요 오직 내 안에 그리스도께서 사시는 것이라"는 갈라디아서 2장 20절은 이미 이루어진 진리이지 이뤄야 할 목표가 아니다. 그러므로 보좌의 예배가 속히 이루어지도록 하는 복음적 처리는, 자아를 죽이려고 노력하는 것이 아니라, "옛 자아가 죽은 것을 믿습니다"라고 진리를 선포하는 것으로 이루어진다.

그런데 마귀는 매 순간 우리의 자아가 드러날 때 "네가 아무리 예수와 함께 죽었다고 선포해도 소용없어. 봐, 또 살았지? 그 말씀은 거짓이야. 자, 살아 있으니 이제 네가 죽여!" 하면서, 이미 이루어진 진리인 갈라디아서 2장 20절을 정면으로 반박하며 율법적으로 행동하라고 속인다. 마귀의 전략은 딱 하나, '진리 부정'이다. 마귀는 드러난 자아가 '살아난 것'으로 속이면서 죽음에 연합된 것을 믿지 못하게 하고, 보좌에 앉혀진 것도 부인하게 하려는 속셈이다. 그래서 우리가 아버지의 보좌에서 예배드리지 못하게 한다.

그러면 왜 자아가 자꾸 꿈틀대는가? 한 마디로, 옛 자아에 물든 썩을 육신을 입고 있는 한 '죽은 옛 자아의 습관'은 언제든지 튀어나오게 되어 있다. 예수님이 자신과 함께 십자가에 못 박아 죽여버리신 우리의 옛 자아는 절대로 살아나는 것이 아니다. 다만, '죽은' 습관이 튀어나오는 것뿐이다.

그러므로 '죽은' 옛 자아의 습관이 드러날 때마다 마귀의 속임수를 물리치고, "내가 그리스도와 함께 십자가에 못 박혀 죽었다"라고 이미 이루어진 진리를 선포함으로써 예수님의 죽음에 믿음으로 쏙 들어갈 수 있다. 우리는 이미 보좌에 앉혀진 자로서 보좌의 예배로 나아가기 위하여 "네 자아가 살았잖아!"라는 마귀의 정죄의 속임수로부터 "예수 죽음 내 죽음!"이라고 이미 이루어진 진리를 선포함으로써 벗어날 수 있다. 이것은 너무나 영광스러운 복음이며 이 복음을 누리게 하시는 분이 성령이시다.

성령이 임하면 구원(영생)이 깨달아지고 구원과 관련된 선물들도 따라오게 마련이다. 성령이 임하면 각종 은사와 열매가 나타나게 되어 있다. 성령이 임하면 권능이 임하고 예수님의 증인 된 삶이 전도와 선교로 나타난다. 예수님의 성품이 나타나고 능력이 나타난다. 그런데 이 모든 선물들은 다 성령과 연합된 본질로부터 당연히 나타나는 결과들이다. 따라서 성령께서 하시는 일 가운데 가장 중요한 것은 그 모든 선물들의 근원이 되는 '죽음, 부활, 승천'에 연합되어 보좌에 앉혀진 생명 연합을 알게 하시는 것이다.

"그 날에는 내가 아버지 안에, 너희가 내 안에, 내가 너희 안에 있는 것을 너희가 알리라"(요 14:20).

요한복음 17장 21절에도 잘 나타나 있다. 이를 원문에 가깝게 번역하면 다음과 같다.

"아버지께서 내 안에 내가 아버지 안에 있는 것같이 저희도 하나가 되어 우리(삼위일체) 안에 있게 하사 아버지께서 나를 보내신 것을 세상이 믿게 하소서."

예배를 온전케 하는 것은 온전한 복음뿐이다. '죽음, 부활, 보좌, 성령 연합' 이 복음의 온전성이 예배할 핵심 이유이다. 우리가 예배하는 위치가 만물 위 보좌이기 때문이다. 주님은 여전히 부족하고 연약한 나를 죽은 것으로 여겨주신다. 새 생명으로 살리시어 아버지 안에, 아버지께서 계신 보좌에 앉혀주신다. 약하고 악한 나를 죽이시고 내 안에 창조된 새 생명 안에 성령님이 들어와 계신다.

성령님은 날마다, 매 순간마다 아버지의 음성을 들려주시고 그 음성을 따라가도록 도와주신다. 그러다가 또 넘어지는 나를 발견하며 절망할 때도 나는 예수와 함께 죽었고 부활해서 예배의 자리인 보좌에 앉혀진 존재라는 것을 다시 깨우쳐주시고 격려해주신다. 그분이 우리 예배의 핵심이시다.

영과 진리 안에서 예배하라

예수님이 "하나님은 영이시니 예배하는 자가 영과 진리로 예배할지니라"(요 4:24)라고 말씀하셨다. '영과 진리로'를 원어로 충실하게 다시 표현하면 '영 안에서 그리고 진리 안에서'이다. 그리고 여기에서 말하는 영은 원어에 정관사가 없는 것으로 보아 인간의 영으로 보는 것이 무난하다.

예수님이 '영 안에서 예배하라'고 하신 것은 택한 자의 영 안에 성령으로 임하실 것을 미리 내다보시고 말씀하신 것이다. 따라서 영 안에서의 예배가 이루어지기 위한 첫 번째 조건은 회개하고 예수님을 구주로 믿는 것이다. 그래야 영 안에서의 예배가 성립된다.

"너희는 너희가 하나님의 성전인 것과 하나님의 성령이 너희 안에 계시는 것을 알지 못하느냐"(고전 3:16).

우리가 예배할 진정한 장소는 눈에 보이는 장소가 아니다. '내 영 안'이다. 그리고 동시에 하늘 보좌다. 내 영이 만물 위 보좌에 앉혀졌기 때문이다.

영 안에서의 예배는 구체적으로 어떻게 이루어지는지 살펴보자. 우리가 어떤 장소에서 예배를 드릴 때 그 장소에서 보이고 들리는 모든 환경, 즉 '음악적 찬양, 기도, 설교, 예배에 도움이 되는 그림과 조형물들'에 몸과 마음(혼)이 반응을 한다. 혼은 육의 세계와 영의 세계의 경계선에 있어서 물리적 세계를 향하기도 하고 영의 세계를 향하기도 한다. 따라서 예배할 때 마음(혼)은 밖의 현상에 대하여 반응을 하면서도 반드시 내 안의 영을 향해야 한다. 그렇지 않으면 보이고 들려지는 현상에 치우쳐서 영적 예배를 놓칠 수 있다. 왜냐하면 정작 예배를 받으시는 분은 내 영 안에 계신 성령이시기 때문이다.

마음이 내 영 안을 향하고 거기 계신 성령님을 향하는 순간 나의 몸, 혼 그리고 영은 성령 안으로 들어가 잠기게 된다. 그것이 진정한 성령 세례다. 성령 세례는 내 영 안에 성령님이 채워지는 것이 아니라 내 존재 전부가 그 안에 들어가 잠기는 것이다. 이는 하늘 보좌의 생수의 강에 들어간 결과다. 우리가 하늘 보좌, 수정같이 흐르는 생명수의 강 안에 잠김으로 내 안에 성령이 들어오신다.

또한 내가 내 안의 성령을 향하는 것은 하늘 보좌에 앉혀진 내 영이 하늘 보좌 중심에 계신 주님의 영광을 바라보는 것과 일치한다. 예수님이 죽으시기 전에 아버지를 향하여 "아버지여 내게 주신 자도 나 있는 곳에 나와 함께 있어 아버지께서 창세전부터 나를 사랑하시므로 내게 주신 나의 영광을 그들로 보게 하시기를 원하옵나이다"(요 17:24)라고 말씀하신 바가 이루어졌다.

영 안에 계신 성령님을 예배하는 자가 하늘 보좌의 예배자다. 이것은 분명 신비이다. 이런 영의 예배를 드리기 위해서는 오직 믿음이 필요하다. '이미 그것을 다 이루셨다'는 말씀에 대한 믿음만 있다면 그 믿음이 영 안의 예배와 하늘 보좌의 예배를 동시에 가능케 한다. 이 믿음은 보이고 들리는 모든 현상들을 초월한다. 음악적 찬양이나 설교가 내 마음에 흡족하든 그렇지 않든 상관없다. 이 믿음만 있으면 영 안에서의 예배와 하늘 보좌의 예배는 가능하다. 내 영과 하늘 보좌는 물리적이며 혼적인 세계를 초월하기 때문이다.

영 안에서 드리는 예배에 반드시 필요한 것은 오직 진리인 하나님의 말씀이다. 하나님의 말씀은 둘로 나누어 이해할 수 있다. 바로 로고스와 레마다. 로고스는 쉽게 말하면 성경의 문자이고, 레마는 성경 문자를 통해 지금 내게 들려주시는 말씀이다. 결국 영 안에서 드리는 예배에 꼭 필요한 것은 쓰여진 진리인 성경과 그 성경을 통해 들리는 레마이다.

하나님이 이스라엘 집과 유다 집에 새 언약을 맺었는데 그것은 시내산에서 주셨던 돌에 새긴 토라(말씀)와는 다른 것이었다(렘 31:31-33). 돌에 새긴 언약으로는 죄를 깨달을 뿐이다(롬 3:20). 이에 절망한 인간을 그대로 내버려두실 리가 없는 하나님이 돌에 새긴 언약이 아닌 새 언약을 준비하셨다. 그것은 토라(말씀) 자체를 우리 속에 두시고 마음에 기록하시겠다는 것이다. 즉, 하나님이 직접 우리 안으로 들어오시겠다는 뜻이다. 야고보서에서 말하는 마음에 새겨진 말씀이다.

"그러므로 모든 더러운 것과 넘치는 악을 내버리고 너희 영혼을 능히 구원할 바 마음에 심어진 말씀을 온유함으로 받으라"(약 1:21).

우리 안에 말씀이 새겨져야 비로소 진정한 하나님의 백성이 되어 진리로 예배를 드리게 된다. 성령으로 인 쳐진 자라야 진정으로 하나님의 백성이 되고 하나님은 진정한 아버지가 되신다. 즉, 새 언약은 우리 안에 들어오신 하나님, 곧 성령이시다.

"…성령은 진리니라"(요일 5:6).

마음에 새겨지는 토라가 이루어지기 전에 돌에 새겨지는 토라가 반드시 필요했다. 믿음이 오기 전에 돌에 새기는 토라가 필요했다(갈 3:22-24). 그로 인해 우리가 죄인임을 깨달아야 하기 때문이다. 따라서 영 안에서 믿음으로 드리는 예배를 위해서는 우선 돌에 새긴 토라 차원의 성경(로고스)을 붙잡아야 한다. 그리고 성경을 통해서 레마를 듣게 되며 인격이신 예수님 앞에 서게 된다. 성경은 보이는 물질세계에서 최고의 예배 도구이다. 성경 문자는 하나님이 직접 허락하신, 영 안에서 진리로 예배를 드리는 데 필요한 유일한 통로다.

그러면 예배할 때 어떻게 성경을 붙들어야 하는가? 성경 문자에 갇히지 말아야 한다. 성경은 책이고 말씀이 하나님이시다. 성경이 하나님은 아니시다. 하나님이 어떤 존재인지 말씀하신 것을 스스로 기록하신 책이다. 보이는 성경 문자를 제대로 붙잡아서 영의 세계로 넘어갈 수 있는 비결이 있다. 성경의 모든 글씨들은 글씨(로고스)이기 이전에 하나님의 말(레마)이었고 그분이 행하신 역사였다는 것을 인식하는 것이다. 성경은 우리 손에 글씨로 들려져 있으나 원래 영의 말씀이었다. 사람의 뜻으로 낸 것이 아니요, 오직 성령의 감동을 입은 사람들이 하나님께 받아 말한 것이 성경이다(벧후 1:21).

성경 문자를 통해 영이 실제인 예배를 체험하려면 반드시 성령님이 직접 개입하셔야 한다. 그러기 위해서는 성경을 소리 내어 선포해야 한다. 영 안에서 드리는 예배를 위해 진리의 성경이 반드시 필요한데, 성경을 소리 내어 살려야 한다. 문자는 죽이는 것이요, 영이 살리는 것이다(고후 3:6). 살리는 것은 영이요, 육은 무익한 것이며 주님이 하신 말이 영이요, 생명이다(요 6:63). 증거하시는 이가 성령이신데 성령은 진리시다(요일 5:6).

성경을 선포하며 성령님의 개입을 체험한 많은 선지자와 제자들 가운데 한 사람이 사도 요한이다. 그는 성령에 감동하여 나팔 소리 같은 큰 음성을 들으며 천사에게 이끌려 하늘 보좌로 올라갔다. 그런데 예루살렘 성(도시) 안에서 성전을 보지 못했다. 그는 전능하신 하나님과 그 어린양이 성전이라고 했다. 요한은 천사에게 이끌려 하늘 보좌로 올라가 성전 되신 하나님 안에 거했다(계 21:10,22).

사도 요한이 이 초월적 체험을 한 것은, 문자에 갇혀 있지 않고 성경 문자를 선포하며 하나님을 예배했기 때문이다. 이때 성령께서 나팔 소리 같은 큰 음성을 듣게 하시고 천사들을 통해 하늘 보좌로 끌어올리셨다.

시공을 초월하는 바로 그 예배

요한복음 4장에서 예수님은 사마리아 여인에게 "이 물을 마시는 자마다 다시 목마르려니와 내가 주는 물을 마시는 자는 영원히 목마르지 아니하리니 내가 주는 물은 그 속에서 영생하도록 솟아나는 샘물이 되리라"라고 말씀하셨다. 그러자 여인은 예수님께 "주여 그런 물을 내게 주사 목마르지도 않고 또 여기 물 길으러 오지도 않게 하옵소서"라고 말했다(요 4:3-15). 그 표현으로 보아 그녀는 육체의 갈함을 해갈할 물을 길러 왔으나 실상은 영이 목마른 자였다.

예수께서는 그녀에게 목마르지 않는 영의 생수를 주기 위해 그녀의 메마름의 실체를 드러내셨다. "남편을 불러오라"고 하시며 그녀의 정곡을 찔렀다. 그녀가 남편이 없다고 하자 예수님은 "너에게 남편 다섯이 있었고 지금 있는 자도 네 남편이 아니니 네 말이 참되도다"라고 하시며 정확히 그녀의 영이 목마른 상태를 지적하셨다. 그러자 그녀는 예수님이 범상한 인물이 아니고 선지자일 것 같아서 평소에 궁금했던 예배의 장소에 대한 질문을 꺼낸다. 그녀 영의 목마름은 예배에 대한 목마름이었다(요 4:16-19).

"여자가 이르되 주여 내가 보니 선지자로소이다 우리 조상들은 이 산에서 예배하였는데 당신들의 말은 예배할 곳이 예루살렘에 있다 하더이다"(요 4:19,20).

사마리아 여인의 말은, "유대인들은 정통성이 자신들에게 있음을 주장하며 예루살렘에서 예배한다고 합니다. 그런데 우리 사마리아 사람들은 이 산(그리심산)에서 여호와 하나님을 예배하고 있는데 도대체 무엇이 맞는 것입니까?"라는 의미의 질문이다. 예수님이 이 질문에 대해 답하며 예배에 대한 놀라운 계시를 주신다.

"예수께서 이르시되 여자여 내 말을 믿으라 이 산에서도 말고 예루살렘에서도 말고 너희가 아버지께 예배할 때가 이르리라 너희는 알지 못하는 것을 예배하고 우리는 아는 것을 예배하노니 이는 구원이 유대인에게서 남이라"(요 4:21,22).

구원이 유대인에게서 나오는 것이므로 "사마리아 사람들이 예배하는 그 산이 아니고 예루살렘에서 예배하는 것이 맞다"라고 말씀하셔야 했는데, 예수님은 예루살렘도 아니라고 하셨다. 그리고 "예배할 그때가 올 것이다"라고 하셨다. "예배의 장소도 중요하지 않고 비밀은 '예배할 때'에 있다"고 말씀하시며 곧바로 예수님이 그때에 대한 비밀을 바로 알려주셨다. 그때가 바로 영과 진리 안에서 드리는 예배의 핵심이다.

"아버지께 참되게 예배하는 자들은 영과 진리로 예배할 때가 오나니 곧 이때라 아버지께서는 자기에게 이렇게 예배하는 자들을 찾으시느니라 하나님은 영이시니 예배하는 자가 영과 진리로 예배할지니라"(요 4:23, 24).

'이렇게 예배하는 자'라는 단어에 모든 비밀이 다 들어 있다. 한글 번역은 본문의 의미가 확실히 드러나 있지 않다. 본문의 원어를 그대로 직역해보면 다음과 같다.

"참된 예배자는 영과 진리 안에서 아버지를 예배한다. 그런데 그 예배할 때가 올 것인데 바로 지금 왔다. 아버지께서 찾으시는 종류의 예배자가 이런 종류의 예배자다. 하나님은 영이시니 그의 예배자는 영과 진리 안에서 예배해야만 한다."

예배할 때가 오는 중이라고 말씀하시자마자 "지금 왔다"라고 말씀하신 것이 놀라운 비밀이다. 이 표현은 "지금 바로 여기 내 앞에서 예배하라"는 것이었다. 그것은 다음과 같은 의미다.

"네 앞에 서 있는 내가 바로 예배를 받는 여호와 하나님이고 내가 바로 그 메시아다. 영과 진리 안에서 예배하는 자는 지금 자기 앞에 하나님이 계신 것을 알아차리고 예배드리는 자다. 영과 진리 안에서 예배하는 자는 언약의 성취를 체험하는 자다."

영과 진리 안에서 참되게 예배하는 자는 하나님이 자기 앞에 인격체로 계신 것을 영으로 알아채는 자다. 즉, 임마누엘이라는 언약의 성취를 바로 자기 앞에서 감지하는 자이다. 그런데 예수님의 말씀에 대한 여인의 표현을 보면 그녀는 전혀 알아듣지 못한 듯하다.

"여자가 이르되 메시야 곧 그리스도라 하는 이가 오실 줄을 내가 아노니 그가 오시면 모든 것을 우리에게 알려주시리이다"(요 4:25).

그녀가 아직 '영과 진리 안에서' 드리는 예배의 태도를 소유하고 있지 못함을 말해준다. "예배할 때가 지금 왔다"는 말이 "내가 예배 받을 너의 하나님이다"라는 의미인지 전혀 몰랐다. 그때 바로 예수님 앞에 무릎을 꿇고 "오! 하나님"이라고 했다면 아버지께서 찾으시는 예배자로 합격했을 것이다. 예수님은 여인에게 자신의 정체를 확실히 밝히신다.

"예수께서 이르시되 네게 말하는 내가 그라 하시니라"(요 4:26).

이 말을 듣고 여인은 바로 그리스도임을 알아챘고, 믿게 되었다. 그래서 물동이를 버려두고 동네로 들어가서 사람들에게 "내가 행한 모든 일을 내게 말한 사람을 와서 보라 이는 그리스도가 아니냐"라고 말했다. 그러자 많은 사마리아 동네 사람들이 예수님을 그리스도로 믿게 되었다. 그들은 그 여인에게 "이제 우리가 믿는 것은 네 말로 인함이 아니니 이는 우리가 친히 듣고 그가 참으로 세상의 구주신 줄 앎이라"고 말했다(요 4:28-42).

"내가 바로 그리스도다"라는 말을 들었을 때 여인은 드디어 영과 진리 안에서 예배하는 자가 되었다. 자신에게 물을 달라고 했던 예수가 메시아임을 알아챘고, 그분을 예배함으로써 아버지께서 찾으시는 참된 예배자의 모습을 보였다. 그리고 그녀에 의해 그 동네 사람들도 영과 진리 안에서 예배하게 되어 자신들 앞에 서 있는 예수가 '지금 자신들 앞에 온 그리스도'이심을 믿게 되었다.

그녀가 순간적으로 영과 진리 안에서 예배하는 자가 된 것은 열심히 노력한 결과가 아니다. 그것은 하나님이 그녀의 영 안을 열어주시고 믿음을 주신 결과다. 예수님이 친히 "내가 그리스도다"라고 선포하신 콜링의 말씀의 결과다. 예수님은 "내가 그리스도다"라고 선포하시면서 동시에 하늘 아버지께 "저 여인이 믿게 하소서"라고 요청하셨고, 아들의 요청을 받으신 아버지께서 그 여인에게 믿음을 부어주셨다.

"아버지께서 내 안에, 내가 아버지 안에 있는 것같이… 세상으로 아버지께서 나를 보내신 것을 믿게 하옵소서"(요 17:21).

오실 메시아가 사마리아 여인 앞에 오셨다. 하나님의 언약이 성취된 순간이었다. 이때가 바로 카이로스다. 영과 진리 안에서 예배하는 자는 정확히 말하면 언약이 성취되는 카이로스를 감지하고 예배하는 자다. 오실 그리스도가 자기 앞에 오신 그리스도로서 만나게 되어 하나님의 언약의 성취를 체험하는 자다. 그는 우리 안에 계신 성령께서 "지금 내가 너와 함께 있다"는 음성을 주시는 것을 듣고 믿으며 언제, 어디서나 어떤 상황 속에서나 함께하신다는 임마누엘의 하나님을 그대로 믿고 예배하는 자다. 매 순간 언약의 성취를 맛보는 자다.

하나님이 우리가 드리는 예배 시간에 이미 임마누엘로 함께하심을 믿고 항상 장소, 율법, 시간 등 모든 구조의 틀을 깨고 그분을 예배해야 한다. 그것이 영과 진리 안에서 예배하는 것의 핵심이다. 이것을 진정으로 깨달으면 현대 교회의 예배 구조에 많은 변화가 올 것이다.

주께서 거니신 곳, 모두 예배의 현장

구약에 나오는 성막의 지성소가 왜 지성소(지극히 거룩한 장소)인가? 거룩하신 주님이 거기 임재해 계시기 때문이다. 예수님은 육신으로 오신 하나님이셨기에 그분이 계신 현장은 모두 지성소요, 예배의 현장이었다. 예수님은 첫 복음 선포의 현장에서부터 예배자를 찾으신다.

"요한이 잡힌 후 예수께서 갈릴리에 오셔서 하나님의 복음을 전파하여 이르시되 때가 찼고 하나님의 나라가 가까이 왔으니 회개하고 복음을 믿으라 하시더라"(막 1:14,15).

마가복음에서 예수님의 공식적인 첫 복음 선포의 장면은 개인적으로 사마리아 여인에게 예배를 계시하신 장면과 동일하다. 그것을 알 수 있는 첫 단어가 '때가 찼고'이다. 여기서 말하는 '때'가 바로 사마리아 여인에게 말씀하신 그때와 동일한 의미다. 그때는 바로 메시아가 도래한 때다.

예수님이 하나님나라의 복음을 처음 선포하시면서, 메시아에 대한 하나님의 언약이 성취되었다고 스스로 말씀하셨다. 그리고 "하나님의 나라가 바로 여기 가까이 왔다"라고 선포하심으로써 당신이 하나님이심을 선포하셨다. 사마리아 여인에게 직접 "내가 그리스도다"라고 선포하심으로 "지금 나를 예배하라"(내가 너의 하나님이다)라고 선포하신 부분과 일치한다.

첫 복음 선포 이후 예수님이 가시는 곳마다 귀신이 쫓겨 나가고 병자들이 치유받는 기적이 나타났다. 그 기적 사건에 대하여 '아, 예수님이 권능을 행하셨구나!'로 지나갈 수 있다. 하지만 예수님이 계셨던 그 사건의 현장을 지성소의 관점에서 보면 예배에 대해 깨달아진다.

"나사렛 예수여 우리가 당신과 무슨 상관이 있나이까 우리를 멸하러 왔나이까 나는 당신이 누구인 줄 아노니 하나님의 거룩한 자니이다"(막 1:24).

예수님이 회당에서 가르치실 때 돌발 사태가 일어났다. 갑자기 더러운 귀신 들린 사람이 발작을 하며 소리를 질렀다. 더러운 귀신이 자신의 정체를 드러낸 것은 예수님의 말씀의 권위로 인한 결과다. 이런 현상은 예수님의 가르침과 듣는 이들을 방해하는 돌발 상황이다. 그러나 예수님은 전혀 당황하지 않으셨다. 자신을 통해 하나님의 나라가 이 땅에 임했다는 것과 그 자리가 지성소라는 증거를 보여줄 절호의 기회였기 때문이다.

"그러나 내가 하나님의 성령을 힘입어 귀신을 쫓아내는 것이면 하나님의 나라가 이미 너희에게 임하였느니라"(마 12:28).

예수님이 "더러운 귀신아, 그 사람에게서 나오라"고 하시며 더러운 귀신을 꾸짖었더니 귀신이 큰 소리를 지르며 떠나갔다. 그러자 사람들이 다 놀라며 서로 "이는 어찜이냐 권위 있는 새 교훈이로다 더러운 귀신들에게 명한즉 순종하는도다"라고 말했다(막 1:25-28). 그 직후 예수님은 시몬의 장모의 열병을 고치셨고, 그 소문을 듣고 갈릴리에 모인 온 동네의 병든 자, 귀신 들린 자들을 고치셨다(막 1:29-34). 그리고 여러 회당을 다니시면서 계속 귀신들을 내쫓으셨다.

"이에 온 갈릴리에 다니시며 그들의 여러 회당에서 전도하시고 또 귀신들을 내쫓으시더라"(막 1:39).

귀신의 저주와 질병의 문제는 죄로 인한 결과다. 죄인들은 귀신의 저주와 질병에 허덕인다. 그런데 하나님이 육체로 오셔서 그곳에 계시니 그곳이 지성소가 되고 그곳에서 하나님의 영광이 드러났다. 예수님은 더러운 귀신을 쫓아내시고 병자들을 고치심으로 자신이 죄를 해결할 존재임을 드러내시고, 그 현장이 지성소였음을 보여주셨다. 회당 예배에서 예수님의 가르침이 권세 있는 자와 같고 서기관과 같지 않았던 이유가 축귀와 병 고침이라는 기적을 통해 하나님의 나라를 직접 보여주셨기 때문이다.

또 다른 돌발 사태가 벌어진 한 가정집으로 가보자. 예수님이 말씀을 선포하시고 계시는데 지붕이 뚫리고 중풍병자가 누운 상이 내려왔다. 지붕이 뚫리고 중풍병자의 상이 내려올 때 많은 이물질들이 떨어지며 먼지도 자욱해졌을 것이다. 보통 현대 교회에서 예배를 드리는 중에 이런 종류의 황당한 상황이 벌어지면 말씀을 선포하던 주의 종들은 많이 놀랄 것이다. 놀랄 뿐 아니라 정성스럽게 준비한 자신의 설교를 망치게 하는 것으로 받아들여 마음이 상하기 쉽다.

그러나 예수님은 그들의 믿음을 보시고 좋아하셨다. 그들의 믿음의 담대함에 미소를 지으셨을지도 모른다. 예수님은 그들의 믿음을 보시고 중풍병자에게 "네 죄 사함을 받았느니라"라고 말씀하셨다. 이에 서기관들은 조용히 "어찌 이렇게 참람한 말을 하는가? 오직 하나님 한 분 외에 누가 능히 죄를 사하겠는가?"라고 수군거렸다.

예수님은 그들이 마음속으로 생각하는 것을 초자연적으로 꿰뚫어보시고 "인자가 땅에서 죄를 사하는 권세가 있는 줄을 너희로 알게 하려 하노라"라고 하셨다. 자신이 죄를 사하는 분, 오직 한 분하나님이심을 드러내시며 그 자리가 지성소임을 계시하셨다. 그리고 "중풍병자에게 죄 사함을 받았으니라 하는 말과 일어나 네 상을 가지고 걸어가라 하는 말이 어느 것이 더 쉽겠느냐"라고 말씀하시고, "일어나 네 상을 가지고 집으로 가라"고 말씀하심으로 그의 중풍병까지 고치셨다. 죄 사함 선포와 병 고침을 통해 하나님이심을 확실히 드러내셨다.

그러자 사람들은 다 놀라 영광을 하나님께 돌리며 우리가 이런 일을 도무지 보지 못했다고 말함으로, 중풍병자가 지붕을 뚫고 내려오는 돌발 상황을 통해 영광을 하나님께 돌리는 지성소의 예배가 이루어졌다(막 2:1-12).

우리의 예배에서 귀신이 드러나기에 충분할 정도로 권위 있는 말씀들이 강단에서 선포되어져야 한다. 권위 있는 말씀의 선포로 인해 귀신이 드러날 때 당황하거나 그 사람을 데리고 나갈 필요가 없다. 귀신을 예수 이름의 권세로 쫓아내어 주께서 우리의 예배 현장에 계시는 지성소라는 것을 실제로 드러내는 귀한 역사들이 예배 시간에 일어나야 한다.

혹 믿음이나 능력이 부족해서 귀신이 떠나가지 않거나 병이 고쳐지지 않아도 놀랄 필요가 없다. 그것은 우리의 믿음이 적다는 것이 드러나는 것이기에 겸손히 그 예배 현장에서 회개하고 부르짖으며 주님께 나아갈 기회가 된다(막 9:19). 그러한 태도로 예배를 드리는 것이 주의 영광을 체험하는 지성소 예배의 모습이다.

조용한 것이 거룩한 예배인가

예수님이 회당, 산, 들 또는 바닷가에서 가르치실 때 그 현장의 분위기는 어땠을까? 앞에서 본 바와 같이 회당에서 가르치실 때 예수님의 가르침이 권위 있는 자와 같았기에 더러운 귀신이 드러났다. 예수님이 "귀신아, 나오라!"고 선포하자 귀신 들렸던 자가 경련을 일으킴과 동시에 귀신이 떠나갔다. 회당에서 귀신을 쫓아내시자 예수의 소문이 온 갈릴리 사방에 퍼졌다. 예수님이 다니실 때 수많은 군중들이 따랐다(마 4:23-25). 예수님의 사역 현장은 분명히 조용하고 엄숙한 분위기는 아닌 것 같다.

예수께서 무리를 보시고 산에 올라가 앉으셔서 가르치셨다. 유명한 산상수훈의 현장이다. 그때 과연 얼마나 많은 무리가 있었을까? 오병이어의 기적의 현장에서 배불리 먹은 자들이 남자만 오천 명이었다는 것으로 보아 남녀노소 다 합하면 최소한 2,3만 명은 되었을 것이다. 그렇다면 수만 명의 사람들이 예수님의 가르침을 어떻게 다 들을 수 있었을까? 여기에 여러 가지 견해가 있다.

"창조주 하나님이시니 수만 명이 다 충분히 들을 만한 창조주적

발성으로 설교하셨을 것이다."

"창조주 하나님이시니 잔잔히 이야기하셔도 모든 무리들의 마음에 다 들리도록 기적으로 역사하셨을 것이다."

"창조주 하나님이시니 자연을 잘 이용하셔서 바다를 등지고 설교하심으로써 해풍에 목소리를 띄워 산에 있는 모든 무리들에게 소리를 전달하셨을 것이다."

다 믿을 만한 의견들이다. 하지만 가장 근거 있는 이론이 있다. 그것은 거룩한 소음의 분위기다. 음향 시설이 없었던 당시에 예수님의 목소리를 그 수만 명이 어떻게 들을 수 있었을까?

예수님이 가르치시는 내용은 권위 있는 자와 같았고 서기관들과 같지 않았기에 듣는 이들을 놀라게 했다. 그러다가 병자를 고치시거나 귀신을 쫓아내시게 되면 그 기적을 본 사람들은 탄성을 자아내며 하나님께 영광을 돌렸다. 그 가르침을 듣지 못하고, 기적을 직접 보지 못한 바깥의 무리들은 안쪽에서 무슨 일이 일어났는지 물어봤을 것이다.

그러자 예수님의 권위 있는 가르침을 듣고 기적을 본 사람들이 그 현장을 그대로 묘사할 때 멀리서 그들의 말을 듣는 사람들은 또 다른 탄성과 환호성을 질렀을 것이다. 예수님의 권위 있는 가르침과 기적들에 대해 계속 탄성을 지르고, 또 바깥 사람들은 물어본 내용을 전달하여 수만 명이 다 함께 놀라운 가르침과 기적을 체험했을 것이다. 거룩한 소음들이 계속해서 일어나는 하브루타의 현장이 연상된다.

또한 예수님은 수많은 질문들과 논쟁들 속에서 의연하게 대처하며 하나님나라의 비밀들을 말씀하셨다. 바리새인들, 서기관들, 장로들, 대제사장들이 시험하려고 달려드는 질문들과 논쟁들이 있었다. 영생이나 하나님의 계명에 대한 삶의 본질적인 곤고한 문제들을 가지고 다가와 질문하는 사람들도 있었다. 제자들은 비유에 대한 뜻을 여쭤봤고, 하나님나라에 대하여 궁금해하는 질문들을 계속해서 던졌다.

예수님은 그러한 질문들을 받으며 순간순간 하나님나라의 본질을 의연하게 가르치셨다. 바로 유대인들의 기본적인 정서인 하브루타의 문화가 예수님으로 하여금 하나님나라를 더욱 심도 있게 선포하고 보여주는 도구로 사용된 것이다. 심지어 귀신들과도 대화하면서 하나님나라를 보여주신 장면도 여러 번 등장한다.

예수님의 이런 사역 현장은 교회가 예배 안에서 어떻게 하나님께 나아가야 되는지를 보여주는 놀라운 부분이다. 예배는 하나님이 권위 있는 말씀으로 나타나시고 기적으로 역사하시는 현장이다. 그리고 받은 말씀과 체험한 기적들을 서로 나누며 다 함께 하나님께 영광을 돌리는 현장이다.

하지만 현대 교회의 예배 현장은 어떠한가? 너무나 잘 갖추어진 음향 장비들로 인해 모든 회중들이 설교를 잘 듣고 각자 집으로 돌아간다. 그나마 예배 후 소그룹으로 모이게 되는 사람들은 예배 시간에 선포된 설교를 함께 나눌 수 있는 기회가 있기는 하지만 이미 예배 현장에서 벗어나 그 감동과 현장감이 줄어든 상태다.

현대 교회의 말씀선포는 한 사람의 설교에 집중되어 있다. 그리고 그 설교가 예배에 차지하는 비중이 절대적이다. 잘 준비된 설교는 당연히 필요하다. 하지만 듣는 회중들은 삶 속에서 하나님나라, 비전, 가정, 관계, 재정, 법적인 문제 등 영적인 문제나 생활의 문제에 대해 궁금한 것들이 많다. 성도들이 자유롭게 질문을 하고 주의 종들이 답변해줄 수 있는 하브루타적인 예배는 드릴 수 없을까?

성도들로부터 예측 불가능한 당혹스러운 질문들을 받을 수도 있다. 귀신 들린 자나 약한 자들의 돌발적인 행동이 나타날 수도 있다. 그러나 진정으로 중생을 체험하고 성령의 세례를 받은 목회자들이라면 두려워하지 않을 것이다. 성령께서 주시는 지혜로 모든 상황들을 대처해나갈 수 있다.

예수님처럼 완벽한 답을 제시하거나 병자를 고치고 귀신을 온전히 쫓아낼 수 없을지라도 자신의 방식대로 상황에 대처해나갈 수 있다. 그 자리에서 바로 문제를 해결할 수 없어도 그 상황을 가지고 모든 성도들을 다 함께 기도하는 분위기로 이끌며 전능하신 하나님을 향하게 할 수도 있다. 오히려 온 회중들이 성령 안에서 더욱 놀라운 친교를 이루는 방향으로 예배 분위기가 바뀔 수 있다.

물리적으로 잘 짜여진 예배의 순서와 설교의 분위기 못지않게 놀라운 차원의 예배가 얼마든지 드려질 수 있다. 예배는 초월자 하나님을 만나는 것이지 않은가? 초자연적인 하나님의 나라가 역동성 있게 드러나는 예배를 추구해야 하지 않겠는가? 예배 시간에 어떠한 상황이 벌어진다 하더라도 성령께서는 모든 상황을 합력하여 선으로 이끄실 것이다. 하나님의 선으로 안내할 자가 바로 주의 종들이요, 설교자들이다. 만약에 마귀가 악의적으로 예배 분위기를 망치려 든다 해도 걱정할 것 없다. 그들은 우리의 밥이라는 여호수아와 갈렙의 믿음으로 나아갈 수 있기 때문이다.

예수님은 모든 상황 속에서 아버지의 뜻을 나타내셨다. 주님은 수많은 질문과 여러 가지 돌발상황 속에서도 오직 아버지만 바라보며 아버지의 말씀대로 말씀하시고 행동하심으로써 아버지의 나라를 그때그때마다 나타내주셨다(요 5:19,30). 그리고 우리도 할 수 있다고 하셨다(요 14:12). 하나님의 거룩한 말씀은 현실적인 삶 속에서나 회중들이 다 함께 모이는 예배 속에서나 동일하게 반영된다. 우리는 완전치 않다. 그러나 우리에게는 믿음이 있다. 성령님을 의지한다면 충분히 가능하다. 믿음을 가지고 전진하자.

유아실과 교회학교로 분리된 예배

한국에 올 때마다 말씀을 전하고 있는 한 교회의 여름 수련회 때 있었던 일이다. 그리 넓지 않은 집회 장소에 촘촘히 들어앉은 성도들 앞에서 첫 집회를 시작했다.

집회 장소 맨 뒷자리에 1,2세 정도의 영아들을 안고 있는 엄마들이 5,6명 정도 있었다. 그리고 3세에서 7,8세에 이르는 유아들도 여러 명 있었다. 작은 집회공간에는 유아실이 따로 없었기에 엄마들은 뒷자리에 서 있었던 것인데 갑자기 한 아이가 울기 시작하자 다른 아이들도 덩달아 같이 울었다.

엄마들은 회중들에게 방해가 되지 않게 하려고 아이들을 데리고 밖으로 나갔다 들어왔다 하는 행동을 반복했다. 엄마들의 그러한 모습을 보는 순간 안타까운 마음이 들었다. 그리고 이런 상황을 말씀 훈련의 장으로 바꿔야겠다는 아이디어가 떠올랐다. 그래서 모든 회중들에게 말하기 시작했다.

"아이들을 데리고 밖에 나가지 마세요. 이 공간에서 최대한 예배에 집중하세요. 아이들은 하나님나라를 아름답게 받아들이고 있기에 아이들 나름대로 예배를 드리고 있는 것입니다(막 10:15). 아이들이 우는 것을 최대한 달래주기는 하되 엄마들도 전파되는 말씀에 최대한 집중하십시오. 먼 곳까지 수련회에 와서 말씀도 제대로 못 듣고 아이들을 달래느라 밖으로 나갔다 들어왔다 한다면 얼마나 손

해입니까?

그리고 모든 회중들께 말씀드립니다. 신앙은 집중입니다. 삶을 살아가면서 갑작스레 문제가 터지고 세상의 수많은 모습들과 소리들이 하나님의 음성을 듣는 것을 방해합니다. 그러나 하나님께 집중을 잘하는 자는 세상의 다른 소리나 어떤 방해물에도 상관없이 하나님의 음성에 집중하여 성공할 수 있습니다. 맞지요? 그런데 그것이 현실의 삶에서만이겠습니까? 이 시간 예배 시간에도 마찬가지입니다."

아이들의 소리는 작은 공간 안에서는 더욱 크게 공명된다. 쉽지는 않겠지만 아이들이 성도의 예배를 방해한다고 생각하지 말고, 오히려 아이들도 나름대로 하나님을 예배하는 소리를 내는 것이라고 생각해보라. 그렇다면 성도들이 아이들과 함께 예배를 드리는 것이 맞지 않겠는가?

아이들이 소리를 내면 누구에게 제일 방해가 크겠는가? 바로 말씀을 전하는 자이다. 그런데 나는 아이들 소리가 아무렇지도 않았다. 아이들의 소리가 거슬린다면 자신의 자아를 건드리고 그 자아가 설교를 듣는 것을 방해하는 것이다. 아이들의 소리나 기타 소음들이 나의 연약한 자아를 확인시켜주는 것임을 알고 감사하며 즉시 그 자아는 예수님과 함께 못 박혀 죽었다고 믿으면서 계속 설교자의 말에 귀를 기울이라.

이 사실을 구체적으로 설명한 후에 나는 아이들의 소리에 아랑곳하지 않고 계속 말씀을 전했다. 아이들을 돌보는 엄마들은 최대한 회중들에게 피해를 주지 않으려고 애쓰면서 설교에 집중을 했으나 때때로 아이들은 뭔가가 불편한지 칭얼댔다. 그러나 개의치 않고 말씀을 계속 전했다. 성도들이 속으로 열심히 내적 싸움을 했는지 아이들 소리에 상관없이 말씀에 집중하는 모습을 보였다. 나는 설교를 하는 도중 성도들의 상태가 궁금하여 "여러분, 지금 어떠십니까? 집중이 잘 되시나요?"라고 물었는데, 앞자리에 앉아 있던 담임목사님이 말했다.

"지 목사님, 희한하군요. 처음에는 아이들의 소리가 설교를 방해한다고 생각했는데 아이들도 나름대로 하나님을 예배하고 있다고 생각한 뒤로 아이들의 소리가 어느 순간부터 천사들의 소리로 바뀌어져 들리기 시작했어요. 그리고 아이들의 맑은 소리들이 지 목사님이 선포하는 말씀을 돋보이게 하는 화음소리로 달리 들리기 시작했어요. 그러다가 어느 순간부터는 아이들이 어떤 소리를 내고 있어도 상관없이 선포되어지는 말씀에 온전히 집중되기 시작했습니다. 신기하군요."

그러자 다른 성도들도 어린아이들 소리에 방해받지 않고 설교를 듣게 되었다는 반응을 보였다. 그 시간 이후 영유아의 엄마들이나 성도들이 다 함께, 1박 2일 수련회 기간 동안 아이들의 소리나 그 어떤 돌발적인 상황에도 개의치 않고 집중하여 예배를 드릴 수 있었다.

한국에 도착하면 자주 방문하는 교회들 중 두 교회가 그런 분위기의 예배를 드리고 있다. 두 교회는 어린아이들, 청소년, 청년 및 장년들이 모두 다 함께 예배를 드린다. 아이를 데리고 온 부모님들은 아이들로 인해 회중들이 어려움을 겪지 않도록 최선을 다해서 돌보며 예배에 임한다. 하지만 아이들은 부모의 돌봄대로 따르지 못할 때가 많다. 그러나 담임목사와 성도들은 아이들의 상황을 다 용납하며 문제없이 예배를 진행한다.

예수님은 아이들이 다가오는 것에 상관치 않으시고 하나님의 나라를 선포하셨다. 오히려 아이들이 다가오는 것을 금하지 않으셨을 뿐더러 하나님나라를 어린아이처럼 받아들이지 않는 자는 결단코 들어갈 수 없다고 하셨다. 이 말씀은 굉장히 무서운 말씀이다(막 10:15,16).

교회가 본당에 유아실을 만들고 교회학교 예배를 따로 드리게 된 몇 가지 이유를 살펴보자.

첫째, 예배 시간, 특히 설교 시간에는 조용히 해야 한다는 의식 때문이다. 그것은 성경대로 본다면 진리가 아니다. 조용한 것 자체가 나쁘다는 것이 아니라, 조용해야만 거룩함을 체험할 수 있다는 편협된 사상을 말한다. 조용함 속에서도 거룩함을 체험할 수 있고, 어떤 소음들 속에서도 거룩함을 체험할 수 있는 자가 뛰어난 영성을 갖춘 예배자다.

우리가 특별히 눈여겨볼 곳은 예수님이 설교하셨던 현장이다. 우리는 말로만이 아니라, 삶의 원동력이 되는 예배 현장에서도 예수님을 닮을 수 있어야 한다. 예수께서 설교하신 예배 현장은 그의 가르침의 위대함 속에 조용할 때도 있었겠으나 많은 소음들도 있었다.

예수님이 풀어주시는 토라에 대한 가르침은 서기관들과 같지 않았고 권위 있는 자와 같았다(막 1:22). 그래서 회당에서 예수님이 말씀을 선포하시는 어떤 순간에는 귀신이 드러나고 쫓겨 나가며 병자들이 치료받는 역사가 일어났다. 현장에서는 하나님께 영광을 돌리는 소리가 기본적으로 있었다(막 2:12).

그리고 수많은 회중들이 모인 산과 들 속에서는 먼 곳에 떨어져 있는 사람들에게 그 가르침과 기적의 내용을 전달하는 소리들이 있었고, 그것을 듣는 이들에게서 이어지는 탄성소리가 있었다. 예수님의 가르침은 기존의 율법사들과는 다른 차원의 가르침이었기에 이것을 못마땅하게 여기는 서기관들과 바리새인들 그리고 대제사장들의 수군거리고 웅성거리는 소리도 있었다.

둘째, 아이들이 예배를 방해한다는 비성경적인 태도 때문일 수 있다. 유초등부, 중고등부, 청년 및 갓난아이들조차도 온 가족이 모여 예배하는 한 공간 안에 있는 것은 오히려 아름다운 모습이다. 하나님의 말씀이 선포되고 찬양하는 현장에서 모든 세대들이 그 말씀을 직접 같이 듣고 영으로 찬양하는 모습은 지극히 자연스러운 모습이다. 예배의 한 공간 안에서 모든 세대가 같은 기름부으심을 체험하는 것이 바람직하다.

셋째, 아이들을 따로 예배를 드리게 한 가장 큰 이유 가운데 하나는 설교와 예배 언어들이 아이들에게는 어렵고 각 세대들이 선호하는 음악의 장르가 다르기 때문이다. 이 또한 초대교회 부흥의 가장 중요한 기초인 쉐마에 의한 가정 중심 신앙과 예배의 본질이 사라지고 건물 중심, 한 사람의 설교 중심 및 음악 중심의 예배로 변질되었기 때문이다. 예배의 본질인 쉐마의 가르침에 의해 하나님의 말씀을 다 같이 읽고 암송하는 모습으로 나아간다면 가정 및 공동체 모임에서 모든 세대가 다 함께 예배드리는 것은 아무 문제가 되지 않는다.

NG 없는 큐시트 예배?

NG는 연습과정이 끝나고 본격적인 진행과정에서 촬영이나 혹은 녹음한 것이 좋지 못해서 다시 녹음하고 촬영하게 되는 일을 말한다. 예배 시간에 이 NG(No Good)가 생기는 것을 불편해하는 사람들이 많다. 그래서 NG 없는 예배를 위하여 요즘 큐시트를 사용하는 교회가 많다. 큐시트는 예배순서 및 세부 사항들을 분초 단위로 계획해놓은 지침이다. 그런데 오히려 예수님이 말씀을 전하시는 예배의 현장에서는 수많은 NG가 등장한다. 그리고 예수님은 갑자기 등장하여 변경되는 상황을 통해 오히려 하나님의 영광을 더 크게 드러내셨다.

예수님이 회당에서 가르치시는데 귀신이 날뛰었다. 너무나 큰 NG의 모습이다. 그러나 주님은 전혀 당황하지 않으시고 귀신을 쫓아내시며 하나님나라를 보여주셨다. 여러 회당에서 전도하시면서 NG 현상인 귀신들을 계속 내쫓으셨다. 회당의 귀신을 쫓아내시고 이어서 시몬 장모의 열병을 고치시자 소문이 갈릴리 사방에 퍼져서 온 동네 사람들이 예수님이 머물고 계셨던 집 앞에 다 모였다. 너무 많이 모여서 감당하기 힘든 NG 상황이 벌어진 것이다. 그러나 주님은 많은 병자들과 귀신 들린 자들을 고치셨다.

예수님의 가족들은 예수님이 일으키시는 기적을 보고 오히려 예수님이 미쳤다고 평가했다. 그리고 예루살렘에서 내려온 서기관들은 바알세불에 들렸다고 했고, 귀신의 왕을 힘입어 귀신을 쫓아낸다고 얼토당토 않은 말을 함으로써 NG 상황을 연출했다. 그러나 예수님은 이런 상황을 보고 나서, 비유로 말씀하시며 하나님의 뜻을 보여주셨다.

예수님이 말씀을 전하셨던 많은 상황 속에서 예수님의 꼬투리를 잡아서 송사하려는 논쟁적 질문들은 다 NG 상황이었지만, 주님은 그 모든 상황에 대하여 하나님의 뜻을 그대로 선포해주셨다.

베드로는 율법의 대표 모세와 선지자의 대표 엘리야가 나타나서 예수님과 함께 대화를 나눈 장면을 목격했다. 베드로는 아마 그 자리가 부흥의 우물이라고 생각했던 것 같다. 그래서 예수님께 "여기가 좋사오니"라며 그곳에 초막 셋을 짓도록 요청했다. 그러나 베드로의 기대는 즉시 물거품처럼 사라진다. 잠시 뒤에 모세와 엘리야는 사라지고 예수님과 자신들만 남았다(막 9:1-8).

예수님은 베드로와 제자들에게 "인자가 죽은 자 가운데서 살아날 때까지는 본 것을 아무에게도 이르지 말라"고 하셨다. 예수님이 죽으시고 부활 승천하신 뒤 성령으로 오셔서 하나님나라의 비밀을 알게 되면 다 열리게 되기 때문에 그렇게 말씀하셨다. 예수님이 죽으시고 부활 승천하신 후 오순절 날 성령님이 마가의 다락방에 임하셨을 때에야 비로소 제자들과 베드로는 영과 진리 안에서의 예배, 시간과 공간과 물질을 초월하는 예배가 무엇인지 알게 되었다.

인간들은 언제나 늘 "여기가 좋사오니"라고 한다. 즉, 더 이상의 NG를 원치 않으며 자신이 경험하여 알게 된 구조의 틀 속에 머물길 원한다. 구조의 틀이 속박이라는 것을 알면서도 인간은 자신의 경험과 지식을 통해 자기만의 틀을 만들고 그 틀 속에서 안정감을 가지려 한다. 그것은 죄로 인한 결과다. 죄는 하나님의 가르침이 싫어서 불순종한 것이다. 하나님께 믿음을 두고 가르침 안에 있게 되면 하나님의 사랑과 지혜와 능력 안에서 무한한 자유를 누릴 수 있다.

큐시트에 의해서 정성스럽고 깔끔하게 예배가 잘 진행이 되지만 정작 초월자 하나님이 광풍과 같이 새롭게 역사하실 틈조차 없는 예배는 아닌지 생각해봐야 한다. 우리와 함께하시는 성령님을 믿고 따른다면 예배 시간에 벌어지는 어떠한 NG 속에서도 하나님의 영광이 드러날 수 있다. 어떠한 NG도 두려워하지 말자. 예수님이 우리와 함께하신다.

예배자 교육 현장, 풍랑

마가복음 6장에 보면 예수님이 오병이어의 기적을 베푸신 뒤 제자들을 일부러 험악한 NG 상황으로 몰아넣으시는 것을 볼 수 있다. 예수님은 오병이어를 체험한 많은 무리들을 보내시면서 제자들을 즉시 재촉하사 배 타고 건너편 벳새다로 가게 하셨고 기도하러 혼자 산으로 가셨다. 해가 저물고 제자들이 탄 배는 바다 가운데 있었는데 그때부터 예수께서는 홀로 뭍에 계시면서 바람과 싸우며 제자들이 힘겹게 노 젓는 것을 가만히 지켜보셨다.

예수께서는 그들을 보시다가 밤 사경쯤이 되어서야 비로소 바다 위로 걸어가셨다. 밤 사경은 새벽 3-6시 사이다. 즉, 예수님은 저녁 시간부터 다음 날 새벽까지 최소한 6-7시간 동안 제자들이 바람과 사투하는 모습을 가만히 지켜보셨다.

예수님이 일부러 NG를 연출하신 것이다. 오병이어 기적을 베푸신 후에 즉시 제자들을 재촉하여 배에 태워 벳새다 쪽으로 건너가게 하셨다. 그리고 괴롭게 노를 젓는 그들을 향하여 물 위로 걸어가신 예수님은 더 희한한 행동을 하셨다. 그들 곁을 지나가려고 하신 것이다. 이것은 충분히 의도된 행동으로 보인다.

이때 제자들이 "유령인가" 하여 소리를 지르다가 예수님이신 줄 알고 놀랐다. 그때 예수님이 "안심하라 내니 두려워하지 말라" 하시고 배에 오르시자 바람이 그치고 제자들은 심하게 놀랐다. 바로 전날 오병이어의 기적을 베푸셨던 예수님이라는 사실에 대하여 제자들의 둔해진 마음이 드러난 것이다(막 6:45-52).

예수님이 오병이어로 수만 명을 먹이시는 기적을 체험할 때 예수님을 예배하지 못할 하나님의 자녀들은 없을 것이다. 진정한 예배자는 풍랑을 만난 심각한 NG 상황 속에서 주님을 예배하는 사람이다. 오병이어 기적 사건 직후 풍랑 속으로 몰아넣으시고 유령처럼 물 위를 걸어가셔서 그들이 탄 배 옆을 지나가려고 하신 예수님의 가르침이 바로 그것이다. "기적이 일어나든지 풍랑이 너희를 괴롭게 하든지 나를 바라보고 예배하라. 나는 너희의 하나님이라. 두려워 말고 안심하라"라는 메시지를 주신다.

이 사건이 마태복음 14장 26-32절에는 더 자세히 기록되어 있는데 거기에 베드로가 등장한다. 그는 "안심하라 나니 두려워하지 말라"는 말씀을 믿고 예수님을 바라보았다. 풍랑 속에서도 예수님의 말씀에 귀를 기울여 믿는 것이 우리가 취해야 할 예배 태도다. 그는

"주여 만일 주님이시거든 나를 명하사 물 위로 오라 하소서"라고 더욱 큰 믿음의 고백으로 주님께 요청했다. 물 위를 걸어오시는 분이 주님이시라면 나도 물 위를 걷게 하실 수 있을 것이라는 놀라운 믿음의 태도다.

주님은 베드로에게 "오라!" 하셨다. 예배의 핵심 가치다. 주님이 나와 함께하심을 믿고 나아갈 때 "오라!" 하시는 음성이 들린다. 베드로는 배에서 내려서 물 위로 걸어서 예수님께로 가는 놀라운 복을 누렸다. 그러나 연약한 인간이기에 바람을 보고 무서워 빠져갈 수밖에 없었다. 하지만 즉시 그는 예수님께 "주여 나를 구원하소서"라고 외쳤다. 예배의 또 다른 핵심 가치다. 언제든지 주님을 향하여 "주님, 내가 연약하여 환경을 보고 바닷속으로 빠져들어가니 나를 구원하소서"라고 믿음으로 간구하는 것이 예배자의 태도다.

예수님은 즉시 손을 내밀어 베드로를 붙잡아주셨다. "믿음이 작다"고 책망하시며 그의 손을 잡고 함께 배에 오르시자 바람이 그쳤다. 예배 속에서 주님은 사랑으로 우리를 책망하시면서도 우리의 손을 잡아 끌어주시고 문제의 바다에서 건져주신다. 결국 응답의 배에 오르게 하시며 바람도 그치게 하신다.

베드로는 물 위를 걷다가 바람을 보고 빠져들어가 책망을 받았으나 결국 예수님의 손을 잡고 다시 한 번 물 위를 걸었고 예수님과 함께 배에 오르게 되었다. 예수님의 "오라!"는 명령을 듣고 믿음으로 혼자 물 위를 걸어간 것도 칭찬받을 만한 믿음이다. 그러나 결국 혼자 물 위를 걸었기에 빠져들어간 것이다.

우리는 연약하여 예수님을 온전히 바라볼 수 없다. 잠시 예수님을 바라보며 걷다가도 이내 환경을 바라볼 수밖에 없는 존재다. 환경에 빠져들어가는 연약한 존재지만 주님과 연합하여 그분의 손을 잡고 걸어가면 다시 물 위를 걸을 수 있으며 안전하게 오를 수 있다.

예수님이 일부러 제자들을 재촉하여 풍랑 이는 NG 상황 속으로 몰아넣으신 이유는 참된 예배자를 찾기 원해서다. 주님은 그분과 생명으로 연합된 것을 믿고 걸어갈 예배자를 찾으셨다. 예수님이 일부러 연출하신 풍랑 속에서 예배자로 합격한 이가 베드로였다.

우리는 예수님과 함께 죽었고 부활하여 승천하신 그분과 함께 만물 위 보좌에 앉혀졌다. 그 연합을 알게 하시려고 성령께서 내 안에 오셨다. 우리는 성령님과 온전히 연합된 존재다. 연합의 복음을 온전히 믿으면 어떤 풍랑 속에서도 환경에 빠지지 않고 안전하게 올라야 할 배에 오르게 된다.

예배자와 예배를 방해하는 자

예수님이 계셨던 현장을 예배 현장으로 볼 때 예배자와 예배를 방해하는 자가 보인다. "예수님, 우리 아이들을 좀 만져주세요"라고 하며 사람들이 어린아이들을 데리고 나오는데 예수님의 측근인 제자들이 그 사람들을 꾸짖는다. 예수님은 오히려 제자들에게 분을 내시며 말씀하셨다.

"어린아이들이 내게 오는 것을 용납하고 금하지 말라 하나님의 나라가 이런 자의 것이니라 내가 진실로 너희에게 이르노니 누구든지 하나님의 나라를 어린아이와 같이 받들지 않는 자는 결단코 그곳에 들어가지 못하리라"(막 10:14,15).

사람들이 어린아이들과 함께 예수님께 나왔다. 그런데 예수님을 가까이에서 모시고 다니는 제자들은 그들을 꾸짖었다. 그러나 주님은 제자들을 분히 여기시며 어린아이들이 오는 것을 금하지 말라고 하시며 어린아이들과 여인들을 예배자로 맞이하셨다.

소경 바디매오가 "다윗의 자손 예수여 나를 불쌍히 여기소서" 하며 큰 소리로 외쳤다. 예수님을 모시고 가며 앞에 선 자들은 바디매오를 잠잠하라고 꾸짖지만 예수님은 그를 부르셨다(막 10:46-49). 예수님을 좀 안다고 하는 측근 제자들은 주님이 찾으시는 예배자들을 오히려 막는 모습을 보였다. 어린아이들과 바디매오를 통해 영광을 드러내시려는 아버지의 뜻을 막는 모습이다.

우리도 복음을 알고 예배를 드린다고 하면서 주님께 나오는 예배자를 막아서는 오류를 범할 수 있다. 아버지께서 친히 영광을 드러내시기 위해 쓰실 사람을 막고 방해할 위험이 있다. 하나님은 우리의 예배에서 특히 작은 자, 병든 자, 귀신에 눌린 자, 소외된 자, 멸시천

대받는 자들을 통해 그분의 임재를 드러내시고 싶어 하신다.

우리의 예배가 정말 아무나 와도 좋은 예배인가? 각종 병자들, 귀신 들린 자들, 세리들, 창기들, 멸시 천대 받는 자들이 도저히 함께할 수 없는 예배는 아닐까? 그들은 과연 예배를 방해하는 자들일까? 오히려 하나님이 영광을 나타내실 거룩한 도구는 아닐까? 현대 예배의 정서로 볼 때 예배를 방해하는 것처럼 보이는 요소들을 예수님은 다 끌어안으시며 하나님의 영광을 드러내셨다. 인본주의 눈으로 볼 때 예배를 방해하는 것처럼 보이는 자들을 막는 것이 오히려 하나님의 영광이 드러나는 것을 방해하는 것일 수도 있다.

예수님은 우리에게 "내가 하는 일을 너희도 할 수 있다"고 하셨다 (요 14:12). 우리는 흔히 삶의 현실 속에 광풍과 같은 일들이 갑자기 들이닥칠 때 주님만을 바라봄으로써 마음을 지키고 삶의 예배에서 성공해야 한다고 말한다. 그런데 예배도 삶의 한 부분이기에 함께 모여서 드리는 모든 예배 속에서 갑작스런 돌발 상황이 생겨도 주님만 바라보고 예배할 수 있어야 한다. 그리고 그 상황들을 통해 하나님의 영광을 드러내는 쪽으로 이끌 수 있는 영성이 지도자들과 성도들에게 필요하다.

안식일에도 병자를 고치는지 시험하기 위하여 사람들이 손 마른 사람을 예수님께 데려왔다. 이것은 주일예배는 깔끔하게 시간과 순서에 맞춰서 예배가 끝나지 않으면 안 된다는 인본주의적인 에티켓에 머무는 현대 교회의 예배 모습을 시사하기도 하다. 예수님은 안식일에 선을 행하는 것과 악을 행하는 것, 생명을 구하는 것과 죽이는 것 중 어느 것이 옳으냐고 되물으시며 그들을 잠잠케 하신다. 그 뒤에 "손을 내밀라"고 하시며 마른 손을 펴게 하시는 기적을 베푸심으로 영광을 드러내셨다(막 3:1-5). 그 어떤 제한된 시간이나 순서보다 중요한 것은 생명을 살리는 것이며 선을 행하는 것이다. 예배 시간에 하나님의 영광이 실제로 드러나는 것만큼 선한 일이 어디 있겠는가?

삶의 현실이든 예배 시간이든 광풍이 불어닥치는 돌발적인 상황을 만나면 '예수님이시라면 어떻게 하셨을까?'를 먼저 생각하자. 예수님을 믿는 우리도 그분이 하신 일을 그대로 할 수 있다는 믿음으로 아버지의 영광을 드러낼 수 있는 태도를 취해야 한다. 당장에 그러한 기적이 나타나지는 않는다 하더라도 그렇게 행동할 수 있는 믿음이 준비되어 있어야 한다. 예수님을 닮기를 원하는 자들의 예배이지 않은가?

회개와 성령 그리고 아버지의 음성

마가가 쓴 복음서에서 예수님의 첫 모습이 등장하는 부분에 예배의 두 가지 핵심 요소가 발견된다.

"그때에 예수께서 갈릴리 나사렛으로부터 와서 요단강에서 요한에게 세례를 받으시고 곧 물에서 올라오실새 하늘이 갈라짐과 성령이 비둘기같이 자기에게 내려오심을 보시더니 하늘로부터 소리가 나기를 너는 내 사랑하는 아들이라 내가 너를 기뻐하노라 하시니라"(막 1:9-11).

이 말씀 속에서 찾을 수 있는 예배의 첫 번째 요소는 자기를 부인하는 회개의 모습이다. 세례 요한은 사람들로 하여금 회개케 하기 위해 물세례를 베풀었다(마 3:11). 예수님은 죄가 없으시니 죄인들이 받는 회개의 세례를 받으실 필요가 없으셨지만, 하나님의 의를 이루시기 위해서 회개의 물세례를 받으셨다(마 3:13-15). 그분은 우리의 대변자시다. 죄인인 우리가 받아야 할 회개의 세례를 친히 받으시며 자기를 부인하셨다.

회개의 핵심은 자기 부인이다. 예수님은 물에 잠기셨다가 물 위로 올라오심으로써 장차 죄인인 우리를 위해 죽으시고 부활하실 것을 예표하셨다. 그래서 우리가 회개하고 예수님을 구주로 모시면 그분과 함께 죽고 부활하는 것이다. 하나님 앞에 나아가는 예배의 첫걸음은 예수님 앞에서 죄를 회개하고 자기를 부인하여 죄 사함의 세례를 받는 것이다. 그 결과로 우리는 그분과 함께 죽음과 부활로 연합된다(막 1:4).

"만일 우리가 그리스도와 함께 죽었으면 또한 그와 함께 살 줄을 믿노니"(롬 6:8).

예배의 두 번째 핵심 요소는 성령의 세례와 아버지의 음성이다. 예수님이 세례를 받으시고 물에서 올라오시자 성령이 비둘기같이 임하시고 "너는 내 사랑하는 아들이라 내가 너를 기뻐하노라"(눅 3:22)는 아버지의 음성이 들렸다. 우리가 회개함으로 죄 사함을 얻으면 성령의 세례가 임한다(행 2:38). 성령의 세례가 임할 때에는 반드시 "내가 너를 사랑하노라"라는 아버지의 음성이 임한다.

성령세례와 하나님의 음성은 하나다. 성령께서 임하시면 반드시 하나님의 음성이 들린다. 하나님의 음성이 들렸다면 성령의 세례가 부어진다. 성령의 세례 없이 하나님의 음성이 들릴 수 없다. 아버지의 음성을 들려주시는 분이 성령이시기 때문이다. 성령의 세례를 느낌의 영역으로만 표현하는 것을 경계해야 한다. 성령이 임하시는 현장에서 여러 가지 현상들이 일어날 수 있으나 현상만 체험하고 아버지의 음성을 듣지 못했다면 경계해야 한다.

성령의 세례 없이 성경박사가 될 수도 있다. 그러나 성령세례가 없는 성경 지식은 아무런 힘이 없다. 성령세례를 통해 쓰여진 성경말씀이 내게 주시는 아버지의 음성으로 들려질 때 권능이 임한다. 그것을 가능케 하시는 분이 성령이시다.

그런데 진정한 성령의 세례는 반드시 자기를 부인하는 회개를 통해 임한다. 예수님의 십자가 죽음이라는 순종 사건 뒤에 (부활 승천 후) 성령의 강림 사건이 있었던 것을 보라. 성령의 세례는 십자가의 자기 부인 위에 부어진다. 예수님이 마가복음 시작 부분에서 물세례와 성령의 세례를 통해 아버지의 음성을 들으신 사건으로 그것을 계시해주셨다.

그래서 예수님은 세례를 받으시고 성령의 임하심 속에서 아버지의 음성을 들으신 직후 마귀의 시험을 물리쳐 이기신 뒤에, 공생애 최초로 복음을 선포하실 때 "회개하고 복음을 믿으라"라고 강조하셨다.

"요한이 잡힌 후 예수께서 갈릴리에 오셔서 하나님의 복음을 전파하여 이르시되 때가 찼고 하나님의 나라가 가까이 왔으니 회개하고 복음을 믿으라 하시더라"(막 1:14,15).

하나님을 예배할 때 반드시 회개와 복음을 믿는 태도가 필요한 이유는, 회개와 복음에 대한 믿음이 없이는 하나님께 나아갈 수 없기 때문이다. 회개하고 복음이신 예수 그리스도를 주인으로 모신 자는 자기 마음대로 살았던 옛 생명이 예수님과 함께 십자가에서 죽는 것이며, 새 생명으로 예수님과 함께 부활하여 그분과 함께 그 새 생명이 하늘에 앉혀져서(엡 2:5,6) 생명수의 강이신 성령 안에 잠긴다.

이 영광스러운 정체성을 얻은 뒤에도 우리에겐 지속적인 회개가 필요하다. 주와 연합된 자라도 매번 드리는 예배에서 지속적으로 회개할 필요가 있다. 자기 마음대로 살았던 옛 생명의 생각, 말, 행동 습관이 육체에 배어 있어서 언제든지 흘러나오기 때문이다. 그래서 예수님과 함께 분명히 죽은 것으로 믿고 그 믿음 안에서 지속적인 회개로 나아가야 한다.

　주인노릇했던 자아가 "십자가에 못 박혔다"고 선포하는 자기 부인으로써 주님 앞으로 담대히 나아가자. 자기를 부인할 자리는 오직 주님과 죽음으로 연합된 십자가다. "내 자아가 그리스도와 함께 죽었습니다"라는 선포야말로 복음적인 자기 부인의 고백이며 회개이다. 죽음 연합을 믿음으로 선포할 때마다 부활 승천하여 보좌에 앉으신 주님과 함께 연합하여 생명수의 강물에 잠기는 성령세례의 은총이 임한다.

　우리가 예배할 처소인 보좌는 초월적인 곳이기 때문에, 예배 속에서 우선 취해야 할 자기 부인의 태도는 "예배는 이렇게 드려야 한다"는 자신의 모든 고정관념을 내려놓는 것이다. 하나님을 만홀히 여기지 말아야 한다. 하나님은 우리의 관습이나 경험과 지식 속에 갇히실 분이 아니시다.

　우리가 모든 예배에서 계속해서 자기를 부인하며 회개로 나아가다 보면 내게 맡겨진 모든 삶의 권리를 포기하는 전적인 자기 부인의 예배가 드려질 때를 반드시 만난다. 그때는 육적으로 볼 때는 가장 고통의 순간이다. 왜냐하면 이제 나 자신을 위해서는 아무것도 하지 않겠다는 것을 고백하는 순간이기 때문이다. 그러나 영적으로는 가장 기쁜 순간이다. 하나님을 위해서는 언제든지 무엇이든지 할 것이라는 고백이며 "주님 뜻대로 모든 것을 이루소서!"라는 고백이기 때문이다.

　회개하며 자신을 다 드리는 자기 부인의 예배는 마치 예수님이 세례 요한에게 물세례를 받은 자기 부인의 순종과 일치한다. 모든 것을 다 드린 자기 부인의 고백을 하는 순간 성령의 세례가 부어지며 아버지의 음성이 들린다. 비로소 하나님이 이 땅에 나를 보내신 목적을 말씀해주신다. 이것이 소위 '콜링'이다. 나를 이 땅에 보내신 궁극적인 목적을 완전하게 확실히 알게 되는 것만큼 큰 축복은 없다. 그 부르심에 "알겠습니다. 감사합니다!"라고 기쁨으로 반응하면 그 때부터 주님이 모든 삶을 직접 책임져주신다.

　나를 향한 궁극적인 부르심을 받는 순간까지 지속적으로 끊임없이 내 자아가 예수님과 함께 죽었음을 믿으며 자기 부인의 예배를 드리자. 작은 것부터 나의 권리를 포기해나가며 매 순간 필요한 성령의 세례를 통해 아버지의 음성을 들으며 전진하자. 언젠가는 전적인 자기 부인의 고백으로 이끄셔서 성령의 세례를 통해 아버지께서 주시는 영광스러운 소명과 사명의 부르심의 말씀을 주실 것이다.

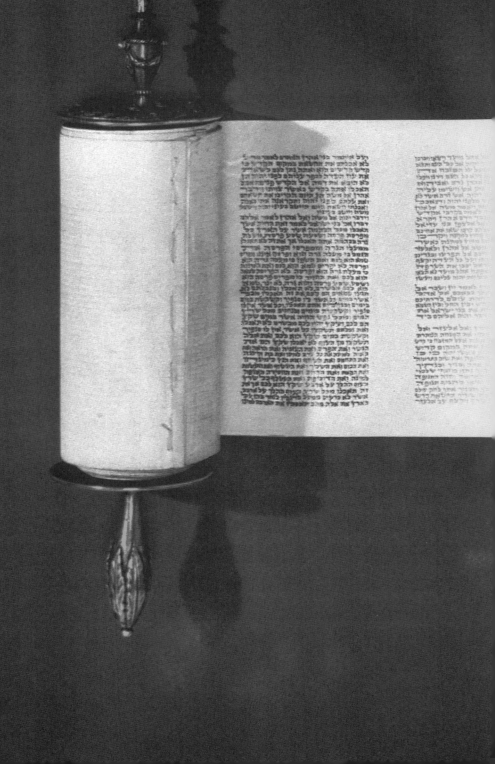

PART **5**

성경장면
체험 예배

אֱלֹהִים יְהִי אוֹר וַיְהִי־אוֹר: 4 וַיַּרְא אֱלֹהִים אֶת

בְּדֵּל אֱלֹהִים בֵּין הָאוֹר וּבֵין הַחֹשֶׁךְ: 5 וַיִּקְרָא

ם וְלַחֹשֶׁךְ קָרָא לַיְלָה וַיְהִי־עֶרֶב וַיְהִי־בֹקֶר יוֹם

שָׁמָיִם וַיְהִי־עֶרֶב וַיְהִי־בֹקֶר יוֹם שֵׁנִי: פ

אֱלֹהִים כִּי־טוֹב: 11 וַיֹּאמֶר אֱלֹהִים תַּדְשֵׁא הָאָרֶץ

ע זֶרַע עֵץ פְּרִי עֹשֶׂה פְּרִי לְמִינוֹ אֲשֶׁר זַרְעוֹ־בוֹ

יוֹם שְׁלִישִׁי: פ 14 וַיֹּאמֶר אֱלֹהִים יְהִי מְאֹרֹת

하나님의 준비하심을 바라보는 예배

아브라함이 독자 이삭을 바치는 시험을 통과한 곳의 땅 이름이 '여호와 이레'다. '이레'의 의미를 알고 나면 우리의 예배는 땅의 차원에서 만물 위 보좌의 차원으로 올라가게 된다.

하나님이 아브라함을 시험하시기 위해 모리아 땅의 산에서 이삭을 번제로 드리라고 하셨다. 아브라함이 아침에 일찍 일어나 이삭과 종들을 데리고 하나님이 일러주신 곳으로 가다가 제 삼일에 눈을 들어 그곳을 멀리 바라보았다(창 22:1-4). 하나님이 명하신 곳을 바라보며 그가 종들에게 말했다.

"너희는 나귀와 함께 여기서 기다리라 내가 아이와 함께 저기 가서 예배하고 우리가 너희에게로 돌아오리라"(창 22:5).

여기서 하나님을 신뢰하는 아브라함의 신앙을 엿볼 수 있는 단어가 있다. 바로 4절의 '바라본지라'이다. '바라보다'라는 단어는 히브리어로 '라아'인데 '준비하리라'라는 '이레'와 같은 어원이다. 멀리 하나님이 명하신 산을 바라보면서 하나님이 분명히 이삭 대신 준비하신 제물이 있을 것이라는 믿음이 그에게는 있었다.

아브라함은 우상을 만드는 아비 데라를 떠난 자다. 인생의 우여곡절을 겪으면서 100세에 이삭을 낳기까지 하나님을 깊이 체험하며 그분에 대한 굳건한 신뢰가 생겼다. 하나님이 그분에 대한 자신의 사랑을 시험하고자 하실 때, 이삭 대신 제물을 반드시 준비해놓으셨을 것이라는 믿음이 있었다. 그래서 하나님이 명하신 산을 바라보자마자 (라아) '저 산에 가면 분명히 하나님이 준비하신 (라아) 제물이 있을 거야'라고 확신했다.

그는 자신의 믿음을 아들에게 그대로 선포했다. 번제를 지고 올라가는 이삭이 "내 아버지여… 불과 나무는 있거니와 번제할 어린 양은 어디 있나이까?"라고 물었을 때, "내 아들아 번제할 어린양은 하나님이 자기를 위하여 친히 준비하시리라"라고 선포함으로써 믿음을 보여줬다 (창 22:6-8). 여기서 아브라함이 이삭에게 표현한 단어 '준비하시리라'가 '라아'로서 '이레'의 어원이다.

드디어 그 산에 이르러 아브라함이 제단을 쌓고 이삭을 결박한 후 칼을 들어 내리치려 하자 하나님이 보낸 천사가 그의 이름을 불렀다. 그가 "내가 여기 있나이다"라고 대답하자 천사가 "그 아이에게 네 손을 대지 말라 그에게 아무 일도 하지 말라 네가 네 아들 네 독자까지도 내게 아끼지 아니했으니 내가 이제야 네가 하나님을 경외하는 줄을 아노라"라고 말했다 (창 22:8-12).

물론 아브라함이 마지막 순간에만 예배에 성공한 것은 아니다. 이삭을 바치라는 명령을 받고 난 후 그를 내리치려 하기까지 매 순간 하나님을 신뢰하지 못하는 자아를 부인하며 예배에 성공했다. 그는 우리와 똑같은 성정을 가진 사람이었다. 순수한 믿음과 함께 연약한 인간의 본성도 갖고 있었다. 하나님이 준비하신 그 산을 바라보며 한 걸음씩 내딛을 때마다 양이 어디엔가 있을 듯하여 이곳저곳을 살피며 걸었을 것이다.

'저 언덕을 넘으면 하나님이 이삭 대신 준비하신 양이 있을까? 제단은 점점 가까워지는데 양은 어디에 있는 거지? 진정 이삭을 바치기를 원하시는 걸까?'

한 걸음씩 옮길 때마다 두 마음이 왔다 갔다 했을 것이고 신뢰하지 못하는 생각이 들 때마다 자아를 부인하며 순종하며 걸었을지 모른다. 제단을 쌓고 나무를 펼쳐놓고 이삭을 결박하여 눕게 하고 칼을 들고 내리치려 하는 순간까지 그는 얼마나 마음을 졸였을까? '끝내 이삭 대신 바칠 제물은 보이지 않는구나. 주신 이가 주님이시니 취하시는 이도 주님이시라는 고백으로 드려야 하겠지'라는 생각으로 아들을 칼로 내리치려 했을지도 모른다.

이 극적인 순간에 대반전이 일어났다. 주의 사자가 "멈춰라! 네가 정말 하나님을 사랑하는구나!"라고 외친 것이다. 아브라함은 끝까지 자아를 부인하며 순종의 예배에 성공했다. 천사의 소리를 듣고 그는 안도의 한숨을 내쉬며 주변을 살펴보았다.

"아브라함이 눈을 들어 살펴본즉 한 숫양이 뒤에 있는데 뿔이 수풀에 걸려 있는지라 아브라함이 가서 그 숫양을 가져다가 아들을 대신하여 번제로 드렸더라"(창 22:13).

이 구절 속의 '살펴본즉'도 '준비하리라'(이레)의 어원인 '라아'다. 아브라함이 눈을 들어 준비하시는 하나님에 대한 믿음을 가지고 살펴보니 숫양이 뒤에 있는데 뿔이 수풀에 걸려 있었다. 그 양을 보자마자 아브라함의 입에서 "예비하신 하나님 감사합니다!"라는 말이 터져 나왔을 것이다.

그런데 숫양의 뿔이 수풀에 걸린 것이 우연일까? 영원하신 하나님과 항상 함께하는 우리에게 우연이란 없다. 이는 철저히 하나님의 준비하심이다. 결국 아브라함은 그 땅 이름을 '여호와 이레'라 했고, 오늘날까지 사람들이 "여호와의 산에서 준비되리라" 하고 있다. '라아'에서 파생된 단어 '로에'는 '환상, 이상, 환상가, 선견자'라는 뜻이다. 아브라함은 선견자, 준비하시는 하나님을 미리 보고 믿는 자였다.

하나님은 작가이시며 연출자이시다. 우리는 그분이 찾으시는 예배자로 나아갈 때 선견자의 믿음으로 나아가야 한다. 미리 하나님의 준비하심을 바라보며 그분의 지시에 흔들리는 자아를 계속 부인하며 나아가야 한다. 그렇게 믿음으로 나아가는 자는 예배 현장에서 하나님이 준비하시는(수풀에 뿔이 걸린 숫양) 숨은 캐스팅과 시나리오를 반드시 만난다. 이것이 하나님께 드리는 제물이다. 주님이 준비하신 제물을 만나는 것이 예배의 핵심이다.

무대감독이신 성령님

무대감독은 무대에서 연출자를 대신하여 그날그날의 공연이 연출자의 의도대로 이루어지도록 무대 및 극장 전체의 감독 및 지도를 한다. 작가이자 연출자이신 하나님이 이 땅의 삶과 예배에서 당신의 이야기를 펼치실 때 성령님은 보이지 않는 무대감독의 역할을 하신다. 그래서 우리는 만물 위에 계신 하나님의 시나리오를 펼치시는 그분을 철저히 의지해야 한다.

하나님은 예배의 매 순간 '임마누엘'이라는 영원성을 시공을 초월하여 펼치시기를 원하신다. 우리는 그분의 초월적 시나리오를 잘 따라가야 한다. 우리가 준비한 예배 순서도 중요하지만 하나님이 준비하신 것이 더 중요하다. 그분이 매 순간 새롭게 보여주시고 들려주시는 시나리오를 잘 따라가야 한다. 그래서 예배 현장에서 감추어진 하늘 시나리오를 수행하시려는 무대감독이신 성령님께 민감하게 반응하는 믿음을 갖는 것이 중요하다.

성령님의 인도하심은 불, 바람, 생수의 강과 같이 변화무쌍하며 예측하기 어렵다. 그분은 우리의 사고와 경험을 초월하여 역사하신다. 영과 진리로 드리는 예배의 핵심은 짜여진 틀에 매여 정해진 순서를 다 잘 진행하는 데 있지 않다. 성령님은 계속해서 움직이시므로 그분이 움직이실 수 있는 여지를 열어두기 위해 예배의 틀이나 순서도 과감히 내려놓을 수 있는 마음 자세가 필요하다.

지금 우리와 함께하시는 초월자 하나님이 임재하시는 증거로서 우리에게 펼치고 싶어 하시는 즉석 시나리오와 캐스팅을 만나는 것도 중요하다. 그것을 통해 영원하시고 무소부재하시며 전지전능하신 하나님을 경험하게 되어 그분께 영광을 돌리게 된다.

최선을 다해 예배를 드려야 하는데, 많이 배우고 경험이 많을수록 자신의 경험과 지식에 묶여 새롭게 역사하시고자 하는 성령님의 역할을 감지하지 못할 가능성이 많다. 그것은 이전 배역에 묶여 새 배역을 잘 감당하지 못하는 배우의 모습과 흡사하다.

예수님이 "육으로 난 것은 육이요 영으로 난 것은 영이니 내가 네게 거듭나야 하겠다 하는 말을 놀랍게 여기지 말라 바람이 임의로 불매 네가 그 소리는 들어도 어디서 와서 어디로 가는지 알지 못하나니 성령으로 난 사람도 다 그러하니라"라고 말씀하셨다(요 3:6-8). 성령님이 바람처럼 역사하시므로 성령의 사람이라면 성령께서 바람 부시는 대로 따라가는 예배를 드려야 한다.

그런데 성령님은 무질서하게 우리를 인도하시는 분이 아니시다. 바람이 임의로 부는 것을 사람은 알 수 없지만 바람을 일으키시는 분은 성령님이시다. 바람은 분명한 어떤 지점에서부터 시작되며, 강풍이 되기까지는 일정한 패턴을 따라 가속도가 붙는다. 그런데 그 바람의 속도에 대한 패턴은 성령님이 주도하신다.

성령님이 강풍으로 역사하시기 위해 우리를 이끄시는 가장 확실한 재료가 있다. 그것은 고정 시나리오에 해당하는 성경이며 예배의 현장에 숨어 있는 양과 같은 깜짝 캐스팅과 숨은 시나리오다. 우리(배우)는 예배에서 성경(대본)에 충실하되 내 생각대로 성경을 의지하면 안 된다. 바람이 어떻게 시작되며 어디로 향할 것인지 우리가 알 수 없기 때문이다. 그래서 대본을 인도하시는 무대감독이신 성령께 집중해야 한다.

대본(성경)을 붙잡아야 하는 이유는 성령님께 집중하기 위해서다. 그렇게 할 때 대본인 성경말씀을 죽은 글씨로 내버려두면 안 된다. 타인이 들려주는 것을 수동적으로 듣기만 해서도 안 된다. 그것은 배우의 태도가 아니다. 성령님은 대본(성경)을 가지고 우리(배우)를 소리와 몸의 액팅(acting)으로 인도하시는 분이시다. 그래서 무대감독이신 성령님이 대본으로 인도하시는 것을 우리(배우)가 잘 따르는 최고의 비결은 대본(성경)을 잘 읽고 암송하는 것이다. 그리고 하나님이 살아 있는 생생한 말씀(대본)으로 인도하시기 위해 예배 현장 즉석에서 보여주시는 깜짝 캐스팅과 숨은 시나리오도 잘 감지해야 한다.

오순절 날 제자들을 비롯한 120명의 성도들은 진리의 말씀인 성경을 읽고 암송하여 하나님께 하가하며 서로에게 하브루타를 하다가 급하고 강한 바람같이 역사하시는 성령의 세례를 체험했다. **무대감독이신 성령께서는** 마가의 다락방을 무대 삼아, 그들이 암송하고 있는 **성경을 대본 삼아,** 여러 나라 언어로 하나님의 큰일을 **말하게** 하셨다. 그리고 하나님나라에 대한 기쁨이 넘쳐나게 하셔서 새 술에 취한 사람들같이 **행동하게** 이끄신 것이다.

공연은 둘, 예배는 하나

유라굴로 선교단체 대표이자 연극하는 목사이며 성경번역 대본가인 김성철 목사님은 공연과 예배에 대해 이렇게 말했다.

"공연은 둘이고 예배는 하나입니다. 공연은 무대와 객석으로 나뉘어 있어서 보여주는 자와 보는 자가 있는 것입니다. 그러나 예배는 오직 하나님 한 분만이 관객이시며 우리는 모두 그분 앞에 서 있는 자들입니다."

공연예술계에서도 최고의 공연에 대한 불문율이 있다. 김 목사님은 "공연이 최고의 공연일 때 '무대와 관객이 하나를 이루었다'는 표현을 씁니다"라고 했다. 우리의 예배야말로 앞에 서는 자와 회중석에 앉아 있는 성도들이 완전히 하나가 되어야 한다. 왜냐하면 공연은 무대와 객석이 둘로 나뉘어 있지만 예배는 앞에 서는 자들과 회중 모두가 하나되어 오직 하나님 한 분만을 향해야 하기 때문이다.

음악으로 예배를 인도하는 자나 설교자나 앞에 서는 자들은 회중들의 반응을 열매로 따 먹으려 하면 안 된다. 잘못하면 예배가 공연이 되어버린다. 오직 한 분의 관객이신 하나님의 반응에 오감과 마음과 영을 기울여야 한다. 또한 회중들은 앞에 서는 자들에게 나를 감동시켜달라고 요구해서는 안 된다. 이는 하나님 앞에 선 예배자가 아니라 세상 공연물 속의 관객 수준으로 전락시키는 행위다. 자신도 하늘 무대에 서는 사람으로서 오직 한 분의 관객이신 그분을 충족시켜드리는 예배자로 서 있어야 한다.

이런 훌륭한 개념을 아무리 강조해도 또 이것을 실천에 옮기려 해도 강대상과 회중석이 나뉘어 있어서 어쩔 수 없이 앞에 서는 자와 회중들이 분리될 수밖에 없는 구조적인 한계가 있다. 그래서 간격을 최대한 줄이고자 하나님은 예배의 현장에서 깜짝 시나리오와 캐스팅을 등장시켜 무대(강대상)와 객석(회중석)을 하나로 만드신다.

예수님의 첫 번째 공적 선포사역이 이루어진 회당 장면이 좋은 예다(막 1장). 예수님이 젊은 랍비로서 랍비가 서는 위치에서 토라를 낭독하고, 토라에 대한 하나님의 뜻을 가르치고 계셨다. 그때 회중들이 어떤 모양으로 모여 있든 말하는 자와 듣는 자로 자연스럽게 둘로 나뉘어 있었는데, 하나님은 현장에 있는 모든 이들을 다 예배자로 세우고 싶으셨다. 그래서 깜짝 시나리오와 캐스팅으로 더러운 귀신 들린 자를 출연시키셨다.

분위기를 깨듯이 더러운 귀신이 소리를 질렀다. 이것은 예수님이 말씀을 선포함으로써 드러나는 현상이기도 하다. 온전한 말씀이 선포되는 현장에는 하나님나라가 임하고, 그 결과로 귀신들이 드러나며 쫓겨져 나갔다. 예수님은 아무것도 스스로 말하거나 행동하지 않으셨기에 그분의 말씀 선포는 하늘 아버지의 선포나 다름없었다 (요 5:19,30). 그로 말미암아 귀신이 드러났다. 그래서 귀신은 하나님이 등장시키신 깜짝 캐스팅일 수 있다.

땅의 관점, 인본주의 관점에서 보면 귀신이 예수님의 가르침을 방해하는 것처럼 보이지만 사실은 그렇지 않다. 마찬가지로 우리의 예배 속에서 예배를 방해하는 것처럼 보이는 현상들이 오히려 하나님의 영광을 드러내는 도구가 될 수 있다.

더러운 귀신이 "나사렛 예수여 우리가 당신과 무슨 상관이 있나이까 우리를 멸하러 왔나이까 나는 당신이 누구인 줄 아노니 하나님의 거룩한 자니이다"라고 외쳤다. 그때 회중들은 소리가 들리는 곳으로 초집중되었다. 그리고 예수님이 그 귀신을 향해 "더러운 귀신아 나오라!"라고 하시자 그 사람으로 하여금 경련을 일으키게 하고 나갔다. 그러자 모든 사람들이 다 놀라 서로 "어찌 된 일이냐 권위 있는 새 교훈이로다 더러운 귀신들에게 명한즉 순종하는도다"라고 말하고 예수님의 소문을 온 갈릴리 사방으로 퍼뜨렸다.

인본주의 차원에서는 더러운 귀신이 드러나 예수님께 쫓겨날 때,

사람에게 경련을 일으키게 하고 나가는 모습이 어수선해 보인다. 그러나 하늘 차원에서 보면 작가이시며 연출자이신 하나님이 깜짝 시나리오와 캐스팅을 등장시켜서 그분의 권위가 드러나도록 하신 것이다.

예수 그리스도께서 성령의 능력을 힘입어 하나님이 제시하시는 하늘 시나리오를 이 땅의 예배에서 펼치실 때 나타나는 효과는 이렇게 강대상(무대)과 회중석(객석)이 완전히 하나가 된다. 더러운 귀신이 떠나간 바로 그때가 예수님과 회중 사이의 간격이 없어지고 하나로 합쳐진 순간이다. 이와 같이 하나님은 우리의 예배 현장에서 영광을 드러내고 싶으셔서 귀신 들린 사람같이, 예배에 적합해 보이지 않는 캐스팅과 시나리오로 우리에게 다가오실 수 있다.

이스라엘 백성들이 광야에서 생활할 때 하나님의 임재의 처소였던 장막이라는 헬라어가 '스케네'다(히 9:6). 북이스라엘과 남유다가 앗수르와 바벨론에 의해 포로로 잡혀간 후 제사를 드릴 수 없게 되자 성막제사가 소실되었다. 그래서 그곳은 이방 민족과 우상숭배자들의 놀이터가 되어버렸다. 그리스 로마 시대에 황제에게 보여지는 춤, 노래, 연극이 벌어지는 장소인 원형극장의 무대가 스케네로 불렸다. 지금 그 스케네는 장면을 뜻하는 신(scene)으로 불리고 있다.

김성철 목사는 스케네에 대한 연극사 속에 숨겨진 하나님의 일반 계시에 대해 다음과 같이 말했다.

"기원후 476년에 서로마가 멸망한 후 500년 동안 연극에 대한 자료가 없었어요. 그러다가 979년에 연극자료가 나타납니다. 그것은 놀랍게도 교회에서 이루어진 연극이었는데 내용은 예수님의 부활 사건이었죠. 예수님의 부활을 선포하는 차원에서 연극이 부활된 것입니다. 수백 년간 황제 앞에서 벌어진 공연 장소로 알려진 스케네를 초토화시켰습니다. 스케네가 원래 하나님의 임재처소인 모세의 장막이었고, 그 장막은 예수 그리스도를 말하는 것이라는 하나님의 계시입니다.

10세기경에 다시 부활된 연극의 무대 극장에서는 '스케네'라는 이름은 불리지 않았고 '플라테아'(영어로는 place)라고 불렸어요. 사람들이 하나로 모이는 공간인 마당이라는 뜻이죠. 여기서 연극마당이라는 개념이 나오게 되었습니다. 그리고 거기서 발전된 말이 플라자(광장, plaza)입니다. 그런데 예수님이 칠십인의 전도자들을 보내시면서 '플라테아'라는 단어를 사용하셨어요(눅 10:8-10). 여기서 사용된 '거리'가 마당이라는 헬라어 '플라테이아스'입니다. 그리고 영어로는 브로드웨이(Broad way)입니다."

예수님은 회당에서 가르치실 때 귀신 들린 자 또는 그분을 책잡으려고 질문을 던지는 바리새인들까지도 사용하셔서 마당의 효과를 내셨다. 예수님은 산, 들, 바닷가, 시장, 거리 등 사람들의 삶의 마당으로 직접 들어가셨다. 그리고 그 사람들을 하늘마당(보좌)으로 초청하시기 위해서 깜짝 시나리오와 캐스팅을 사용하셨다. 모든 백성들이 하나가 되어 하나님을 예배하도록 하기 위해서였다.

성경장면 만들기 예배

1997년 1월, 내가 온전한 복음을 중심으로 성경암송자, 예배자 및 전도자로 살아가기 시작한 지 1년 3개월 만인 1998년 3월에 주님은 창세전부터 복음 전파자로 나를 부르셨다는 궁극적인 소명의 말씀을 주셨다. 그때 음악가를 비롯한 예술가들을 하나님이 찾으시는 참된 예배자로 세우는 사명에 대한 확신도 주셨다.

그 후 3년 뒤인 신학대학원 5학기 때는 역대하 20장의 여호사밧의 노래하는 군대에 대한 말씀을 주셨다. 그 말씀을 통해 청년들을 하나님이 찾으시는 예배자와 마귀의 궤계를 파쇄하는 군사로 세우는 데 쓰실 것과 그것이 세계선교를 위한 것이라는 차원으로 비전을 구체화시켜 주셨다.

청년들을 예배자와 군사로 세우는 일과 세계선교의 비전을 일명 '여호사밧 미니스트리'라고 불렀다. 그 비전을 따라 결국 2003년에 세계선교를 위한 여호사밧 미니스트리를 위해 미국 땅을 밟았다. 그리고 한국에서부터 지속되던 성경암송이 2006년 9월부터 더욱 탄력을 받기 시작하여 성령에 대한 구절들 암송과 권별 암송이라는 새로운 차원으로 접어들었다.

그리고 2008년 초부터는 전도피켓을 들고 세계의 중심마당과 플라테아에 해당하는 브로드웨이와 월스트리트로 들어갔다. 여호사밧의 군대가 대적했던 모압, 암몬이라는 적진에 해당하는 뉴욕 맨해튼의 맘몬 중심으로 들어간 것이다.

1년도 채 흐르지 않아 월스트리트에서의 선교사역이 널리 알려지게 되면서 미국 내 타주, 한국, 중국, 유럽, 일본 여러 나라를 다니며 여호사밧의 군사들을 일으켜 세우는 말씀 사역을 하게 되었다. 특히 청년들을 여호사밧 군사로 세우는 여호사밧 사관학교 프로그램을 통해 온전한 복음을 더 심도 있게 전하며 그리스도의 군사와 예배자들로 배출했다.

그리고 한국을 몇 차례 방문하던 중 2010년 2월에 연극전공자이며 성경통독자인 김성철 목사님을 동역자로 만나게 되었다. 나는 김 목사님과 함께 진한 형제애 속에서 수년간 하나님나라와 예배에 대한 많은 나눔을 가졌다. 김성철 목사님은 연극학을 연구할 당시 공연예술계의 필수단어인 장면이라는 단어 '신'(scene)의 기원이 그리스 로마 시대 우상숭배를 위해 세워진 원형극장의 무대인 '스케네'라는 것을 배웠다. 그런데 나중에 하나님의 부르심을 받고 신학대학원에서 헬라어로 신약을 읽다가 스케네라는 단어가 하나님의 장막이라는 뜻으로 신약성경에 16번이나 사용된 것을 알고 많이 놀랐다고 했다.

음악전공자로서 '신'(장면, 무대)에 올라가는 삶을 살았던 나를 온전한 복음으로 깨우셔서, 결국 신의 기원인 스케네(장막) 안에 들어가는 제사장처럼 성경암송 예배자로 삼으신 주님의 경륜은 참으로 놀랍다. 신이라는 단어의 기원이 스케네이고 그것이 하나님의 장막이라면, 신에 들어가는 공연예술계 사람들 및 삶의 무대에 들어가는 하나님의 모든 자녀들은 제사장들로 간주된다.

　　급기야 김성철 목사님과 함께 청년들을 장막 안의 제사장으로 세우기 위해 성경을 읽고 암송하는 자들로 이끌게 하셨고, 2015년 2월 12일 대학로 유니플렉스 극장에서 제1회 신 컨퍼런스를 열게 하셔서, 신(장면)으로 변질되어 세상에 빼앗긴 하나님의 임재의 처소 스케네(장막)를 도로 찾아오는 구속 사역을 시작하게 하셨다.

　　그리고 5월 28일에 다시 유니플렉스 극장에서 제2회 신 컨퍼런스 〈유라굴로〉 공연워십을 통해 신(장면)이 하나님의 장막임을 선포하게 하심으로 구속(Redemption, 구속=도로 찾아옴) 사역을 계속 이루어지게 하신 결과로 유라굴로 선교단체라는 열매를 맺게 하셨다.

　　하나님은 장면(신)이라는 단어가 장막에서 유래한 것을 착안케 하시어 성경의 장면들을 만들어 보면서 장막체험을 하도록 하는 예배를 개발하게 하셨다. 이름하여 성경장면 만들기 예배다. 이는 말씀의 회복을 통해 성령님을 직접 경험하는 예배다. 성경을 설명하고 끝내는 설교가 아닌 성경을 직접 경험하는 예배다. 임마누엘의 하나님이 '지금 여기에' 우리와 함께하심을 믿는 믿음으로 영과 진리로 예배를 드리며 예수님을 인격으로 직접 만나는 예배다.

이는 말씀 인도자와 회중이 분리된 예배가 아니다. 예수님이 행하시며 선포하셨던 것을 기록한 성경을 문자로서가 아닌, 성경 기록 당시의 동일한 선포와 행함(액팅)으로, 하나님께 드리는 예배다. 보여주는 자와 보는 자가 나눠지지 않고, 인도자와 모든 회중이 다 같이 성경의 장면 안으로 함께 들어가는 것을 경험한다. 성경의 장면 속으로 직접 들어가서 당시에 역사하셨던 성령님을 직접 만난다. 장면 만들기를 통해 성령님의 개입하심으로 자연스럽게 치유와 회복을 체험하게 된다.

나는 김성철 목사님과 함께 2016년 1월 중순부터 4월 초순까지 80일간, 전국을 다니며 20여 차례 이 예배를 드렸다. 그런데 단 한 번의 예외도 없이 성령께서 예측불허의 시나리오와 캐스팅들을 등장시키시면서 성경을 직접 체험하게 하셨다. 그중에 중요한 몇 개의 사례들을 소개하려고 한다. 이 사례들은 단지 성경장면 만들기 예배에 대한 것만이 아니라 지금까지 언급한 예배의 개념에 대한 실제적인 체험들이다. 앞에서 말한 예배의 개념들이 실현 가능함을 보여주는 이 예배가 당신이 드리는 예배에도 변화를 줄 것이다.

야이로의 딸, 보혜의 달리다굼 예배

그레이스선교교회 단기선교 팀과 황은혜 목사님이 2013년 5월에 뉴욕으로 왔다. 나는 그들과 함께 맨해튼과 브루클린에서 전도와 기도사역을 하게 된 계기로 친분이 두터워졌다. 한국을 방문할 때마다 황 목사님이 주일에 일일 부흥회 강사로 나를 초청하면서 영적인 교제가 더욱 무르익어갔다.

그로부터 2년이 지난 2015년 8월 초 전 교인 여름수련회 강사로 나를 초청했다. 문득 김성철 목사님과 함께 수련회를 섬기면 좋겠다는 생각이 떠올랐다. 그래서 김 목사님께 수련회에서 성경장면을 만들면서 성경을 직접 체험하는 예배를 드리면 좋겠다고 제안했다. 본문은 마가복음 5장의 회당장 야이로의 딸을 살리는 사건과 혈루병 여인이 치료받은 사건으로 정했다. 8월 1일 초저녁에 김 목사님과 나는 가평 리본하우스에 도착했는데 황은혜 목사님은 반가운 재회의 기쁨을 나누자마자 매우 슬프고 놀라운 이야기를 했다.

"부교역자인 김용석 전도사님의 동생인 보혜가 부모님과 함께 속초로 휴가를 떠났다가 익수사고를 당했어요. 물에 빠진 지 20분만에 건졌는데 호흡과 맥박이 잡히지 않는다며 살아날 수 있도록 기도해달라는 김 장로님(아버지)의 전화를 받았죠. 다급한 상황이어서 제가 전화기를 붙든 채 기도했는데, 구급차로 이동하면서 장로님이 전화기를 딸의 머리맡에 놓게 하고 제 기도를 듣게 하셨어요.

병원에 도착했는데 병원 측에서는 이미 생명이 다했다고 결론을 내리고 간단한 심폐소생술도 시도하지 않았답니다. 보혜가 익수한 지 한 시간이 지난 시점이었기 때문에 당연한 것이었겠죠. 그러나 장로님이 강력하게 호소하여 몇 가지 의료적인 시도를 했는데 놀랍게도 하나님이 기적을 베푸셔서 맥박과 호흡이 다시 돌아왔어요. 그러나 뇌 활동이 전혀 없고 뇌파도 잡히지 않아, 현재 인공호흡기를 의지하고 있는 상태입니다.

저는 전화를 끊자마자 강릉으로 달려가서 보혜를 붙들고 밤이 새도록 '보혜야! 달리다굼! 일어나라!' 하며 주님이 기적으로 역사하시기를 믿음으로 간구했어요. 이 사건 이틀 전 주일에 회당장 야이로의 딸이 살아난 사건의 말씀을 하나님이 주셨습니다. '달리다굼'이라는 제목으로 설교를 선포했죠. 저는 사고 소식을 듣게 되었을 때, 주일에 주신 설교의 내용이 레마였음을 확신하고 그 말씀을 붙들고 기도했습니다.

그래서 4일 동안 강릉에 머물며 면회 시간마다 보혜를 붙들고 주님께 기도하며 '보혜야! 달리다굼!'을 계속 외쳤어요. 하루에 6번의 예배를 인도하며 하나님 앞에 눈물로 간구했지요. 곧 의사 선생님이 장기들이 조금씩 나아지고 있다고 전했습니다. 그리고 얼마 후 보혜의 모든 장기가 거의 정상으로 돌아왔죠. 이제 주님이 잠자고 있는 뇌를 깨워주시고 눈을 뜨게 하셔서 호흡기를 떼어낼 수 있기를 기도합니다. 두 분 목사님도 함께 달리다굼을 외쳐주시고 기도해주시기를 부탁드려요."

그러자 김 목사님이 "수련회를 위해 주님이 주신 본문이 바로 마가복음 5장 회당장 야이로의 딸을 살리는 사건입니다"라고 말했고, 그 말을 듣자 황 목사님은 눈물을 흘리면서 "정말 놀랍군요. 주님이 보혜를 일으키실 것이라는 확신을 주시네요"라며 감탄했다.

저녁식사를 마치고 첫 예배 시간이 되어 김 목사님이 앞으로 나아갔다. 그는 보혜 사건을 전혀 알지 못한 상태에서 회당장 야이로의 딸 사건을 본문으로 채택하게 하신 하나님의 놀라운 섭리를 선포했다. 성도들은 감사와 감격의 눈물을 흘렸고, 여기저기서 할렐루야 소리가 터져 나왔다. 목사님은 먼저 성경장면 만들기에 대해 간단히 설명했다.

"먼저 마가복음 5장 21-34절 본문을 읽으면서 본문 배경 및 인물들의 대사 소리나 동작에 대한 설명을 하겠습니다. 그러고 나서 이 장면을 우리가 직접 체험하게 될 것입니다."

김 목사님이 성경을 읽어내려갈 때마다 황 목사님은 "할렐루야! 주님!"이라는 소리를 연발했고, 성도들의 간절함과 감탄의 소리가 계속 흘러나왔다. 김 목사님은 장면 만들기 예배에서 중요한 것은 사람들의 움직임을 나타내는 동사라고 했다. 그것이 액션에 중요한 포인트가 되기 때문이다.

"22절에 회당장 야이로가 예수님의 발아래 엎드렸다고 했지요? 이것은 점잖게 엎드린 것이 아니라, 헬라어 원어를 찾아보니 '핍토'로서 '툭 떨어진 것'입니다. 즉, 딸이 죽게 되었으니 다급해서 회중들을 헤치고 예수님께 달려오면서 발 앞에 툭 떨어진 것이죠. 그리고 그다음에 나오는 사건 속의 혈루병 여인이 예수님의 옷에 손을 댔다고 했는데 이 단어의 어원도 '합토'로서 꼭 붙잡았다는 것입니다."

본문을 읽으며 장면 설명을 마치자 목사님은 본격적으로 장면 만들기 예배로 진입했다.

"보통 예배 때에는, '이제 예수님께 달려가서 엎드리는 신앙, 그분의 옷자락을 꼭 붙잡는 신앙인이 되십시오'라고 말하면서 예배가 끝나겠죠? 그런데 우리는 이제 이 말씀에 대해 모두가 액션(행동)을 직접 취하면서 성령의 운행하심을 체험해보기로 하겠습니다. 자, 다같이 한 번 일어나 보실까요?"

그렇게 성도들을 다 일으켜 세워 본문의 배경이 되는 장면부터 체험하도록 인도했다.

"저쪽을 갈릴리 호수 건너편 거라사 지방이라 생각하시고 이쪽 반대편 쪽으로 예수님이 건너오셔서 큰 무리와 함께 계신 것으로 설정해봅시다. 예수님은 어디쯤 서 계셨을까요? 지 목사님이 예수님 역할을 좀 맡아주시겠습니까?"

목사님의 지시에 따라 우리가 움직이는 순간, 뜻밖에 성령님이 주시는 감동이 있었다. 내가 마치 마가복음 5장의 현장 속에 실제로 서 있는 것 같은 전율을 느꼈다. 성경 속의 정보가 지식이나 머리만의 깨달음으로 그치는 것이 아니라, 실제 성경 속 현장을 체험할 수 있었다.

"거기 안경 쓰신 집사님이 야이로 역을 좀 해볼까요? 자, 회당장은 아마도 멀리서 달려오면서 무리들 속에 섞여 있는 예수님을 발견하고 사람들을 헤치며 이쪽으로 나와서 그분 앞에 털썩 떨어졌을 것 같습니다. 집사님이 움직이면서 야이로의 대사를 한번 해보시죠."

그 집사님은 목사님의 지도에 따라 예수님 역을 맡은 내 발 앞으로 나와 털썩 주저앉아서 대사를 읊었다.

"내 어린 딸이 죽게 되었사오니 오셔서 그 위에 손을 얹으사 그로 구원을 받아 살게 하소서."

김 목사님은 그의 대사를 들으면서 끊어 읽기와 목소리의 톤을 조절하여 감정을 표현하는 것을 여러 번 지도했는데, 그에 따라 집사님의 대사가 바뀌는 순간마다 의미 전달이 확실해졌다. 또한 그때마다 성령의 움직임이 감지될 수 있었고, 그것을 감지한 성도들에게서 감탄하는 소리가 터져 나왔다. 순간 나는 성경을 소리 내어 잘 읽을 때 성령님의 운행하심을 직접 체험할 수 있음을 깨달았다.

목사님은 혈루병 여인의 역할을 한 여자 집사님께 맡기고, 대사와 동작을 지도했는데 야이로 역할을 맡았던 남자 집사님과 동일한 효과가 나타나는 것을 확인했다. 그렇게 목사님은 혈루병 여인이 치료받는 부분인 34절까지의 장면 만들기를 마치고 나서 의미심장한 표정으로 다음과 같이 선포했다.

"여러분, 제가 준비한 것은 여기까지입니다. 그런데 기도원에 도착하자마자 보혜의 이야기를 들었고, 황 목사님이 사고 전에 이 말씀을 레마로 받으셨다는 말을 들으며 지 목사님과 저를 이곳에 오게 하신 하나님의 의도가 무엇인지 알았습니다. 그리고 저녁식사를 하는 중에 주님이 제게 '오늘 회당장 야이로는 황은혜 목사다!'라고 말씀하셨어요. 황 목사님은 아까 남자 집사님이 서 있던 자리로 가서 서십시오. 그리고 이 말씀을 의지해서 실제로 예배합시다."

그렇게 말하고 내 옆으로 와서 "지 목사님, 이제 성령께서 이끄시는 대로 예배를 계속 인도하십시오"라고 말하고 무리지어 서 있는 성도들 틈으로 들어갔다.

그러자 갑자기 황 목사님이 예수님 역을 맡고 있는 내 발 앞으로 달려와서 털썩 떨어지며 "보혜를 살려주십시오, 주님!" 하며 오열하기 시작했다. 그 모습을 본 성도들은 누가 시키지도 않았는데 자발적으로 함께 통곡했다. 그때 갑자기 성령께서 내 머릿속에 있는 말씀들을 끄집어내기 시작하셨고, 나는 암송으로 선포했다.

"회당장의 집에 함께 가사 떠드는 것과 사람들이 울며 심히 통곡함을 보시고 들어가서 그들에게 이르시되 너희가 어찌하여 떠들며 우느냐 이 아이가 죽은 것이 아니라 잔다 하시니 그들이 비웃더라 예수께서 그들을 다 내보내신 후에 아이의 부모와 또 자기와 함께 한 자들을 데리시고 아이 있는 곳에 들어가사"(막 5:38-40).

그리고 선포된 말씀을 상황에 맞게 반영하기 시작했다.

"보혜가 뇌사상태에 빠졌다고 울며 심히 통곡하는 여러분들과 함께 주님이 여기 계십니다. 예수님은 야이로의 딸이 '죽은 게 아니라 잔다'라고 하셨을 때, 믿지 않고 비웃었던 자들을 다 내보내셨습니다. 그 예수님이 지금 '보혜가 죽은 것이 아니라 잔다'라고 하십니다. 예수님이 보혜를 살리실 것을 믿는 자는 다 함께 이 자리에서 치료의 하나님을 찬양하며 기도합시다."

말을 마치자 모두 한마음으로 엎드려 "주여! 아버지!"라고 소리치며 기도하기 시작했다. 부르짖는 기도소리가 천장을 뚫고 하늘을 향해 치솟아 올랐다. 말씀 자체만으로 폭발한 기도소리는 식을 줄 모른 채 거의 한 시간이나 계속되었다. 기도소리가 잦아들 때쯤 담임이신 황 목사님이 마이크를 들고 말하기 시작했다.

"저는 보혜 사건을 접하면서 보혜는 이 나라와 민족의 다음세대를 상징한다는 마음을 주님께 받았습니다. 우리 교회는 오래전부터 복음으로 통일되는 한국을 위해 기도해왔습니다. 이 시간 보혜와 그 가정, 우리 교회를 비롯해 이 나라와 민족의 다음세대를 위해 기도합시다. 아비 세대들이 회개하게 하옵소서. 대한민국을 붙잡아주옵소서. 민족 교회들이 일어나 회개하고 빛을 발하게 하소서. 북한 땅을 생수의 강으로 덮으소서. 열방과 세계와 이스라엘을 그리스도 안에서 하나 되게 하소서. 자, 다 같이 큰 소리로 '달리다굼'을 외치면서 기도합시다!"

온 성도들의 기도는 더 뜨겁게 타오르기 시작했고 한참의 시간이 흘렀다. 처음에 우리는 음악적 찬양으로 예배를 시작하지 않았다. 말씀 읽기로 바로 예배를 시작했고, 이어서 장면 설명 후 체험 예배를 드렸다. 그리고 보혜의 상황을 위해 말씀을 붙들고 기도하는 시간을 가졌다. 음악의 역할이 전혀 없었음에도 말씀을 실제로 체험하는 가운데 성도들이 성령께서 운행하시는 것을 맛보았다.

그제야 나는 음악이 보조적 역할로 쓰임 받으면 좋을 것 같다는 생각이 들었다. 그래서 건반 연주자에게 넌지시 사인을 주었다. 그는 건반의자에 앉아서 현악기 소리로 기도와 예배를 돕기 시작했다. 이미 말씀만으로 충분히 타오르고 있던 영적인 분위기에 음악의 효과가 더해져 예배의 분위기는 더욱 깊어졌고, 건반 연주가 시작된 후반부에는 〈내 눈 주의 영광을 보네〉를 비롯한 몇 곡의 찬양으로 역동적인 찬양을 드리며 예배를 마칠 수 있었다.

십 수 년간 성경통독자이며 연극전공자인 김성철 목사와 20년 동안 성경암송자이며 음악전공자인 나를 통해 인도된 장면 만들기 예배는 그레이스선교교회에 임한 레마와 처한 상황과 정확히 일치했다. 그 놀라운 체험은 예배에 대한 하나님의 섭리를 새롭게 인식하게 되는 계기가 되었다. 그것을 통해 현대 교회의 예배가 회복되기를 원하시는 하나님의 열정을 확인할 수 있었다.

그 예배는 음악이 아닌 말씀이 이끌어가는 예배였고, 음악은 적절히 보조적인 아름다운 역할을 했다. 그리고 설교자 및 예배 인도자와 회중이 완전히 하나가 된 예배였으며 성령께서 무대감독으로서 하늘에 계신 아버지의 숨은 시나리오를 펼치신 예배였다.

의학적인 면에서 일반적으로는 뇌사상태에서 14-30일 정도가 지나면 폐렴과 같은 2차 감염으로 인해 사망할 수밖에 없다. 그리고 보통 그런 환자들의 얼굴은 핏빛이 완전히 사라져서 누렇거나 시퍼렇다. 그런데 보혜는 7개월이 넘는 동안 내내 두 볼에 홍조를 띠었다. 모든 장기가 정상이어서 의사들도 호흡기를 떼자고 할 수가 없었다.

20분 후에 물에서 건져지고 1시간이 다 지나서 병원에 도착한 보혜를 주께서 실제로 달리다굼시키셔서 생명을 붙들고 계셨던 것이다. 그래서 그 가족들과 성도들뿐 아니라 보혜를 위해 기도하는 많은 지인들은 주께서 그녀의 눈을 뜨게 하시고 일으켜 세우실 것이라고 확신했다. 그러나 우리의 기대와 소망과는 달리 하나님은 보혜를 215일 만에 완전히 그분의 품에 안으셨다.

김 목사님과 나는 소식을 듣고 2016년 2월 28일 서울의료원에 도착했고, 영안실에 있는 보혜와 보혜의 가족들 및 성도들과 인사를 나누었다. 서로의 얼굴을 물끄러미 쳐다볼 수밖에 없는 무거운 분위기 속에서 김 목사님이 조심스럽지만 담대하게 입을 열었다.

"성령께서 지금 제게 '엘 올람'(영원하신 하나님)이라는 말씀을 주십니다. 보혜는 '달리다굼'이라는 말씀의 실제 속으로 드디어 들어간 것이라고 하십니다. 영원한 하나님의 자녀들인 우리들에게 죽음이란 없습니다. 하나님은 215일 동안 보혜의 육체를 붙드셨고, 그 영은 드디어 완벽하게 달리다굼하여 지금 영원한 하나님 품에 안겼습니다."

보혜가 눈을 뜰 것을 굳게 믿었던 나는 목사님의 말을 듣는 순간 내적으로 '네가 진정 영원한 나를 믿느냐? 시간이 아닌 영원을 믿느냐?'라는 주의 음성을 들었다. 그 음성은 내 의혹을 한순간에 날려버렸고 하늘로부터 내려오는 평강을 맛보게 했다. 황 목사님도 환한 얼굴로 고개를 끄덕이며 말씀하셨다.

"그렇군요. 부활을 믿기에 결코 절망하지는 않았으나 그래도 보혜가 눈을 뜨고 일어날 것을 너무나 확신했기에 주님의 뜻이 어디에 있는지 여쭙고 있었어요. 그런데 보혜가 영원 속으로 들어간 것이기에 달리다굼을 실제로 누리게 된 것이군요. 영원을 믿고 있었지만 그 영원을 실제로 누리게 하시는 엘 올람을 선포해주셔서 감사합니다."

그리고 보혜의 가족들도 이렇게 말했다.

"영원에서 영원으로 이끄신 엘 올람, 영원하신 하나님에 대한 말씀을 전해주시니, 보혜를 위해 오랜 시간 기도한 모두에게 큰 소망과 힘이 됩니다. 기도한 사람 모두가 천국을 더 사모하게 되었습니다."

후일에 황 목사님은 보혜의 불꽃같았던 215일간의 삶을 다음과 같이 회상했다.

"전 세계에 퍼져 있는 중보기도자들이 215일 동안 보혜를 위해 기도하면서 더불어 이 나라와 민족 및 열방들의 다음세대를 살려달라는 기도로 하나님께 나아갔어요. 보혜는 육체가 건강했을 때보다 누워 있을 때 하나님의 일을 더 많이 하고 영원하신 하나님께 달리다굼했어요. 성령께서는 보혜를 통해 모든 열방의 기도자들을 달리다굼으로 깨우시고 일으키시고 살리서서 진정한 기도자들이 되도록 하셨어요. 그리고 이 나라와 민족도 달리다굼으로 향해 가고 있습니다."

장막절에 장막체험 예배를 이스라엘에서 드리다

그레이스선교교회와 함께 드렸던 성경장면 만들기 예배를 통해, 하나님은 교회 안에서 드려지는 예배가 음악이나 한 사람의 설교에 의존되어 진행되는 예배가 아니라 말씀을 실제로 체험하는 예배를 원하신다는 확신이 왔다. 장면(신)은 원래 장막(스케네)이었다. 그래서 장면(신) 만들기를 통해 말씀을 실제로 체험하게 될 때 그 자리는 하나님의 임재 처소인 장막이 된다. 하나님은 말씀이시기 때문이다. 그리고 그 장막 체험은 하늘 보좌로 올라가서 하나님의 영광을 보는 예배가 된다. 땅의 장막이 하늘 장막의 모형이기 때문이다(출 25:8,9).

유라굴로 선교단체를 이끄는 김성철 목사님과 나는 2015년 8월 1일에 그레이스선교교회와 장면 만들기 예배를 체험한 직후, 9월 15-27일까지 대학로 유니플렉스 극장에서 두 번째로 유라굴로 공연워십을 하면서 장면이 장막임을 다시 선포했다. 그러자 하나님은 사역의 결과로서 놀라운 전리품을 선물로 주셨다.

어느 한 중보기도단체로부터 유라굴로 선교단체 핵심 멤버 다섯 명의 항공료와 현지에서의 모든 경비를 제공받게 하시면서 이스라엘로 보내주셨다. 놀라운 것은 장면이 장막임을 선포하는 유라굴로 단체의 공연이 끝난 날이 바로 장막절의 시작인데, 바로 다음 날 3,500여 년 전 장막이 설치된 역사의 현장인 이스라엘로 보내주셨다.

이스라엘의 모든 여정은 한결같이 기적 같은 이야기의 연속이었다. 특히 장면이 장막임을 선포하는 구속 사역(Redemption, 도로 찾기)으로 부르신 것을 확증하시려고 하나님은 장막과 관련된 숨은 시나리오들을 끊임없이 펼쳐주셨다. 놀라운 에피소드를 많이 체험했는데 그중에 장막예배와 관련된 첫날과 마지막 날 이야기를 나누고자 한다.

도착한 첫날 숙소는 놀랍게도 유대 광야에 있는 맛사다 요새 뒤편의 장막이었다. 그리고 광야 장막 숙소에서 전혀 의도하지 않았는데 이스라엘 백성들의 출애굽 사건을 직접 체험했다. 성경 역사가 펼쳐졌던 바로 그 현장에서 성경의 내용을 그대로 체험한 것인데, 저녁 식사로서 히브리인들이 애굽을 떠나기 전날 밤에 그랬듯이 양고기를 구워 먹었다.

저녁예배 때는 이스라엘 기도여정 인도자 박 목사님의 요청에 따라 광야의 장막 안에서 유라굴로의 공연 장면 중 한 토막인, 장면(신)이 장막임을 선포하는 부분을 재현했다. 약 3,500년 전 장막이 처음 세워졌던 바로 그 광야의 장막 안에서 신이 장막임을 선포하는 공연의 한 토막을 주께 올려드리면서 하나님의 거룩한 영광의 임재를 체험했다.

이튿날부터 제공되는 숙소의 이름도 '시온의 장막'이었고, 온 세계 열방 80개국이 예루살렘에 모여 이스라엘을 축복하는 장막절 대행진 행렬에도 참여했다. 또한 모든 일정을 소화하는 동안 주님이 거니셨던 이스라엘 땅 전체가 장막으로 체험되었다. 그리고 마지막 날 숙소인 기도의 집 시온의 장막에서 기도의 집 가족들, 현지 한인 선교사들 및 장막절 행사를 위해 모인 회중들과 함께 마지막 예배를 드렸다.

그런데 또다시 우리의 의도와 무관하게 기도의 집 리더 선교사님의 요청으로 김성철 목사님과 내가 장면 만들기 예배를 인도하게 되었다. 그래서 나는 가나 혼인잔치의 예배 콘셉트로 회중을 이끌었고, 김 목사님은 요한복음 7장의 장막절 에피소드로 회중들을 이끌었다.

그레이스선교교회에서 장면 만들기 예배로 장막체험을 하게 하신 주님은 강권적으로 우리를 이스라엘로 들여보내셨고, 그곳에 머무는 내내 장막에 대한 체험을 하게 하셨다. 모든 여정의 숙소는 장막이었고, 여정의 시작 부분에서는 광야 한복판 장막 안에서 장면이 장막임을 선포하게 하셨다. 그리고 마지막 날에는 장막절에 관한 성경장면 만들기 예배로 장막체험을 함으로써, 장면이 장막임을 선포하는 구속사역이 주님으로부터 시작되었고 계속될 것임을 확신케 하셨다.

성경암송 예배를 드리는 대구 엠마오교회

이스라엘 방문 사역을 마치고 뉴욕으로 돌아온 뒤 2016년 초에 한국을 다시 방문했다. 첫 번째 주일예배는 대구 칠곡에 있는 엠마오교회에서 드렸다. 특히 이 교회는 암송에 전념하고 있었다. 총신대 신대원과 영국 트리니티신학교를 졸업한 한창수 담임목사님을 통해 암송목회 이야기를 들었다.

"저는 말씀암송 및 가정에서의 암송예배를 적극 권장하는 목회로

방침을 정했습니다. 개척 초기부터 모든 예배와 모임 때에 수십 구절을 암송하는데, 그것이 제 설교보다 더 중요하다고 성도들에게 전하고 있죠. '강단에서 선포되는 설교만이 하나님의 말씀'이라는 설교 중심적 사고를 과감히 벗어날 수 있어야 합니다.

유대인이 나라도 없으면서 그들의 정체성을 유지할 수 있었던 비결은 다음세대의 머리에 성경말씀을 심어주었기 때문입니다. 신앙 전수의 핵심은 가정에서 반복적인 성경 교육을 하는 것입니다. 가장 효과적인 방법이 말씀암송 예배죠. 가정 예배 때나 어떤 예배 때든지 설교자의 설교 부담이 적어서 부모들을 자녀 신앙교육의 주체로 끌어낼 수 있습니다.

온 가족이 한자리에 모여 기도하고 찬송을 부르며 정해진 분량만큼 성경말씀을 한목소리로 외웁니다. 이후 서로의 기도제목을 나누고 대표기도로 마무리합니다. 한국 교회가 설교지상주의를 경계하고, 말씀을 암송하게 하고 성경을 가르치는 데 더욱 힘써야 합니다. 말씀암송 중심의 삶을 살면 성도들의 신앙생활도 안정적으로 변합니다."

나는 한 목사님과 대화하며 가슴 뜨거운 교제의 시간을 가졌다.

"기차 타고 내려오는 길에 요한복음 4장에 대해 성령께서 확실한 깨달음을 주셨어요. 원어를 자세히 보면 사마리아 여인 앞에서 '이때다'라고 예수께서 말씀하신 것은 '지금이 예배할 때다'라고 말씀하신 것이며, 그것은 '지금 나를 예배하라'는 의미였죠. 그리고 '아버지께서는 이렇게 예배하는 자를 찾으신다'고 하셨는데 '이렇게 예배하는 자'는 바로 영과 진리 안에서 예배하는 것이며, 언약의 성취로 내 앞에 계신 예수님이 나와 함께하심을 믿고 예배하는 자입니다.

그런데 예수님이 누가복음 4장에서 '주의 성령이 내게 임하셨으니… 은혜의 때를 전파하게 하려 하심이라'라고 읽으실 곳을 펼쳐서 글씨를 읽으며 선포하시고 나서 '오늘 이 글이 네 귀에 응했느니라(성취되었느니라)'고 하셨죠. 말씀을 선포하는 순간이 언약이 성취가 되는 순간입니다. 이것은 바로 '이사야가 예언한 메시아가 나 예수인데 그 글이 나에 대한 글이며 내가 그 글을 선포하는 지금 이 순간 그 말씀이 성취가 된 것이다'라고 예수께서 직접 말씀하셨죠.

우리가 쓰여진 말씀을 소리 내어 선포할 때 성령께서 역사하시는 것이므로 하나님이 나와 함께하신다는 언약이 이루어지는 것이라고 믿습니다. 오늘 이것을 깨닫게 하시면서 '볼지어다 내가 세상 끝 날까지 너희와 항상 함께 있으리라 하시니라'라는 말씀을 새롭게 다시 주시네요."

그러자 한 목사님이 눈물을 글썽이며 다음과 같이 화답했다.

"지 목사님, 감사합니다. 저는 암송목회를 해오면서 '저 아이들과 성도들이 암송하는 말씀이 언제 성취될까?'라고 생각하며 가끔 마음의 답답함을 느끼곤 했어요. 그런데 오늘 응답을 주신 것 같네요.

영원하신 하나님이 우리와 함께하시겠다고 언약하셨고, 지금 우리와 성령으로 함께 계시므로 그 언약이 이미 성취가 된 것이며, 우리가 그 말씀을 선포하는 순간에 성령께서 진동하시는 것이므로 언약이 성취되는 것이군요. 감사합니다. 오랜 시간 동안 고민하던 숙제가 해결된 것 같아요."

목사님의 눈물 섞인 고백을 들으며 나도 눈물이 흐르는 것을 주체할 수 없었다. 시간이 되어 주일예배가 시작되었다. 과연 들은 대로 엠마오교회의 주일예배는 성경으로 암송하며 선포하는 예배가 중심이었다. 특히 어린아이들부터 장년 성도에 이르기까지 모두 모여 함께 암송하며 예배를 드리는 모습이 인상적이었다.

단순히 한 사람의 설교 중심이 아닌, 성경 읽기와 암송선포 중심의 예배를 드리면 남녀노소 모든 세대가 나이 차이나 세대간 문화의 차이 때문에 예배를 따로 드릴 필요가 없다. 정통 유대인들이 거의 2천 년 동안 나라 없이 전 세계로 흩어져서 다른 나라 문화권에서 살았다. 그러면서도 세상 이방 문화에 동화되지 않고 민족성을 유지하며 하나님이 선택하신 민족으로서의 정체성을 잃지 않을 수 있었다. 그것은 수천 년 동안 남녀노소 모든 세대가 다 같이 모여 음악이나 다른 문화적인 것들이 중심이 아니라 본질인 말씀을 암송하며 선포하는 예배를 드려왔기 때문이다. 엠마오교회는 바로 그 예배의 원형적 모습을 간직하고 있었다.

설교 시간이 되어 강대상에서 공식적인 기도를 마친 나는 앞쪽으로 내려와 회중들과 가장 가까운 거리까지 나왔다. 최대한 전하는 자와 듣는 자들 사이의 벽을 허물기 위해서였다. 그리고 아이들의 눈높이에 맞춘 차원에서 말씀을 풀어가기 시작했다. 일방적인 설명으로 지루하게 흘러가는 설교가 아니라 아이들에게 질문도 하고 답변에 대해 재치 있게 받아쳐주기도 하면서 그날의 설교 주제인 성령님에 대해서 전하기 시작했다.

여기저기서 웃음소리, 설교에 대한 반응을 서로 주고받는 소리, 아멘으로 화답하는 소리 등 거룩한 소음들이 있었다. 그런 분위기 속에서 앞쪽 가운데 열에 엄마와 아들로 보이는 회중이 앉아 있었다. 그 학생은 고등학생쯤 되어 보였는데 다른 학생들보다 반응이 약간 돋보였다. 나의 질문식 설교에 대해서도 뭔가 다른 친구들보다 적극적이며 남다르게 반응했던 터라 그의 엄마가 자기 아들을 조용히 자제시키며 단속하는 모습이 자주 눈에 띄었다. 나는 그의 태도에 개의치 않고 계속 설교를 진행하며, 예수님이 성령에 대해 강조하신 성경구절들을 암송하며 선포하다가 질문을 했다.

"여러분, 예수님이 죽으시고 부활하신 뒤 하늘로 오르시기 전에 이별 설교를 하셨죠? 마태, 마가, 누가, 요한복음과 사도행전을 종합해보면 예수님이 하늘로 오르시기 전에 하신 몇 분짜리 마지막 설교가 나옵니다. 그런데 마지막 유언 설교 중에 하늘로 올라가시기 바로 직전에 말씀하신 마지막 한 문장은 무엇일까요?"

질문이 떨어지자마자 회중들은 열심히 답을 찾는 듯한 표정이었다. 그런데 바로 그 학생이 망설이지 않고 재빠르게 "볼지어다 내가 세상 끝 날까지 너희와 항상 함께 있으리라 하시니라"라고 큰 소리로 말했다. 순간 나는 전율했다. 사실 내가 원하는 정답은 "오직 성령이 너희에게 임하시면 너희가 권능을 받고 예루살렘과 온 유대와 사마리아와 땅 끝까지 이르러 내 증인이 되리라"(행 1:8)였다. 하지만 그 학생의 대답은 바로 기차를 타고 내려오는 길에 새롭게 주신 레마의 말씀이었다.

무대감독이신 성령님은 그 학생을 갑자기 즉석에서 깜짝 캐스팅하셔서 숨은 시나리오로 예배를 새롭게 열어가기 시작하셨다. 나는 성령님이 마태복음 28장 20절 말씀으로 우리를 부르시는 것(콜링, 부르심)을 감지했고, 학생이 그 말씀을 선포한 순간, 그것이 우연이 아니라는 생각이 들어 그를 앞으로 불러냈다. 그리고 마이크를 입에 대주면서 "아까 선포한 말씀을 다시 한 번 선포해볼래?"라고 요청했다. 그는 다시 아주 빠른 속도로 "볼지어다 내가 세상 끝 날까지 너희와 항상 함께 있으리라 하시니라"라고 암송으로 선포했다. 곧이어 나는 성령님이 그 학생의 말씀 선포를 통해 무엇을 행하고자 하시는지 설명했다.

"여러분, 사실 정답은 따로 있습니다. 그런데 놀라운 것은 바로 이

시간, 이 학생이 말한 구절을 통해 주께서 모든 회중들에게 레마를 주시며 언약을 성취하시고 계십니다. 여러분, 하나님은 지금 우리와 함께하십니다. 제가 기차를 타고 내려오면서 기도를 하는 중 성령께서 주신 새로운 말씀이 바로 저 학생이 선포한 바로 그 말씀입니다.

저는 이것이 우연이라고 생각하지 않습니다. 영원하신 하나님을 믿는 우리에게는 우연이란 없습니다. 그로 말미암아 우리로 하여금 '하나님이 우리와 함께하신다! 할렐루야. 찬양합니다!'라는 고백을 듣기 원하십니다. 이 시간에 하나님은 저 학생의 말씀 선포를 통해 언약이 성취되었다고 말씀하십니다. 여러분이 원하는 차원의 문제 해결이 언약의 성취가 아닙니다. 하나님의 언약 중 최고의 언약이 무엇인가요?

'그 이름을 예수라 하라… 이 모든 일의 된 것은 주께서 선지자로 하신 말씀을 이루려 함이니 보라 처녀가 잉태하여 아들을 낳으리니 그 이름을 임마누엘이라 하리라 하셨으니 이를 번역한즉 하나님이 우리와 함께 계시다'라고 마태복음 1장에 나오죠? 하나님의 최고의 언약은 우리와 함께하시는 하나님이시라는 것입니다. 여러분, 사망의 음침한 골짜기와 같은 상황을 맞이하신 분들이 많이 있으시죠?"

그러자 갑자기 여기저기서 흐느껴 울기 시작했다. 사실 모든 성도들이 너무나 잘 알고 있는 말씀을 선포한 것뿐인데, 설교가 시작된 지 불과 30분도 채 지나지 않아서 한 학생의 선포를 통해 새롭게 펼

처지는 하나님의 숨은 시나리오에 의해 회중들이 반응하기 시작했다. 성도들은 '쓰여진 글씨'가 '지금 내게 들려지는 레마'로 역사하는 순간을 체험하게 되었다. 역시 성령님은 하늘 아버지께서 준비해놓으신 깜짝 캐스팅과 시나리오를 펼쳐나가는 무대감독이셨다.

"여러분, 하나님의 언약은 성취되었습니다. 그분은 우리와 함께 계십니다. 두려워하지 말고 낙망하지 맙시다. 예배는 바로 나와 함께하시는 하나님, 즉 언약의 성취에 대한 우리의 반응입니다. 중요한 것은 어떤 상황 속에서도 나와 함께하시는 하나님에 대한 믿음입니다. 그분께 감사 찬양의 기도로 나아갑시다. 그리고 나와 함께하시겠다는 언약을 내 안에 성령으로 들어오심으로써 성취하신 하나님을 온전히 신뢰하지 못하고 두려워하며 낙망했던 것을 함께 회개합시다."

그러자 성도들은 광풍과 같이 역사하시는 성령에 휩쓸려 뜨겁게 기도하기 시작했다. 성령대망회에서나 체험할 법한 뜨거운 주일예배가 끝나고 한창수 목사님이 내게 다가와 말했다.

"짧은 주일예배 시간에 성령께서 정말 놀랍게 일하셨습니다. 그 학생은 성경을 1,000절을 암송하고 있습니다. 규장 창업자이신 여운학 장로님의 303비전 성경암송학교에서 성경암송훈련을 받았죠. 서울 온누리교회에 다니고 있는데 지 목사님이 오신다고 참석하러 일부러 왔습니다. 그런데 예배에 놀랍게 쓰임을 받았네요. 하나님의 인도하심이 정말 놀랍습니다."

하나님은 천 구절을 암송하는 학생을 깜짝 캐스팅으로 등장시키셔서 암송자인 나와 정확하게 하브루타의 모습을 나타내게 하셨다. 그리고 초대교회 예배의 모습을 재현하셨다. 하나님은 그 학생을 통해서 우리가 예측하지 못했던 시나리오를 펼치셨다. 그분의 영광을 드러내시고 우리로 하여금 "볼지어다 내가 세상 끝 날까지 너희와 항상 함께 있으리라 하시니라"는 언약의 성취를 체험케 하는 예배를 드릴 수 있도록 친히 이끄셨다. '예배할 때가 오는데 바로 지금 왔다. 내가 너희와 함께하고 있으니 지금 나를 예배하라'는 요한복음 4장 23절의 말씀을 체험케 하셨다.

'수로보니게 여인 사건' 체험 예배

2016년 2월 3일, 엄마들이 아이들과 함께 암송으로 예배하며 신앙교육을 하는 모임을 섬기러 갔다. 엄마들과 아이들이 약 20명쯤 모였다. 나는 마가복음을 암송하면서 암송에 대한 강의를 진행했다. 암송을 일방적으로 보여주기만 한 것이 아니라, 예수님이 성경의 등장인물들과 대화하듯이 엄마와 아이들에게 다가가서 질문을 직접 하기도 하고, 성경에 나오는 인물의 대사를 실제로 해보라고 요청하면서 회중들을 성경의 장면 안으로 들어오는 효과를 체험하도록 진행했다.

그러자 엄마와 아이들은 박장대소하며 웃기도 하고 갑작스레 감동적인 분위기를 자아내는 성경장면 연기에 울기도 했다. 예수님 역할을 하는 내 질문에 대답도 하며 하브루타의 모습으로 자연스럽게 성경장면 안으로 들어오게 되었다.

그런데 암송설교를 진행하는 처음 시간부터 눈에 띄는 한 아이가 있었다. 몸에 심한 마비 증세를 앓고 있는 초등학교 6학년쯤으로 보이는 여자아이였다. 아이는 암송설교가 진행되는 중에도 다른 아이들과 다르게 좀 큰 소리로 반응을 하거나 다른 아이들은 조용히 있는 시간에도 혼자 큰 외마디 소리를 내는 특이한 행동을 여러 번 했다.

그럴 때마다 바로 옆에 붙어 있는 아이 엄마가 딸을 저지했고, 나는 "어머니, 저는 괜찮습니다. 그냥 놔두세요. 그 아이는 나름대로 하나님을 예배하고 있는 겁니다. 어머니는 제게만 집중하시면 됩니다"라고 말했다. 그럼에도 아이가 돌출된 행동을 할 때마다 엄마는 다른 회중들이나 설교자에게 방해되지 않게 하려고 아이를 계속 단속했다.

그렇게 강의를 막 끝내는 멘트를 하려는 순간 아이가 다시 내 눈에 크게 들어왔다. 아이가 1시간 30분 동안 보였던 행동보다 더 크게 돌출되는 행동과 소리를 냈다. 엄마가 깜짝 놀라며 그 모임에서 먼저 나가려고 짐을 챙겼다. 그때 내가 "어머니, 그 아이는 하나님과 가까이 있어요. 나름대로 하나님께 반응하는 거라고 믿어요"라고 말했다. 그 순간 예수님이 수로보니게 여인의 딸을 치유하신 사건이 떠올랐다.

"어머니, 앞으로 좀 나와주실 수 있겠습니까? 그리고 여러분, 이 시간 아이와 어머니를 위해 기도하는 시간을 가지면 좋겠습니다."

어머니는 내 제안에 따라 앞으로 걸어 나오며 흐느껴 울었다. 그리고 나는 회중을 향해 성령께서 주시는 생각을 나누었다.

"여러분, 아이 어머니께서 이날까지 딸로 인하여 얼마나 마음고생이 많았겠습니까? 특히 교회 예배나 모임 때 딸을 데리고 참석하고 싶지만 다른 사람들에게 방해될까 봐 얼마나 주저했겠으며 또 모임에 왔다 하더라도 오늘처럼 아이를 단속하느라 얼마나 노심초사했을까요? 두 모녀를 위해 함께 기도하면 좋겠습니다."

아이 어머니는 고개를 숙인 채 계속 울고 있었다. 나는 그녀를 쳐다보며 암송한 말씀을 선포하기 시작했다. 그 말씀은 바로 귀신 들린 어린 딸을 둔 수로보니게 여인의 이야기였다.

"예수께서 일어나사 거기를 떠나 두로 지방으로 가서 한 집에 들어가 아무도 모르게 하시려 하나 숨길 수 없더라 이에 더러운 귀신 들린 어린 딸을 둔 한 여자가 예수의 소문을 듣고 곧 와서 그 발아래에 엎드리니 그 여자는 헬라인이요 수로보니게 족속이라 자기 딸에게서 귀신 쫓아내주시기를 간구하거늘"(막 7:24-26).

암송으로 선포한 후에 내가 다시 말했다.

"저 아이는 귀신 들린 것은 아니지만 여기 나오는 수로보니게 여인 입장이 바로 어머니 입장인 것 같습니다. 어머니, 지금 이 자리에 주님이 함께하심을 믿으시죠? 그 예수님 앞에 엎드렸다고 생각하시고 이 여인처럼 그대로 요청해보세요. 이 말씀을 선포하는 것 자체가 바로 말씀으로 주님께 기도하는 것입니다. '제 딸을 고쳐주시기를 원합니다'라고 따라해보세요."

그러나 그녀는 제대로 따라하지 못했다. 감정이 북받쳐 울음을 멈출 수 없었기 때문이다. 그 순간 모든 회중들도 함께 흐느껴 울기 시작했다. 성령께서 갑자기 광풍처럼 임하신 결과가 고스란히 그 공간에 드러났다. 나는 말을 잇지 못하며 울고 있는 그녀를 잠시 기다리다가 다시 말했다.

"그 슬픈 마음을 주님이 아십니다. 이제 믿음으로 간청하십시오. '제 딸을 고쳐주시기를 원합니다'라고 용기 내어 주님께 외쳐보세요."

그러자 그녀가 "제 딸을 고쳐주시기를 원합니다"라고 선포했다. 그녀의 목소리는 성경의 글말이 입말로 옮겨진 차원에서뿐 아니라 실제 자신의 삶이 묻어나오는 소리였기에 레마가 되어 그 현장에 울려퍼졌다. 그래서 그 성경글자는 소리가 되었을 뿐 아니라 영의 말씀, 즉 레마가 되어 모든 어머니들을 강타했다. 그들은 같이 더욱 크게 흐느껴 울며 "아멘!"으로 화답했다. 그도 그럴 것이 똑같은 문제는 아니더라도 그 아이뿐 아니라 자신의 자녀에게도 하나님의 손길이 필요함을 공감하고 있었기에 아이 어머니의 외침은 바로 모든 어머니들의 외침이 되었다.

나는 아이 어머니의 선포를 듣자마자 그다음 부분을 또 암송으로 선포했다.

"예수께서 이르시되 자녀로 먼저 배불리 먹게 할지니 자녀의 떡을 취하여 개들에게 던짐이 마땅치 아니하니라 여자가 대답하여 이르되 주여 옳소이다마는 상 아래 개들도 아이들이 먹던 부스러기를 먹나이다"(막 7:27,28).

그 말씀을 선포하고 나서 아이 어머니에게 말했다.

"복잡한 신학적인 이야기는 다 생략합니다. 예수님은 이방 여인인 수로보니게 여인을 개라고 비유했습니다. 그 여인이 얼마나 기분이 나빴겠습니까? 그런데 그 여인은 예수님의 말에 개의치 않고 다시 딸을 고쳐달라고 합니다. 지금 예수님이 만약에 어머니께 그와 똑같이 반응하신 것이라고 생각하면 마음이 별로 좋지는 않겠지요? 그러나 자, 예수님의 말씀에 개의치 말고 그다음 수로보니게 여인의 말을 따라 선포해봅시다."

그러자 어머니는 진심 어린 표정과 어조로 선포했다.

"주님, 옳소이다마는 상 아래 개들도 아이들이 먹던 부스러기를 먹나이다."

그 소리는 영이 되어 퍼져나갔고 나와 회중들의 영을 강타했다. 이어서 나는 예수님의 마지막 대사를 믿음으로 선포했다.

"예수께서 이르시되 이 말을 하였으니 돌아가라 귀신이 네 딸에게서 나갔느니라 하시매 여자가 집에 돌아가 본즉 아이가 침상에 누웠고 귀신이 나갔더라"(막 7:29,30).

나는 그 사건의 마지막 말씀을 선포하고 나서 외쳤다.

"여러분, 앞으로 나오셔서 이 어머니를 위해 함께 기도합시다."

내 말이 끝나자마자 아이 어머니는 바닥에 무릎을 꿇었고, 모두가 앞으로 나와서 그 주변에 모여 손을 대고 기도하기 시작했다. 두 모녀를 위한 기도가 자연스럽게 타올랐다. 기도 시간이 한참 흘렀을 때 나는 그 모임의 리더이신 김 집사님에게 대표기도를 부탁했다.

김 집사님은 10초가량 머뭇거리더니 놀라운 기도를 했다. 그 소리는 앞에서 아이 어머니가 붙잡은 레마의 말씀을 그대로 선포하는 기도였다.

"…부스러기라도 …주십시오. 주님!"

모든 군더더기를 다 제거한 말씀에 입각한 기도였다. 간단하고 강렬한 이 말씀기도가 울려 퍼지자 모든 어머니들은 다시 한 번 통곡하며 주님께 부르짖었다. 이어지는 김 집사님의 그 아이와 아이 어머니를 위한 기도 그리고 모임에 참석한 모든 어머니와 아이들을 위한 기도는 구구절절이 말씀에 입각한 기도였고, 모든 회중들을 한마음으로 모으는 기도였다. 그 기도가 끝나자마자 나는 한 가지 기도를 더 제안했다.

"저 아이는 다음세대를 대표하는 것 같습니다. '다음세대를 일으켜 세워주옵소서.' 그리고 대한민국의 교회들과 열방의 교회들을 위하여 기도하면 좋겠습니다. '그리스도의 몸 된 교회들에게 부스러기의 은혜를 허락해주소서. 교회를 치유해주소서'라고 기도하면 좋겠습니다."

그 기도의 제안으로 우리는 나라와 민족과 열방과 다음세대를 위하여 뜨겁게 중보기도를 하기 시작했다. 기도의 끝 무렵에 이르렀을 때 자연스럽게 건반 반주자가 기도의 분위기를 돕기 위해 〈완전하신 나의 주〉라는 곡을 연주했다. 그리고 통성으로 기도하는 동안 나는 그 아이를 계속 예의 주시하고 있었는데 아이에게서 감동적인 모습이 포착되었다.

건반 반주자가 그 곡을 여러 번 반복하여 연주했는데 "예배합니다. 찬양합니다"라는 후렴 부분을 연주할 때마다 그 아이는 그 가사를 따라불렀다. 다른 부분의 가사는 쉽게 따라할 수 없는 가사들이었기에 가만히 있었고, 후렴 부분만 나오면 어눌하지만 아주 큰 소리로 "예배합니다. 찬양합니다" 하며 입을 벌려 찬양했다.

나는 그 모습을 보면서, 그 아이가 강의시간에 보였던 돌출행동들도 우리가 보기에는 이해할 수 없는 모습이었지만, 선포되는 말씀

중에 임하시는 성령님께 찬양으로 반응하는 모습이었을지도 모른다는 생각을 하면서, 다른 사람의 예배의 모습을 섣불리 판단해서는 안 된다는 깨달음을 얻었다.

하나님의 갑작스런 연출로 이루어진 성경암송선포 및 장면체험 예배가 끝나자마자 바닥에 앉아 있던 어머니들은 일어나면서 서로를 껴안아주었다. 그리고 리더인 김 집사님이 내게 와서 말했다.

"사실 오늘 모임 전에 며칠 전부터 저희 어머니들이 관계의 어려움을 겪고 있었습니다. 그런데 오늘 두 모녀를 위해 기도하면서 그 모든 것이 풀어졌습니다. 저희는 기도가 끝나고 일어나면서 서로에게 용서를 구하며 함께 포옹했습니다."

결국 하나님은 수로보니게 여인의 딸에 대한 말씀을 직접 체험하는 예배와 중보기도를 통해 두 모녀를 위로하시고 공동체 속의 관계까지 고쳐주시는 기적을 베푸셨다. 숨겨진 캐스팅이었던 그 아이를 통해 펼쳐진 예측하지 못한 그분의 시나리오였다.

원천교회 장막의 '성경장면 체험 예배'

그 모임 후에도 성령께서는 대전, 대구, 전주, 평창 그리고 서울의 여러 모임에서 성경장면 만들기 예배를 드리게 하셨다. 그런데 단 한 번도 예외 없이 깜짝 캐스팅과 숨은 시나리오를 펼치시며 광풍과 같은 역사를 나타내주셨다. 그 체험을 통해 하나님이 어떤 예배를 원하시는지 그분의 마음을 읽을 수 있었다.

곧 김성철 목사님과 나는 한날 한 장소에 예배자들을 모아서 성경장면 예배를 드릴 계획을 세웠다. 여러 교회 목회자들 및 성도들과 함께 동시에 한자리에서 예배를 드림으로써 장면 만들기 예배를 통한 하나님의 마음을 더욱 효과적으로 전파하도록 하기 위해서였다.

김 목사님과 생각의 일치를 보자마자 성경장면 체험 예배를 드리기에 가장 적합한 장소로 떠오른 곳이 있었다. 그곳은 연희동 원천교회 옥상에 세워진 세계중보기도센터였다. 2014년도 공연예술의 메카인 홍대 및 신촌에서 여호사밧 군사들을 모아 예배하라는 성령의 조명을 받고 4주 연속으로 목요일마다 하나님이 마련해주신 장소로 옮겨가며 예배를 드렸다. 그때 마지막 네 번째로 예배한 장소가 바로 그곳이었다. 그 센터의 재료가 장막(천막)이었고 공간이 동그란 원형마당(플라테아) 구조였다. 장면(신, scene)이 하나님의 장막이었음을 선포하는 유라굴로 선교단체가, 처음으로 성경장면 체험 예배를 주도적으로 펼치게 될 장소로서 안성맞춤인 장소였다.

주님은 유라굴로 선교단체의 든든한 후원자이며 원천교회 성도로서 세계중보기도센터를 섬기는 맹 권사님을 통해 교회 측으로부터 장소사용 허락을 받게 하셨다. 우리는 이미 그곳에서 예배를 드린 경험이 있지만 새로운 예배를 위해 필요한 것을 살펴보기 위하여 답사를 갔다. 오래간만에 그 장막 안에 도착했을 때, 누가 먼저랄 것도 없이 쏟아지는 눈물을 멈출 수가 없었다.

　장면 만들기 예배를 드릴 장소의 적합성에 대한 느낌은 물론이고, 360도 전체 동그란 벽면에 모든 나라 열방의 지도와 기도제목들이 붙어 있는 것이 눈에 들어온 순간, 세계 선교를 위한 중보기도자들의 헌신의 기도가 쌓여져 있는 것이 느껴지며 '이곳이다!'라는 확신이 두 사람에게 동시에 느껴졌다.

　장소 선택에 대한 성령님의 세밀한 개입은 예배 날짜 결정에도 숨어 있었다. 나는 한국에서 남은 일정 중 약속이 잡히지 않은 몇 개의 날짜 가운데 하나인 3월 15일 화요일을 무심코 선택했다. 그런데 그 날짜에 대한 하나님의 섭리는 당일이 되어서야 알게 되었다.

　김성철 목사님과 함께 유라굴로 선교단체 멤버들은 모두 멕체인 성경 읽기로 성경통독을 함께하고 있었다. 그런데 놀랍게도 3월 15일에 읽어야 할 분량에 출애굽기 26장도 있었다. 그 부분은 하나님이 모세에게 장막을 짓도록 처음으로 말씀하시는 바로 그 내용이었다. '신'(scene)의 어원이 하나님의 장막(스케네)이었음을 선포하는 구속사역을 핵심으로 달려온 것은 성령님의 발자취였음을 장소와 날짜를 통해 확신할 수 있었다.

　이를 확신하는 순간 '샘의 근원'이라는 뜻의 '원천'교회의 이름과 '세계중보기도센터'라는 단어가 머릿속에서 떠올랐다. 그리고 샘의 근원이신 성령님이 장면의 기원이 장막이었음을 선포하는 구속(리뎀

선)사역이 온 세계로 흘러가게 하실 것이라는 확신이 들었다.

수개월 후 실제로 그 일이 이루어지게 되었다. 3월 15일 예배 후 여러 차례 성경장면 만들기 예배를 통해 수많은 기적을 겪게 하셨다. 유라굴로 선교단체는 2017년 1월 16일에 서울을 출발하여, 예배의 원형을 더듬어 찾을 수 있는 이스라엘과 초기 기독교 예배 형성에 큰 역할을 했던 공의회들이 있었던 터키를 방문하여 예배를 드렸다. 그리고 로마식 헬라식 태양숭배교 미트라식으로 변질된 사건이 벌어진 밀라노에서 1월 22-24일에 신(scene)컨퍼런스와 성경장면 만들기 예배를 드렸고, 1월 28, 29일에 로마에서 신(scene)컨퍼런스와 성경장면 만들기 예배를 드리게 하셨다.

'혈루병 여인의 치유' 장면 체험 예배

2016년 3월 15일, 유라굴로 선교단체가 주최하는 첫 성경장면 만들기의 본문으로 다시 한 번 회당장 야이로의 딸 및 혈루병 여인의 치유사건을 선택했다. 주님이 준비하신 첫 번째 깜짝 시나리오는 이사야서 35장이었고 캐스팅은 어린이 두 명이었다. 코칭 사역을 하는 고 코치는 두 아들(상현, 상민)에게 홈스쿨링을 하면서 성경을 암송시키고 있다. 김성철 목사님은 이번 성경장면 만들기 예배의 오프닝으로 이사야서 35장을 김 목사님이 히브리어로 선포하고 상민이가 한글로 한 절씩 암송선포하는 시간을 가지면 좋겠다고 했다.

그런데 3월 15일이 되어 원천교회에 도착해서 정문을 열고 들어가자마자 우리와 함께하시는 하나님, 임마누엘의 은혜를 경험하게 되었다. 정면으로 보이는 벽 전체는 위에서부터 물이 흐르도록 인테리어가 되었는데, 물이 흐르는 벽면 한가운데에 '메마른 땅이 변하여 원천이 되리라'는 이사야서 35장 7절 말씀이 새겨져 있었다. 그 말씀을 확인하는 순간 성령께서 부으시는 생수의 강에 잠기는 것 같았고 '메마른 예배들이 변하여 원천이 흐르는 예배가 되리라. 너희 예배를 사용하리라. 내가 기뻐하노라!'라는 음성이 들리는 듯했다.

하나님이 준비하신 두 번째 깜짝 시나리오는 앞에서 말한 출애굽기 26장이었다. 예정된 예배 시간이 다 되어 동서사방에서 70여 명의 목회자 및 여러 성도들이 모인 가운데 김성철 목사님은 성경장면 체험 예배로 계획된 날이 당일 통독일정 속의 출애굽기 26장(하나님의 장막제작 지시 내용)과 일치됨을 간증했다.

"유라굴로 선교단체는 2014년부터 세상의 신(scene)이 하나님의 장막(스케네)임을 선포하도록 부르신 것에 순종하며 걸어왔습니다. 그리고 2016년 들어서 수십 차례 전국을 다니며 성경장면 만들기 예배를 통해 장막체험을 하고 있습니다. 그런데 저희가 주최하여 드리게 되는 최초의 장면 만들기 예배를 드리는 날인 오늘 아침의 통독일정이 정확하게 하나님이 장막제작을 지시하시는 출애굽기 26장입니다."

그 간증은 원천교회 장막에 모인 사람들에게 '내가 이 원천교회 장막에서 너희와 함께하노라'고 하시는 부르심(Calling)이었다. 그 간증을 통해 사람들은 하나님의 콜링을 감지하고(Sensing) 하나님의 언약의 성취(임마누엘)를 깨달아(Perceiving) 하나님의 높고 위대하심을 찬양(Praising)할 수밖에 없었다.

짧은 간증이 끝나고 바로 이어 출애굽기 26장을 다 같이 한 목소리로 선포하기 시작했다. 그것은 단순한 성경통독이 아니고 우리와 함께하시는 하나님 '임마누엘'이라는 언약의 성취를 체험하는 영과 진리로 드리는 예배였다. 출애굽기 26장 선포가 끝나고 바로 이어서 상민이와 상현이가 앞으로 나왔다. 김성철 목사님이 이사야서 35장을 히브리어로, 상민이는 한국어로 각각 한 절씩 암송으로 선포하기 시작했다.

상민이의 암송 소리는 여느 아이들의 암송소리와 달랐다. 연극하시는 김성철 목사님은 성경말씀을 읽을 때 단어 하나하나의 의미와 문장의 의미가 최대한 극적으로 표현되도록 악센트를 잘 구사한다. 그것을 상민이가 그대로 모방했다. 그리고 말씀 선포가 하나님께 올려질 뿐만 아니라 사람들과 영의 전쟁 차원에서 마귀에게까지 선포되도록 상현이가 선포의 시작과 끝부분에 쇼파르(양각나팔)를 불었다.

아비 세대인 김 목사님과 다음세대가 연합된 말씀 선포였다. 인상 깊게 언약이 성취되는 순간이었다. 예배 시작부터 음악적 찬양으로 예배를 시작하지 않았음에도 불구하고 출애굽기 26장과 이사야서 35장 말씀 선포만으로도 주의 임재가 가득하여 원천교회의 장막을 실제 하나님의 임재 처소인 장막으로 느끼고 깨닫기에 충분했다.

드디어 본격적으로 회당장 야이로의 딸 및 혈루병 여인의 치유 마당을 시작하는 본문을 읽기로 했다. 김 목사님은 회중들을 둘러보다가 동그랗게 부채꼴 모양으로 앉아 있는 회중들 가운데 중간 앞쪽에 앉아 있는 남자청년에게 본문을 읽도록 요청했다. 그런데 그 청년이 본문을 읽자마자 회중들의 탄성이 터져 나왔다. 프로 성우가 성경통독하는 소리와 완전히 똑같았기 때문이었다. 혹시 성우가 아닐까 하여 물어봤으나 그는 요리사였다. 그것은 하나님이 세 번째로 숨겨놓으신 캐스팅이었다.

김성철 목사님은 무심코 한 사람을 지목한 것이지만 성령님의 인도하심이 분명했다. 하나님은 성경장면 만들기 예배의 첫 단계인 본문 읽기에서부터 그 청년을 예비하심으로써 성경을 소리 내어 읽는 것의 중요성을 회중들에게 가르쳐주셨다. 어느덧 그의 실감나는 낭송을 통해 회중들은 벌써 성경의 장면 안으로 깊숙이 들어와 있었다.

1차적으로 성경 읽기가 끝나고 두 번째 단계로서 김성철 목사님은 본문의 배경을 확실히 알도록 돕는 표현들과 성경장면 체험 예배의 중요한 요소인 동작을 나타내는 동사들에 대한 어원적 설명을 했다. 성경을 몸으로 체험할 목적으로 본문 강해가 진행되었다.

세 번째 단계로서 드디어 몸말로 옮기는 액션 시간이 되었다. 모든 회중들은 김성철 목사님의 인도에 따라 일어서서, 거라사 지방의 사역을 마치고 바다 건너편으로 다시 건너온 예수님을 따르는 무리들처럼 움직여 보았다. 이때 목사님은 마가복음 암송자인 내게 예수님 역할을 맡겼다. 그리고 회당장 역할로 이승엽 교수님을 지명했는데 그것은 성령님의 네 번째 숨겨진 시나리오이며 캐스팅이었다.

이 교수님은 교수답게 학구적이며 점잖은 성격의 소유자다. 그런데 예상과 달리 "주님! 내 어린 딸이 죽게 되었으니 오셔서 그 위에 손을 얹으사 그로 구원을 얻어 살게 하소서!"라고 외칠 때 모든 예배자들이 깜짝 놀랄 정도로 실감나게 역할을 잘 소화했다.

그다음은 성령님이 다섯 번째로 숨겨놓으신 시나리오이며 캐스팅으로서 혈루병 여인 캐스팅 부분이었다. 특히 이 부분은 예배의 클라이맥스였다. 물론 우리는 예배를 진행할 당시에는 몰랐고 다 끝나고 나서야 알게 되었다. 이것은 예배에 대해 시사하는 바가 크다. 예배가 드려질 당시에 우리가 느끼기에 평범한 부분이 초월자이신 하나님이 보시기에는 가장 주목되는 클라이맥스로 역사하는 순간일 수 있다.

김성철 목사님은 회중들을 잠시 멈춰 세우고 정적이 흐르는 가운데 말했다.

"본문 낭독자와 회당장 야이로 역할은 제가 지명했지만, 그조차도 주님이 캐스팅하셨다고 생각합니다. 그런데 지금, 혈루병 여인 역할을 제가 지명하려고 마음을 먹는 순간 성령께서 '혈루병 여인은 내가 이미 캐스팅해 놓았다'라고 말씀하시는 것 같습니다. 하나님이 지명하신 혈루병 여인은 누구신지 나와주시겠습니까?"

그러자 한 자매가 "접니다"라고 손을 들고 앞으로 한 발자국 나왔다. 킹덤비즈니스 기업의 대표인 박선정 자매였다. 그때 목사님은 소품으로 준비한 탈릿(유대인 랍비들이 기도할 때 어깨에 걸치는 숄)을 보여주며 선정 자매와 모든 회중들을 향해 말했다.

"혈루병 여인이 예수님의 옷에 손을 '댄 동작'이 헬라어로는 '합토'로서 꽉 잡은 것이라고 했죠? 그것은 사실 랍비들이 걸치는 탈릿의 술 부분을 잡은 것입니다. 자, 이것이 바로 랍비들이 걸치는 탈릿인데요, 탈릿에는 '복되도다 영원하신 왕 아도나이 임마누엘'이라는 하나님의 말씀이 쓰여져 있습니다. 마침 오늘 여기에 히브리어를 가르치시는 김성목 목사님이 참석하셨습니다. 김 목사님께서 이 탈릿에 있는 히브리어를 선포해주시면 감사하겠습니다."

김성목 목사님의 참석은 하나님의 여섯 번째 숨은 시나리오이며 캐스팅이었다. 김 목사님은 앞으로 나와서 히브리어를 거침없이 선포하셨다. 탈릿에 쓰여진 죽어 있던 글말이 입말로 옮겨지는 순간 여기저기에서 아멘 소리가 터져 나왔다. 이어 김성철 목사님이 설명하며 진행했다.

"혈루병 여인은 믿음으로 하나님의 말씀을 붙잡은 것입니다. 그 여인은 글자의 말씀을 자신에게 역사할 수 있는 생명의 말씀으로 믿고 잡은 것입니다. 지 목사님은 탈릿을 걸치십시오. 그리고 여러분 모두는 예수님을 에워싸고 자매님은 무리 중에 섞여 있다가 독백으로 소원을 선포하며 예수님의 탈릿 옷술을 꽉 잡으십시오."

무리는 예수님 역할을 하는 나를 에워싸고 선정 자매는 함께 움직이다가 "예수님 옷을 잡기만 해도 병이 나을 거야"라고 하며 옷술을 꽉 잡았다. 그녀는 목사님의 지시에 따라 다시 외쳤다. "예수님 옷을 잡기만 해도 병이 나을 거야."

그녀의 낮은 알토 톤의 목소리는 확신에 찬 듯하면서도 가늘게 떨림이 있어서 뭔가 모를 진동을 자아냈다. 이어서 목사님의 인도에 따라 마가복음 암송자인 내가 예수님의 대사와 액션을 맡고, 즉석에서 제자와 해설의 역할을 회중들 중 두 사람에게 맡겨 대사와 동작이 이어졌다.

예수님: 누가 내 옷을 잡았느냐?

제자: 무리들이 에워싸 미는 것을 보시고 누가 내 옷을 잡았느냐 물으시나이까?

해설: 예수께서 이 일 행한 여자를 보시려고 둘러보시니 여자가 제게 이루어진 일을 알고 심히 놀라며 두려워 떨며 모든 사실을 여쭈온대

예수께서 여인에게 이르시되

예수님: 딸아 네 믿음이 너를 구원했으니 집으로 평안히 가라 병에서
놓여 건강할지어다

예수님 역을 맡은 내 암송 선포가 원천의 장막 안에 울려 퍼지자
혈루병 여인 역할을 맡은 선정 자매는 강하고 확신에 찬 목소리로
크게 "아멘"을 했고, 회중들도 함께 "아멘!"이라고 외쳤다. 김 목사
님의 설명이 이어졌다.

"오늘 한 자매가 소품으로 쓸 탈릿을 가져다주면서 '회당장 야이
로의 딸 사건과 혈루병 여인의 이야기의 공통점은 아버지와 딸의 이
야기입니다'라고 했죠. 그런데 저도 오늘 아침에 성경을 읽으며 기도
하던 중 동일한 깨달음을 얻었습니다. 당시에 부정한 여인이 랍비의
옷을 만지는 것은 허락되지 않았어요. 그런데 부정할지라도 딸이라
면 만질 수 있었습니다. 예수님이 혈루병 여인을 딸이라고 말씀하신
것이 참으로 놀랍습니다. 예수님은 그 여인을 부정한 여인으로 본
것이 아니라 딸로 간주했던 것이죠. 그분은 혈루병 여인의 역할을
맡은 선정자매뿐 아니라 우리 모두를 딸이라고 하십니다."

모든 회중들은 간절한 마음으로 "아멘!"이라고 외쳤다. 목사님의
말이 계속 이어졌다.

"저는 오늘 이 장면을 연출하기 위해 소품으로 노란 빛깔이 비춰

지는 등을 준비했습니다. 자, 제가 작은 등을 켰으니 이곳의 불을 다 꺼주십시오."

전등이 다 꺼지자 모든 회중은 작은 노란 등불에 집중했다. 그 상황은 마치 촛불을 켠 것 같아서 삽시간에, 2천 년 전 야이로의 집안에 있는 것 같은 분위기가 연출되었다.

"이 등을 의지해서 예수님과 제자들과 무리들이 야이로의 집을 향합니다. 아이가 누워 있는 테이블을 향해 걸어가는 겁니다."

회중들이 아주 진지한 표정으로 목사님의 인도를 따랐다.

"본문에 보니 '훤화하며 우는 소리가 들렸다'고 했죠? 여러분, 야이로의 이야기가 바로 우리 이야기라고 생각하시고 우리 아이가 죽었다고 가정하며 감정을 이입시켜 통곡해보십시오."

회중들은 곧바로 자연스럽게 통곡하기 시작했다. 어떤 이들은 실제로 울고 있었다. 성경을 말과 몸으로 다 함께 선포하는 가운데 그 말씀이 자신의 문제에 반영되었던 것이다. 회중들은 목사님의 말에 따라 어린아이와 같이 그대로 반응하며 거룩한 말씀의 임재 가운데 계속 깊이 젖어들어가는 것 같았다. 목사님의 인도에 따라 해설과 배역들의 대사와 행동이 계속 그대로 이어졌다. 특히 그 부분을 수백 번 넘게 반복하여 암송하고 있었던 나는 그러한 분위기 속에서 예수님의 대사를 암송으로 선포할 때 더욱 강력한 성령의 임재를 체험할 수 있었다.

해설: 회당장의 집에 함께 가사 떠드는 것과 사람들이 울며 심히 통곡함을 보시고 들어가서 그들에게 이르시되

예수님: 너희가 어찌하여 떠들며 우느냐 이 아이가 죽은 것이 아니라 잔다

해설: 하시니 그들이 비웃더라 예수께서 그들을 다 내보내신 후에 아이의 부모와 또 자기와 함께한 자들을 데리시고 아이 있는 곳에 들어가사 그 아이의 손을 잡고 이르시되

예수님: 달리다굼!

해설: 하시니 번역하면 곧 내가 네게 말하노니 소녀야 일어나라 하심이라 소녀가 곧 일어나서 걸으니 나이가 열두 살이라 사람들이 곧 크게 놀라고 놀라거늘 예수께서 이 일을 아무도 알지 못하게 하라고 그들을 많이 경계하시고 이에 소녀에게 먹을 것을 주라 하시니라

칠흑 같은 어둠 속에 촛불을 연상케 하는 작은 등불의 분위기에서 야이로의 딸처럼 누워 있는 아이의 테이블로 나아가는 예수님과 무리들의 분위기는, 전기가 없던 그 당시의 현장에 와 있는 것처럼 느끼게 했다. 거기까지 성경장면 체험 예배를 인도한 김 목사님은 내게 와서 "이제부터 지 목사님께서 성령의 인도하심에 따라 예배를 인도하십시오"라고 말했다. 즉시 내 마음속에 '혈루병 여인처럼 모두 탈릿을 붙잡고 기도하라. 내가 너희들을 모든 환란으로부터 달리다굼

일으켜 세우리라!'는 성령의 조명이 있었다. 나는 즉시 믿음으로 선포하기 시작했다.

"우리는 지금 회당장 야이로의 딸과 혈루병 여인의 치유 사건의 성경의 글말을 입말로 선포했습니다. 그리고 몸말로도 체험해보았습니다. 자, 말씀이 쓰여진 탈릿을 가운데 펼쳐놓을 것이니 주변에 모여 그 탈릿을 붙잡고 이 시간 임재해 계시는 성령님께 간구합시다. '나를 살려주소서. 우리 가정을 살려주소서. 민족과 교회의 다음세대들에게 오셔서 그 위에 손을 얹으사 구원을 얻어 살게 하소서.' 또 '내가 예수님의 옷을 잡기만 하여도 구원을 얻을 것이다'라고 믿음으로 선포합시다!"

그러자 모든 이들의 폭발하는 간구의 기도소리가 장막의 천장을 뚫고 나갈 듯했다. 시작부터 그 순간까지 음악적 찬양이 없었음에도 불구하고 말씀만을 붙잡고 나아가는 가운데 강력한 성령의 임재가 있었다. 몇십 분 동안의 간절한 기도가 끝이 날 때쯤 자연스럽게 음악적 찬양을 부르기 시작했다. 곡조가 울려 퍼지자 말씀소리와 액팅만으로 이미 만져진 마음이 더욱더 강하게 만져지는 것을 체험하며 사방 가득 하나님의 임재가 느껴졌다.

예배를 다 드린 후에 짧게 간담회 형식으로 받은 감동을 나누는 시간을 가졌는데, 감동받은 것을 듣는 시간은 앞의 시간들과 연결되는 또 다른 예배였다. 첫 번째로 하나님이 히브리어를 가르치는 김성목 목사님의 귀한 고백을 사용하셨다.

"히브리어에는 '생각하다'라는 동사가 따로 없습니다. '아마르'라는 단어가 '말하다'라는 단어인데 이 동사가 '생각하다'라는 뜻으로도 쓰입니다. 아까 제게 예수님 역할을 맡겼을 때 저는 수줍어서 사양했는데 지금은 후회됩니다. '왜 어린아이같이 순수하게 예수님 앞으로 나아가지 못했을까' 하고요. 사람들을 의식해서 하나님께 더 적극적으로 나아가지 못하는 제 모습을 보았습니다. 혈루병 여인은 '그 옷을 잡기만 해도 나을 거야'라는 생각과 말에 그치지 않고 직접 만지는 몸말이 있었죠. '그런데 나에게는 그 몸말로 나아가는 예배가 없구나'라는 것을 알고 회개했습니다. 오늘 예배를 통해 우리의 예배가 글말에서 그치지 않고 입말과 몸말로 나아가는 것이 얼마나 중요한지를 배웠어요."

이어서 회당장 야이로 역할을 맡은 이승엽 교수님의 나눔을 통해 또 하나의 숨은 하나님의 시나리오가 밝혀졌다.

"목사님이 회당장 야이로의 역할을 맡겼을 때 하나님의 뜻임을 직감했어요. 제가 이 성경체험 예배에 참석한 결정적인 이유는 최근 강력하게 받은 말씀이 예수님이 거라사 광인을 치유하시고 나서 바로 이어 회당장 야이로의 딸을 치유하신 사건이기 때문입니다."

회중들의 탄성이 터져 나왔다.

"예수님이 이방 지역 거라사에 가서서 군대귀신을 쫓아내시고 바다 건너편으로 오서서 유대인 회당장 야이로의 딸을 살리셨죠. 예수님의 이런 사역의 동선이 이 시대 하나님나라 회복의 스케줄임을 성령께서 깨닫게 해주셨습니다. 2008년부터 이스라엘 회복을 위해서 기도해왔는데 이 구절들 속에서 이 시대의 이스라엘 회복의 관점으로 선명하게 다가왔어요.

저는 유대인 회당장 야이로의 딸이 살아나는 것이 이 시대 정통 유대인들을 향한 하나님의 마음임을 알게 되었고, 특히 유대인들의 다음세대가 복음으로 회복되도록 강하게 기도하는 것이 이 시대 교회에 필요한 전략임을 깨닫게 되었죠. 이렇게 정통 유대인을 위해 기도하고 있는 제가 이 예배에서 정통 유대인 야이로의 역할을 맡게 된 것 자체가 성령님의 놀라운 계획이 아닐 수 없습니다."

그리고 이 선교사님의 나눔이 이어졌다.

"처음에 저는 성경장면 체험 예배가 어떻게 드려지는 것인지 한번 구경해보자는 마음이 컸습니다. 그런데 열 살 상민이의 이사야서 35장의 선포 '메마른 땅이 변하여 원천이 되리라'라는 표현에서 '원천'이라는 단어가 크게 다가왔어요. 뭔지 잘 모르지만 하나님이 예배의 원천으로 저를 이끄시는 것을 느꼈습니다. 예배의 본질로 인도하는 것이었죠. 특히 김성목 목사님이 말씀하신 글말, 입말에서 그치지 않고 몸말로 나아가는 예배를 드려야겠다는 고백에 크게 감동이 되었습니다."

그리고 며칠 뒤 김성철 목사님과 함께 이 선교사님을 다시 만났을 때 놀라운 고백을 들을 수 있었다.

　"분명히 그날 어떤 감동이 있기는 했지만 장면 만들기를 하는 것이 연습이라고 생각했어요. 그래서 연습을 끝내고 나서 다시 깔끔하게 군더더기 없이 웰메이드로 마무리하지 않는 것에 당황했어요. '왜 거기서 끝이 났지?'라는 의문이 있었어요. 그래서 집으로 돌아와서 주님께 '그럼 제 예배는 뭐였죠? 저는 왜 더 깊이 감동하지 못했고 아쉬움으로 끝난 것이죠?'라고 여쭸습니다. 그런데 놀라운 것은 그때부터 지금까지 원천교회에서의 성경장면 체험 예배가 원천이 되어 제 삶 속의 모든 예배가 변화되기 시작했어요. 김성목 목사님이 나눠주신 것처럼 글말과 입말만 있었고 몸말이 없었던 제 예배에 변화가 왔어요. 제 영이 좀 죽어 있어서 예배 때 즉각적으로 몸말로 반응하지 않는 부분이 있었는데 그것이 만져졌죠. '내가 찾아야 하는 예배의 원천이 이것이구나'라고 깨달았습니다."

　간담회가 진행되는 가운데 10시가 되어, 아쉽지만 마칠 수밖에 없었다. 원천교회와 약속된 시간이 다 되었기 때문이다. 예배를 마치고 원근 각처에서 온 예배자들과 아쉬운 작별인사를 나누는데 혈루병 여인의 역할을 맡았던 박선정 자매가 내 앞으로 와서 놀라운 이야기를 했다. 그날의 하이라이트, 숨은 시나리오가 밝혀지는 순간이었다.

"저는 실제로 혈루병에 걸린 여인입니다. 그런데 주님이 오늘 제 병을 치료해주셨어요."

그 말을 듣자마자 갑자기 내 몸이 전율하기 시작했다. 이것을 사람들과 같이 들으면 좋을 것 같아서 선정 자매에게 허락을 받고 나서 모든 이들을 향해 큰 소리로 외쳤다.

"여러분, 오늘 놀라운 일이 일어났습니다. 아까 혈루병 여인의 역할을 맡았던 자매가 실제로 그 병을 앓고 있었는데 오늘 치유받아 나았답니다."

내 말이 끝나자마자 남아 있는 모든 사람들이 모였고, 선정 자매가 입을 열었다.

"저는 태어나자마자 몸이 너무 약했습니다. 중학교 2학년 때, 고등학교 갈 때까지 못 산다고 시한부 선고를 받을 정도였죠. 지금까지 살면서 오만 가지 병을 다 앓았어요. 믿음으로 그 질병들의 치유를 경험해왔습니다. 그런데 자궁의 병이 오랜 시간 동안 낫지 않았어요. 최근까지 2개월 넘게 하혈이 멈추지 않았어요.

저는 이 예배 홍보 포스터를 전달받았을 때 저를 위해 계획된 것임을 알았고, 이 예배에 참석하기 전에 사복음서의 혈루병 여인 말씀을 소리 내서 여러 번 읽고 왔습니다. 그래서 아까 김성철 목사님께서 오늘 혈루병으로 성령께서 이미 캐스팅한 사람이 있는데 나오라고 하셨을 때 '접니다'라고 말할 수 있었어요. 제가 탈릿을 붙잡고 두 번 '옷을 잡기만 해도 병이 나을 거야'라고 외쳤을 때 제 배가 뜨거워지는 것을 경험했습니다. 그때 저는 주님이 제 배를 만지신다는 확신이 들었어요."

며칠 뒤 만난 선정 자매는 하혈이 확실히 멈췄다는 소식을 전했다. 그 후 4개월 정도 지난, 2016년 7월 12일 밤 11시 50분(뉴욕시간)에 자매의 몸 상태가 궁금하여 SNS를 통해 안부를 물었다.

"박선정 대표님, 오늘 생각이 참 많이 나네요. 주님께 선정 자매를 올려드리며 기도합니다. 잘 계시죠? 혈루병은 완쾌되신 거죠? 영혼 육의 강건함을 위해 기도합니다."

그러자 선정 자매로부터 답변이 왔다.

"감사합니다, 목사님. 7월 10일 여의도 순복음교회 주일 철야에서 1시간 간증을 했습니다. 미리 준비한 간증이 아닌 치유에 대한 간증을 하게 하셔서 주님의 말씀을 전했습니다."

이 책에 다 기록하지 못한 수십 차례의 성경장면 만들기 예배를 통해서 성령님은 계속해서 병든 사람들을 캐스팅하셨고 숨겨놓으신 시나리오를 펼치셨다. 성경을 입말과 몸말로 선포하는 예배를 하나님이 얼마나 기뻐하시는지를 알게 되었다. 또한 성경장면 만들기 예배를 통한 치유의 체험들을 통해 기적을 체험한 것 자체도 귀하다. 무엇보다 병든 자를 계속 캐스팅하셔서 치유를 경험하게 하심으로, 성경이 살아 있는 하나님의 음성이며 직접 행하신 것이었음을 알게 하신 것이 감사하다.

'바디매오 치유' 장면 체험 예배

회당장 야이로의 딸 및 혈루병 여인의 치유 마당으로 성경장면 만들기 예배를 드리고 2주 뒤인 3월 29일에 다시 원천교회 세계중보기도센터 장막에서 마가복음 10장의 바디매오 마당으로 성경장면 만들기 예배를 드렸다. 남은 한국 일정 중 특별한 의미를 두지 않은 채 가장 알맞은 날로 선택한 날이었지만 그날도 역시 하나님의 숨은 시나리오가 있었다. 바로 그날 아침 성경통독 일정에는 모세가 장막 제작을 완성하는 내용인 출애굽기 40장이 포함되어 있었다.

2주 전 3월 15일은 유라굴로 선교단체가 처음으로 주최하는 장막 예배의 날이었고, 그날 통독일정에는 장막 제작을 시작하는 부분인 출애굽기 26장이었다. 그리고 29일은 유라굴로 주최로 드리는 두 번째 예배이며 봄 시즌 한국방문 중 마지막 장막 예배였다. 무심코 정해진 두 날을 통해 영원하신 하나님은 우리와 함께하고 계시다는 큰 사인을 보내주셨다.

"내가 너희와 함께한다"는 아버지의 부르심을 들으며 그 깨달음 속에 모든 회중이 다 함께 이사야서 6장 3절 선포로 바디매오 마당 예배의 문을 열었다.

"카도쉬 카도쉬 카도쉬 아도나이 쩨바옷 멜로 콜 하아렛츠 케보도"(서로 불러 이르되 거룩하다 거룩하다 거룩하다 만군의 여호와여 그의 영광이 온 땅에 충만하도다 하더라).

이어서 장막 완성 내용인 출애굽기 40장을 다 함께 선포했다. 이사야서 6장 3절과 출애굽기 40장을 다 같이 선포하고 나서 김성철 목사님이 바디매오 사건(막 10:46-52)을 설명했다.

"예수님과 제자들이 여리고로 들어갈 때에 바디매오는 예수님의 행렬이 지나가는 것을 이미 알았습니다. 물론 예수님이 병자를 고치시고 귀신을 쫓아낸다는 소식도 이미 듣고 있었죠. 그리고 예수님과 제자들과 허다한 무리들이 여리고에서 나갈 때 기회를 놓쳐서는 안 되겠다는 마음으로 소리를 지른 것입니다(막 10:46,47).

바디매오는 '바르'(아들)와 '디매오'(더러운 놈)의 합성어인데, 디매오는 '깨끗하지 않다, 쓰레기 같다'라는 뜻으로서 바디매오는 '더러운 놈의 자식'이라는 뜻이죠. 아마 그의 아버지 디매오도 거지였던 것 같아요. 그 더러운 놈의 자식이 '다윗의 자손, 예수여 나를 불쌍히 여기소서!'라고 소리를 지른 것이죠.

그런데 많은 사람들이 바디매오에게 '잠잠하라'고 하며 꾸짖습니다. 누가복음 18장 39절에서 동일한 내용이 '앞서 가는 자들이 그를 꾸짖어 잠잠하라 하되'라고 기록된 것으로 보아 아마도 예수님의 측근들인 제자들이 그를 꾸짖은 것 같습니다. 하지만 아랑곳하지 않고 '다윗의 자손 예수여 나를 불쌍히 여기소서'라고 더욱 큰 소리를 질렀습니다.

그러자 이때 예수님은 '그를 부르라' 하셨고 그 앞선 자들이 그에게 '안심하고 일어나라. 그가 너를 부르신다'라고 했습니다. 바디매오에게 안심하고 일어나라는 말을 한 제자들의 얼굴을 지 목사님이 보셨다고 하셨죠?"

김 목사님이 질문을 하며 내게 바통을 넘겨주셨다. 나는 그것에 대해 설명했다.

"예수님 주위에 제자들을 비롯하여 허다한 무리가 있었기에 거기에는 소음이 많이 있었을 것입니다. 바디매오는 큰 소음들을 뚫고 자기의 존재를 예수님께 인식시켜야 했기에 아마도 엄청나게 큰 소리를 질렀을 것입니다. 그것을 예수님 측근들은 가만히 놔둘 수 없었겠죠. 더러운 놈의 자식이었으니까요. 그래서 '잠잠하라' 꾸짖었고 바디매오는 결코 포기할 수 없기에 더욱 크게 소리를 질렀어요. 동시에 제자들도 더 격렬히 조용히 하라고 꾸짖은 것입니다. 그런데 제자들의 기대를 저버리고 예수님은 '그를 부르라' 하셨습니다. 그때 제자들의 모습이 어땠을까요? '뻘쭘'했을 것입니다."

김성철 목사님이 설명을 계속 진행했다.

"그렇습니다. 오히려 예수님은 바디매오를 부르셨습니다. 그리고 '무엇을 해주기를 원하느냐?'고 하셨고, 바디매오는 '보기를 원하나이다'라고 했어요. 여기서 '보기를'에 해당하는 헬라어 원어는 '아나 블레포'인데 '아나'는 '다시'라는 접두어입니다. 즉, 바디매오는 원래 볼 수 있었던 사람이었습니다. 그래서 '다시 보기를 원한다'고 한 것입니다. 결국 예수님은 그에게 '네 믿음이 너를 구원했다'고 하셨고 그는 다시 보게 되어 길에서 예수님을 따르게 되었습니다. 지 목사님, 여기에서 바디매오의 믿음이 몇 단계로 점층되는 부분을 발견했다고 하셨죠?"

"예, 바디매오의 1단계 믿음은 수많은 군중들의 소리를 뚫고 자기의 목소리가 예수님께 도달하기를 원하는 마음으로 소리를 지른 것입니다. 2단계 믿음은 잠잠하라고 꾸짖어도 아랑곳하지 않고 더욱 크게 소리 지른 믿음입니다.

3단계 믿음은 더러운 겉옷을 내어버린 믿음이며, 4단계는 뛰어 일어나 예수님께 나아간 믿음입니다. 바디매오가 겉옷을 내어버리고 뛰어 일어나 예수님께 나아갔다는 것은 예사로운 모습이 아닙니다. 바디매오는 앞이 보이지 않아서 어딘가에 부딪힐지도 모르는 위험에도 불구하고 뛰어 일어나 예수님께 나아간 것입니다.

마지막 5단계 믿음은 '무엇을 해주기를 원하느냐'는 예수님의 질문에 '다시 보기를 원합니다'라고 믿음의 고백을 한 것입니다. 바디매오는 5단계의 믿음으로써 결국 치료를 경험하게 되었고 길에서 즉시로 예수님을 따라가게 되었습니다."

김 목사님은 모인 회중들을 모두 일으켜 세워서 예수님과 함께 여리고 지역에 들어갔다가 나오는 장면을 연출했다. 그리고 바디매오 역할을 할 남자 청년을 즉석에서 캐스팅했다. 처음에 그의 목소리는 아주 작았다. 김성철 목사님이 그 청년에게 바디매오 입장이 되어 간절히 외쳐보라고 권하며 대사를 여러 번 수정해주자, 어느 한순간에 그의 목청이 트이기 시작했다.

바디매오 사건 장면 만들기를 마친 후 모든 회중들은 바디매오의 입장이 되어 "다윗의 자손 예수여, 나를 불쌍히 여기소서!"라고 부르짖으며 기도하기 시작했다. 어느덧 원천교회 옥상의 세계중보기도센터 장막은 마가복음 10장의 현장이 되었고, 통성기도가 끝나고 나서 나눔 시간에 놀라운 간증들이 쏟아졌다.

바디매오 역할을 즉석에서 맡았던 청년은 자신이 갑자기 그 역할을 맡게 된 것이 우연이 아니라고 했다. 자신은 항상 육의 눈만 뜨고 있고 영적인 세계에 대해 눈먼 사람과 같다고 생각했었는데 바디매오 역할이 자기에게 갑자기 맡겨져서 놀랄 수밖에 없었다고 했다. 항상 자신감이 없어서 늘 작은 목소리로 의사표현을 해왔는데, 바디매오 역할을 맡으면서 사람들 앞에서 처음으로 가장 크게 소리를 질러보았으며, 특히 통성기도 시간에 젖 먹던 힘까지 다하여 "예수님, 나를 불쌍히 여기소서"라고 크게 부르짖어 기도할 때 영의 세계가 새롭게 열리는 체험을 했다고 한다. 하나님의 직접적인 캐스팅이었다.

또 한 청년은 "다윗의 자손 예수여 나를 불쌍히 여기소서"라고 부르짖으며 다 함께 통성으로 기도할 때 누군가 자신의 뒤로 와서 안수하는 것을 느꼈다고 한다. 그때 성령께서 허리를 만져주시는 것을 체험을 했으며 예배가 끝난 후에 고질적인 허리통증이 사라졌다고 했다. 몇 사람의 간증이 더 이어진 후, 김 목사님이 마지막 마무리 멘트를 했다.

"예배가 끝나기 전에 지금 꼭 말해야 할 사람이 한 분 계시다고 성령께서 알려주시는 것 같습니다. 누구신지요?"

잠시 적막이 흐른 뒤 한 중년 여성이 앞으로 나왔다.

"저는 B국 선교사입니다. 사실 저는 오늘 이곳에 예배드리러 올 상황이 아니었습니다. 몇 개월 전에 한 가정이 저희 선교지를 방문해서 선교사역을 돕고 갔는데, 그 가정이 손 집사님 댁입니다. 오늘 그 집사님 가정을 방문했다가 집사님의 권유로 따라온 것입니다. 손 집사님도 갑작스런 방문 때문에 이 예배에 못 올 상황이었는데 오히려 예배에 함께 가자는 제안을 하게 된 것이죠. 사실 저는 오늘 집사님 댁을 방문해서 위급한 기도제목을 나누려고 했습니다. 저는 그 일 때문에 마음이 많이 무너져 있습니다."

B국 선교사님은 위급한 기도제목을 나누면서 울먹였고, 회중들은 한마음이 되어 흐느껴 울었다. 나는 이미 손 집사와 그 선교사님이 예배에 참석하게 된 숨은 이야기를 알고 있었다. 그래서 더욱 그

선교사님의 마음이 잘 전달되어 눈물을 참을 수 없었다. 그 선교사님의 발걸음이 전적인 성령님의 인도하심임을 확신했다.

손 집사는 내 가장 오래된 애제자인데, 지난 3월 15일 예배 때에도 함께했었다. 그래서 그날 예배에도 너무나 오고 싶지만 갑자기 선교사님이 자신의 집을 방문하게 되어 부득이하게 예배에 참석하지 못하겠다는 문자를 내게 보내왔다. 그래서 나는 손 집사에게 다음과 같은 문자 메시지를 남겼다.

"선교사님도 예배에 모시고 오세요. 주님이 꼭 와야 할 사람을 오게 하십니다. 여기저기서 못 온다는 소식들이 폭주하네요. 오늘 너무 중요한 날인데…. 항상 모든 것을 뚫고 나아가야 합니다. 예배는 목숨을 거는 겁니다."

귀한 선교사님의 방문이기에 손 집사가 못 올 확률이 크다고 예상했다. 하지만 손 집사는 당당히 선교사님을 모시고 예배에 참석했다. 결국 선교사님은 기도제목을 나누고 함께 기도하시려고 손 집사를 방문한 것인데, 바디매오 마당 예배에 참석하게 되었을 뿐 아니라, 수많은 예배자들에게 중보기도를 요청할 수 있었다. 그 선교사님도 하나님이 예비하신 숨은 캐스팅이었다.

손 집사와 선교사님의 숨은 뒷이야기를 알게 된 회중들은 다시 성령께서 보내신 광풍에 휩싸이게 되었다. 회중들은 선교사님의 주변으로 모여들어 눈물로 중보기도를 하게 되었고, 마무리로 세 분의 목사님들이 선교사님을 위하여 하나님께 눈물로 호소하는 기도를 드렸다. 역시 성령께서는 바디매오 장면 만들기 예배에서도 깜짝 캐스팅과 숨은 시나리오를 진행하셔서 임마누엘이라는 언약의 성취를 체험하게 하셨다.

누구에게나 쉬운 '성경장면 체험 예배'

신명기 6장의 쉐마 명령은 하나님이 모세를 통해 각 가정에, 특히 부모들에게 주신 것이다. 그리고 여호수아는 하나님께로부터 '이 율법책을 네 입에서 떠나지 말게 하며 주야로 그것을 묵상하라'(수 1:8)는 명령을 받았는데 그것은 정확히 쉐마 요약이었다. 여기서 하나님의 의지가 확실히 돋보인다. 신명기의 쉐마가 각 가정을 통해 세대에서 세대로 계속해서 이어지기를 원하셨다.

"여호와께서 이르시되 내가 그들과 세운 나의 언약이 이러하니 곧 네 위에 있는 나의 영과 네 입에 둔 나의 말이 이제부터 영원하도록 네 입에서와 네 후손의 입에서와 네 후손의 후손의 입에서 떠나지 아니하리라 하시니라 여호와의 말씀이니라"(사 59:21).

이스라엘을 향한 하나님의 열심을 보며, 20년 동안 마가복음을 비롯하여 성경의 여러 권을 통째로 암송하고 있는 경험에서 조심스럽게 짐작되는 것이 있다. 모세와 여호수아 때로부터 쉐마의 명령을 받은 이스라엘 백성들의 각 가정에서는 토라를 읽고 암송하는 성경장면 체험 예배가 자연스럽게 이루어졌을 것이다. 조상들의 삶의 이야기가 기록된 성경을 암송하는 것이 일반화된 유대인들의 가정에서는 이것이 특별한 일이 아니었을 것이다. 지금도 유대인들의 각 가정에서 유월절 사건이나 모든 절기 때에 레위기의 말씀을 그대로 준수하는 풍습을 보면 충분히 짐작할 수 있다.

김형종 박사도 《테필린 제1권 성경암송교재》에서 이런 모습을 언급한다. 이 내용은 말라기 선지자가 '메시아가 오기 전에 엘리야가 온다'고 예언(말 4:5)한 것을 가정에서 극화한 내용이다.

"유대인들은 가정별로 유월절을 기념하여 지키는 가운데 네 번째인 마지막 잔을 마시기 전 네 번째 순서가 오면 다음과 같은 진행을 한다. 예식의 집례자인 아버지가 어린아이 하나를 문밖으로 내보낸다. '애야, 일어나 나가서 엘리야가 왔는지 문을 열어 보아라.' 가족 전체는 숨을 죽이고 엘리야가 오길 바라는 간절한 마음으로 문 쪽을 주시한다. 확인하러 간 어린 아이가 문을 열고 '아직 안 왔습니다'라고 응답한다.

그러면 집례자는 그 말을 받아 '내년에는 반드시 오십니다'라고 화답하고 가족 모든 공동체가 다음과 같이 찬양을 한다. '엘리야가 온다. 엘리야가 온다. 내년에는 반드시 엘리야가 온다. 그 후에 다윗 가문의 메시아가 온다. 그 후에 다윗 가문의 메시아가 온다.' 온 가족들은 지나간 자신들의 고난을 생각하면서 정말 한 맺힌 마음으로 찬양을 한다. 계속해서 슬픔에 젖은 마음으로 내년을 기약하면서 찬양을 하나님께 드린다. 이런 히브리인들의 전통은 오늘까지 계속되고 있다."(51,52쪽 참조)

토라(모세오경)는 실화를 정리한 시나리오다. 쉐마를 정통으로 계승한 제사장 집안은 시나리오인 토라를 다 암송하고 있다. 그리고 제사장 집안의 구성원들은 거의 다 성경에 나오는 이름들을 소유하고 있다. 시나리오를 다 암송하고 있고 토라 속의 인물들과 같은 이름을 소유하고 있다면 배역이 이미 정해져 있어서 성경장면 체험 예배의 기초가 형성되어 있는 셈이다. 그렇다면 가정마다 토라를 암송할 때 어떤 일이 일어날지 쉽게 상상할 수 있다. 한 가정의 모습을 상상으로 그려보자.

이삭이라는 이름을 가진 아빠가 자녀들과 함께 암송된 토라 창세기 35장을 선포하려다가 갑자기 말한다. "야곱아! 너 거기 야곱 할아버지 대사를 읽으며 움직여봐! 그리고 느낀 점을 이야기해줄래?" 야곱은 조상 야곱 할아버지의 대사와 액션을 취하면서 깨달은 것을 가족들과 함께 나눈다. 이런 식으로 온 가족들이 모여서 성경 속 인물들의 대사를 함께 나눠 읽고 암송하며 움직이면서 깨달은 내용을 가지고 서로 하브루타를 하게 된다.

유대인들이 방대한 분량의 토라를 쉽게 암송하게 되는 원리가 바로 그러한 원리일 수 있다. 즉, 지루하고 재미없게 암송한 것이 아니라, 각자 토라를 암송하다가 함께 모이면 등장인물의 대사를 나눠 읽으며 액팅해보는 식으로 암송했을 가능성이 있다.

그런데 이런 성경장면 체험 예배가 과연 모든 교회에서 일반화될 수 있을까? 한마디로 말해서 꾸준히 지속적으로 성경통독과 암송 신앙이 세워져 있는 사람들과 그러한 구성원으로 이루어진 교회는 이런 예배가 그리 어렵지 않다. 성경통독과 암송을 꾸준히 하게 되면 성경의 내용들이 머릿속에서 쉽게 장면으로 체험되기에 그런 예배를 드릴 기본적인 준비가 되어 있다.

영문학과 연극을 전공한 유라굴로 선교단체 대표 김성철 목사님은 십 수 년째 계속해서 성경 전체를 수십 번 소리 내어 읽었다. 소리 내어 선포하듯이 성경을 반복해서 읽다 보니 저절로 암송되는 것을 경험하고 있다. 그는 늘 "성경을 소리 내어 읽고 있으면 성경의 내용이 저절로 장면으로 그려져요"라고 말한다.

나 또한 성경암송자로서 여러 책들을 권별로 암송하고 있다. 한 저자가 쓴 책 한 권을 통째로 계속 암송하다 보니 저자의 집필 의도와 함께 전체 배경과 장면들이 저절로 눈에 선하게 들어온다. 그러다 보니 김 목사님과 나는 혼자 성경을 읽을 때도 마치 해설 톤이나 등장인물의 장면에 맞는 톤으로 읽는 것이 자연스럽게 이루어져 저절로 성경장면을 체험하는 것처럼 읽게 된다.

성경 읽기와 암송은 특별한 신앙 형태가 아니다. 하나님께 나아가는 성도의 가장 기본 행위로서 예배 그 자체다. 현대 교회가 성경 읽기와 암송보다 다른 차원으로 성경에 더 많이 집중하는 면이 있다. 그러다 보니 오히려 성경 읽기와 암송이 특별해 보이고 성경장면 체험 예배가 특별해 보이는 것이다. 이런 성경장면 체험 예배는 개인, 가정, 소모임 및 교회 공예배에서 얼마든지 가능하다. 누구나 할 수 있는 성경 읽기와 암송 자체가 성경장면 체험 예배의 가장 기본 형태이다. 그렇다면 성경장면 체험 예배를 쉽게 드릴 수 있는 방법은 무엇인가?

먼저, 성경을 읽을 때 눈으로 읽지 말아야 한다. 또한 그냥 일반 책을 읽듯이 읽지 말고 전심으로 선포해야 한다. 성경은 읽는 것이 아니라 선포하는 것이다. 이때 저자의 해설 부분을 해설자의 억양으로 읽고, 등장인물들의 대사는 책 읽듯이 읽지 말고 실제 감정을 섞어서 그 인물이 말하는 것처럼 읽으라. 온 마음(생각, 느낌, 의지)으로 읽는 것이 바로 그것이다. 성우같이 프로답게 읽지 못해도 상관없다. 프로 성우 같지 않아도 그 시도 자체만으로 성경장면을 체험하고 있는 자신을 발견하게 될 것이다.

그다음에는 무대에서 자신의 배역을 연기하기 위해서 대본을 암송하는 것과 같이, 읽는 것을 반복하며 암송하라. 우리는 삶의 무대에서 예수 그리스도의 역할을 맡은 자들이다. 그러므로 예수님이 하신 말씀을 살아내기 위해서 그 말씀을 즐겁게 암송하는 것이 효과적이다. 예수 그리스도의 역할을 맡은 배우처럼 읽고 암송하는 것이 더 강화되어지는 만큼 성경장면이 더욱 깊이 체험되며 자연스럽게 예수님을 닮은 삶을 살게 된다.

또한 가정이나 소그룹에서 예배할 때도 성경 읽기 예배로 성경장면을 체험할 수 있다. 다 같이 합독하고 나눠 읽기를 할 수도 있다. 절마다 나눠 읽는 것은 큰 의미가 없다. 해설 파트와 등장인물들마다 배역을 맡겨서 나눠 읽는 것이 좋다. 그리고 같은 본문을 여러 번 반복하며 역할을 서로 바꿔서 읽으며 약간의 액팅을 해볼 수도 있다. 그런 과정을 통해 점점 성경 속으로 깊이 들어가게 되며 성경 당시 장면 속에서 역사하셨던 성령의 만지심을 체험할 수 있다. 그러고 나서 각자 읽어보았던 소감을 나누는 시간을 갖는 것도 좋다. 그것이 바로 하가와 하브루타의 모습이 이루어지는 것이다.

이것은 교회의 공예배에서도 충분히 가능하다. 가장 기본적인 모습은 다 같이 본문을 합독하는 것이다. 합독 선포의 위력은 강력한 능력이 있다. 그리고 해설 파트나 등장인물들은 즉석에서 개인별로 맡길 수도 있고 그룹별로 맡길 수도 있다. 유라굴로 선교단체가 드렸던 앞에서 묘사된 성경장면 예배의 예를 참조하면 기본적으로 강해설교를 할 수 있는 목회자들은 누구나 모든 성도들과 함께 충분히 시도해볼 수 있다. 그러기 위해서 담임목사 및 설교자들이 성도들보다 더 먼저 성경 읽기와 암송의 달인이 되면 더할 나위 없이 좋을 것이다.

숨은 시나리오와 캐스팅을 만나는 예배

2016년 1월부터 시작되었던 80일간의 장면 만들기 예배 일주에서 단 한 번도 예외 없이 100퍼센트 하나님이 숨겨놓으신 캐스팅과 시나리오를 만났다. 그것은 초월의 자리인 하늘 보좌의 영광을 지금 여기에서 체험하는 예배의 특징이다. 하늘 보좌에서 체험되어지는 영광은 이 땅의 예배 현장에서 반드시 초월적인 역사들로 나타나는 것이다. '영원과 지금'이 만나는 것이다.

하늘 보좌는 하늘 장막이라고도 한다. 모세가 광야에서 하나님의 명령을 따라 하나님의 임재 처소로 지은 장막은 하늘 장막의 모형이었다(히 8:5). 하늘 장막의 예배는 반드시 땅의 장막에서 드리는 예배로 반영되며, 땅의 장막에서의 예배는 하늘 장막 예배의 모형이다. 우리는 하늘 보좌(장막)에 있는 존재인데 늘 하나님 앞 하늘 무대에 서 있는 셈이다. 그래서 이 땅에서 드리는 예배에서 우리는 하나님이 하늘 보좌에서 준비해놓으신 시나리오를 만나게 된다. 그리고 하나님은 우리에게 당신의 시나리오를 체험하게 하심으로 우리를 통해 찬양과 영광을 받으신다.

폭발적인 인기가 있었던 영화나 드라마를 생각해보자. 등장인물들의 형편과 사정이 기가 막히게 얽히고설키면서 멋진 스토리가 만들어져 흘러간다. 관객들은 그 흐름에 빠져들어가 마치 자신이 그 장면 안에 있는 것 같은 착각을 한다. 그런데 그것은 다 작가와 연출자의 의도대로 흘러가는 것이다.

하나님은 작가이시며 연출자이시다. 예배 현장에서 그분의 드라마를 우리가 체험하기를 원하신다. 영화 연출자가 자신이 제작한 시나리오에 의해 스토리를 엮어 나아가는 것처럼, 하나님은 예배에 모인 사람들의 형편과 사정을 시나리오의 중요한 요소로 사용하신다. 그래서 그분이 이끌어가고 싶은 드라마에 투입시키셔서 예배에 참석한 모든 사람들로부터 "우리와 함께하시는 하나님이다!"라는 찬양 고백을 듣고 싶어 하신다. 그것은 우리의 삶의 무대에서도 마찬가지다.

예수님의 사역 현장을 보면 하나님은 고난과 환란에 처한 자, 사망의 음침한 골짜기를 지나는 자, 아픈 자, 억눌린 자 그리고 소외된 자들을 깜짝 캐스팅하셔서 숨은 시나리오를 펼치신다. 그 결과로 치유, 축귀, 문제 해결, 관계 회복, 연합이라는 열매가 나타나서 임마누엘을 체험케 하신다. 하나님은 우리로 하여금 "영광의 보좌에 계시는 하나님이 지금 여기 나와 함께 계시는구나. 할렐루야!"라는 찬미의 고백이 나올 수밖에 없도록 만드신다.

요한복음 4장에서 사마리아 여인은 영과 진리 안에서 예배하는 자를 찾으시는 하나님이라는 지식만 배운 것이 아니다. "네가 서 있는 이곳이 예배할 장소이며 지금이 예배할 때다. 내가 그리스도이며 너의 하나님이다"라고 말씀하신 예수님을 직접 만났다. 그 여인은 물을 길러 왔다가 하나님이 숨겨놓으신 각본과 깜짝 캐스팅인 예수 그리스도를 초자연적으로 체험했다. 실로 놀라운 장면이 아닐 수 없다.

아브라함이 하나님께 독자 이삭을 제물로 드리려고 칼로 내리치려는 순간 하나님이 그를 멈추게 하셨다. 그때 아브라함이 눈을 들어 살펴보니 한 숫양의 뿔이 수풀에 걸려 있었고 아브라함은 이삭 대신 그 숫양을 번제로 드릴 수 있었다. 그 양은 그리스도를 상징한다. 우리가 순종의 예배를 드릴 때 예수님이 그 속에 숨어 계신다. 하나님이 마련하신 깜짝 캐스팅과 숨은 시나리오를 체험하면서 '지금 우리와 함께 계신 하나님'을 만난다. 그 체험을 통해 우리는 자연스럽게 고백할 수 있다.

"내가 지금 보좌에서 그리스도와 함께 있구나. 이 땅 지금 여기에서 나와 함께 계시는 하나님이시구나!"

이와 같이 하늘 보좌의 예배는 관념 차원의 예배에서 머물지 않는다. 실제 예배의 현장에서 하나님의 숨은 시나리오를 체험함으로 마치 완전한 연출자이신 하나님을 만나는 배우 같은 느낌을 체험하게 된다. 이것은 "내가 너와 영원히 항상 함께한다"는 하나님의 최고의 언약이 살갑게 체험되는 예배다.

한 사람의 대표기도, 찬양 팀이 선정한 한정된 노래들, 그리고 한 사람의 한정된 설교 한 편일지라도, 모인 회중들의 서로 다른 형편과 사정에 반영이 되어 많은 사람들이 은혜를 체험하는 신비가 있지 않은가. 그런데 회중들이 찬양과 설교로 인해 자신의 삶 속에서 반영된 것을 체험한 것들은 자신만의 체험으로 안고 집으로 돌아가기에는 너무나 아깝다.

예배는 공동체성이 중요하다. 만약 각자 예배 시간에 체험한 것들을 오픈하게 된다면 어떤 일이 벌어질까? 상상만 해도 엄청난 예배의 현장이 예상된다. 한 사람 한 사람의 나눔들이 서로 연결되어 기가 막힌 한 편의 즉석 드라마가 펼쳐질 것이다. 하나님은 소그룹에서만 아니라 바로 우리 공동체가 모여 드리는 예배의 현장이 그와 같아지기를 바라신다. 오순절 날 마가의 다락방에 임하신 성령님으로 인하여 드려진 예배가 그와 같은 모습으로 폭발했다.

그러나 현대 우리의 예배는 시간과 순서에 지극히 제한적이고 음악적 찬양과 한 사람의 일방적 설교에 의존된 수동적인 예배이기에 이와 같은 역동성을 체험할 가능성이 많지 않다. 그러나 사람의 기호에 맞추는 열린 예배가 아닌 성령께 열린 예배로 적극적으로 나아간다면 늘 초자연적인 하늘 시나리오를 만나게 될 것이다.

구조주의를 벗어야 할 우리의 예배

김성철 목사는 다음과 같이 말했다.

"많은 사람들이 고정된 구조 속에서 예배를 드리려고 하는 것 같아요. 성령님이 그 구조(장면) 안으로 들어오실 때 주로 초자연적인 모습으로 개입하심에도 불구하고 말입니다. 성령께서 예배의 주인이시기 때문에 우리가 아무리 좋은 순서와 구조를 마련해도 그분이 입장하시지 않으면 꽝입니다. 우리의 예배에서는 성령께서 입장하실 수 있는 타이밍을 최대한 마련해드려야 합니다. 그 비결은 성령께서 이미 입장하셨다는 것을 어린아이같이 믿고 매 순간 성경의 장면 속으로 들어가 모든 회중들이 함께 글말을 입말과 몸말로 예배하는 겁니다. 성경장면 체험 예배가 '아하, 색다른 예배구나. 재미있네' 정도로 머물 수 있습니다. 그건 매우 위험합니다. 성령께서 역사하시지 않으면 그냥 시뮬레이션일 뿐이죠.

가평에서 그레이스선교교회와 함께 드린 예배에서 황 목사님이 나오시기 전까지의 상황이 리딩(reading, 읽기)입니다. 그리고 리딩하면서 한 번씩 액팅해보았던 것이죠. 그 성경장면을 실제로 만들어본 다음, 모든 것을 내려놓고 황 목사님을 회당장 자리에 서도록 하여 온전히 예배를 성령께 다 내어드렸습니다. 그런데 현대 교회의 예배에서는 성령께 온전히 맡겨드리는 핵심 부분까지 나아가려는 엄두를 내지 못합니다. 그런 시도를 사탄이 구조주의로 가로막고 있는 것이죠.

예배 중 우리가 전혀 예상치 못한 돌발 사태가 일어나는 것은 하나님이 우리의 구조주의를 살펴보시다가 탈구조주의 차원에서 준비된 것을 진행하시는 것입니다. 그때 영원하신 하나님이 '초월적으로 지금' 나타나시는 것이죠. 우리의 패러다임을 내려놓을 때 하나님이 역사하십니다. 그런 의미에서 성경암송자이신 지 목사님은 성령님의 돌발적 개입하심에 대해 저보다 더 잘 반응하시는 것 같아요. 특히 성령님의 특별한 개입하심에 대해 무분별하게 반응하는 것이 아니라, 상황에 맞는 암송말씀들이 클릭(click)되어 말씀을 레마로 선포하며 레마 속으로 회중들을 갑자기 들어가게 하는 탁월함이 있습니다."

예배는 초월자이신 영원한 하나님을 예배하는 것이다. 영원하신 하나님은 '계속되는 지금' 속에서 역사하신다. 그러므로 영원하신 하나님을 '지금' 예배할 때 그 영원성을 체험하기 위해 하나님이 돌발적인 상황을 통해서 역사하실 수 있음을 알고 있어야 한다. 하나님은 그분의 영광을 드러내시기 위해서 깜짝 시나리오와 캐스팅을 등장시키신다.

우리는 어떤 상황에서도 예배할 수 있어야 된다. 또한 예배도 삶 자체이기에 공예배에도 어떤 광풍과 같은 깜짝 캐스팅이 등장하고 숨은 시나리오가 등장해도 크게 놀라거나 당황할 필요가 없다. 하나님의 영광을 위하여 돌발 상황조차도 예배의 도구가 될 수 있도록 담임 목회자는 모든 상황을 포용할 수 있는 준비가 되어 있어야 한다.

성경 자체가 하나님이 직접 하신 최고의 설교이다

설교가 들리지 않는 이유

나는 종종 다음과 같은 질문을 받곤 한다.

"설교가 귀에 안 들어와요. 교회를 옮겨야 하나요?"

이는 설교 중심의 예배라는 구조적인 문제에서 발생하는 폐단 가운데 하나다. 나는 이런 고민을 하는 사람들에게 어떻게 설교를 들어야 하는지 조언하며 예배의 핵심과 본질에 대해 말해준다.

예배 시간에 설교가 마음에 안 드는 이유는 설교자에게 있을 수도 있지만 오히려 자기 자신에게 있음을 알아야 한다. 어떠한 이유에서든지 설교가 마음에 안 든다면 그 시간이 사망의 음침한 골짜기를 지나가는 시간과 같을 것이다. 그런데 시편 23편은 "사망의 음침한 골짜기를 다닐지라도 해를 두려워하지 않는 것은 주께서 나와 함께하심이라"라고 말한다. 진정 주님이 나와 함께하심을 믿는다면 듣기 힘든 설교에서도 푸른 초장을 경험할 수 있다.

그런데 예배 시간에 사망의 음침한 골짜기를 지나는 것 같은 경험을 하며 교회를 떠나고 싶은 마음을 가지게 된 데는 보다 더 본질적인 이유가 있다. 바로 우리의 예배가 설교 중심의 예배가 되어버렸기 때문일 수도 있다. 본문 말씀에 대한 설명도 알아야겠지만, 사실 성경 말씀 자체에 능력이 있다. 즉, 본문 자체가 그날 예배의 레마로서 내게 주시는 음성이다. 예배 시, 본문을 설명하는 설교가 마음에 안 들어도 설교와 상관없이 본문 자체는 내게 주시는 레마이다. 우리는 하나님이 주시는 레마의 말씀을 따라 충분히 하나님의 나라를 누리고 선포하며 살 수 있다.

담임목사의 설교 스타일이나 설교를 잘하고 못 하는가에 상관없이 본문 말씀만으로도 나를 푸른 초장으로 이끄시는 주님을 목자로 신뢰할 수 있어야 한다. 그러한 성도가 건강한 성도이다. 그래서 담임목사의 설교가 힘들지만 본문을 레마로 받은 영적 기쁨으로 담임목사와 교회를 위해 중보기도하는 마음으로 얼마든지 예배 시간을 귀하게 여기며 그 교회를 계속 출석할 수 있다.

더 중요한 관점이 있다. 원래 성도의 신앙은 자기 집 기도의 골방에서 성경말씀을 읽고 암송하는 것으로 유지된다. 물론 지역 교회는 매우 중요하다. 음부의 권세가 이기지 못한다. 그러나 모든 지역 교회의 최소 단위이며 가장 중요한 초석이 성도 한 사람이며 한 가정이다. 개인 삶과 가정 속에서 성경 읽기와 암송으로 신앙이 다져진 자들이 지역 교회로 모여서 또 다 같이 성경을 읽고 암송하며 선포하는 예배가 본질적인 예배이다. 이것이 현대 교회가 회복해야 할 초대교회 예배의 모습이다.

매일 가정에서 개인적으로 또한 가족들과 함께 성경을 소리 내어 읽으며 암송하라. 그것이 최고의 예배이고 신앙의 기초이며 교회의 기초 반석이다. 이를 실천하면 개인 기도의 골방과 가정 예배에서 영적 성장이 이뤄진다.

사실은 설교자의 설교가 아니라 내 안에 신앙의 기초가 형성되어 있지 않은 것이 근본 문제이다. '가정 예배를 구상할 때 설교는 어떻게 해야 하지?'라는 고민을 하지 말라. 성경 읽기와 암송 자체가 놀라운 예배이다. 성경 자체가 하나님이 직접 하신 최고의 설교이기 때문이다. 담임목사는 하나님의 설교로 잘 안내하는 역할을 감당해야 하는 참으로 중요한 위치에 있다. 따라서 하나님의 설교인 성경을 부단히 소리 내어 읽고 암송하는 예배자가 되어야 한다.

개인 기도의 골방과 가정에서 신앙이 다져진 사람들이 지역 교회로 모인다. 그러면 지역 교회의 담임목사와 함께 그 교회를 향한 하나님의 비전을 나누고 기도하며 함께 세상과 열방을 향하여 나아가는 게 교회로서의 본질적인 모습이다.

주님이 찾으시는 예배자

2016년 초여름에 첫딸 예림이에게 운전연수를 했다. 운동신경이 꽤 좋은 편인 딸은 운전에 금방 익숙해졌지만 작은 실수를 거듭했다. 여러 가지 동작을 물 흐르듯이 수행했지만 반드시 해야 할 수칙을 한 가지씩 빠트렸다. 그래서 한 가지 의견을 냈다.

"예림아, 너무 빨리 행동하지 말고, 네가 할 행동에 대해 먼저 말로 선포하고 행동으로 옮겨볼래?"

딸은 즉시 내 조언을 실행에 옮겼다. 그랬더니 중요한 수칙을 놓치는 실수가 사라졌다. 그것을 예림이가 스스로의 몸으로 처음 깨달은 순간 내게 말했다.

"아빠, 바로 앞에 서 있는 차 번호판 좀 보세요. 프레이즈 더 로드 (PRAISE THE LORD! 여호와를 찬양하라!)라고 써 있네요."

미국의 자동차 번호판은 정부 규격 번호체계 외에 비용을 더 지불하면 자기가 원하는 문구 내지 숫자로 번호를 정할 수 있어서 신앙인들이 그런 문구를 번호판에 사용하기도 한다. 나는 평소에도 그것이 좋은 선포(전도) 방법이라고 생각했다.

예림이에게 어떤 행동을 하기 전에 선포가 중요하다는 것을 강조하고 있었는데, 번호판으로 주님을 선포하는 차량을 만났다. 예림이에게 강조하고 있는 부분이 중요하다는 것을 확인시켜 주시는 하나님의 시나리오였고 깜짝 캐스팅된 차량이었다.

어떤 친구가 SNS에서 마하트마 간디의 글을 인용하며, 생각의 중요성을 언급했다.

생각(思)을 조심하세요. 왜냐하면 그것이 말이 되기 때문입니다.
말(言)을 조심하세요. 왜냐하면 그것이 행동이 되기 때문입니다.
행동(動)을 조심하세요. 왜냐하면 그것이 습관이 되기 때문입니다.
습관(習慣)을 조심하세요. 왜냐하면 그것이 인격이 되기 때문입니다.
인격(人格)을 조심하세요. 왜냐하면 그것이 인생이 되기 때문입니다.

우리는 생각을 조심해야 한다. 그런데 생각을 조심하려면 어떻게 해야 할까? 간단하다. 인간은 뉴런에 박힌 정보대로 생각하고 행동하니까 하나님의 생각인 성경을 읽으며 암송해서 뉴런에 새기라. 그 말씀이 당신의 존재가 되게 하라. 그리고 그 말씀이 늘 입에서 떠나지 않게 하라. 성령님을 사랑하고 예배할 목적으로.
그러면 성령께서 암송으로 박힌 내 뉴런 속 하나님의 생각을 말하게 하시고 행동하게 하시며 습관이 되게 하셔서 주님의 인격을 닮은 인생을 살게 하실 것이다. 성령께 예배할 목적이 중요한 이유는 그 행위의 주체는 내가 아니라 성령이 되셔야 하기 때문이다. 하루하루의 삶이 주님께서 진정으로 찾으시는 예배자의 모습이 되게 하라.

말씀 그대로 예배하라

초판 1쇄 발행   2017년 3월 13일
지은이   지용훈

펴낸이   여진구
책임편집   김아진
편집   안수경, 이영주, 최현수
책임디자인   마영애, 노지현 | 이혜영
기획·홍보   김영하   해외저작권   기은혜
마케팅   김상순, 강성민, 허병용   마케팅지원   최영배, 정나영
제작   조영석, 정도봉   경영지원   김혜경, 김경희

이슬비전도학교   최경식, 전우순   303비전성경암송학교   박정숙
303비전장학회 & 303비전꿈나무장학회   여운학

펴낸곳   규장

주소 06770 서울시 서초구 매헌로 16길 20(양재2동) 규장선교센터
전화 02)578-0003   팩스 02)578-7332
이메일 kyujang0691@gmail.com   홈페이지 www.kyujang.com
트위터 twitter.com/_kyujang   페이스북 facebook.com/kyujangbook
등록일 1978.8.14. 제1-22

ⓒ 저자와의 협약 아래 인지는 생략되었습니다.
이 출판물은 저작권법에 의해 보호를 받는 저작물이므로 무단 전재와 무단 복제를 할 수 없습니다.

책값 뒤표지에 있습니다.
ISBN 978-89-6097-487-6 03230

규 | 장 | 수 | 칙

1. 기도로 기획하고 기도로 제작한다.
2. 오직 그리스도의 성품을 사모하는 독자가 원하고 필요로 하는 책만을 출판한다.
3. 한 활자 한 문장에 온 정성을 쏟는다.
4. 성실과 정확을 생명으로 삼고 일한다.
5. 긍정적이며 적극적인 신앙과 신행일치에의 안내자의 사명을 다한다.
6. 충고와 조언을 항상 감사로 경청한다.
7. 지상목표는 문서선교에 있다.

하나님을 사랑하는 자 곧 그의 뜻대로 부르심을 입은 자들에게는 모든 것이 合力하여 善을 이루느니라(롬 8:28)

규장은 문서를 통해 복음전파와 신앙교육에 주력하는 국제적 출판사들의
협의체인 복음주의출판협회(E.C.P.A:Evangelical Christian Publishers
Association)의 출판정신에 동참하는 회원(Associate Member)입니다.